XGBoost와 사이킷런을 활용한
그레이디언트 부스팅

XGBoost와 사이킷런을 활용한 그레이디언트 부스팅

캐글 고수에게 배우는 실전 파이썬 머신러닝

초판 1쇄 발행 2022년 4월 8일

지은이 코리 웨이드 / **옮긴이** 박해선 / **펴낸이** 김태헌
펴낸곳 한빛미디어(주) / **주소** 서울시 서대문구 연희로2길 62 한빛미디어(주) IT출판부
전화 02-325-5544 / **팩스** 02-336-7124
등록 1999년 6월 24일 제25100-2017-000058호 / **ISBN** 979-11-6224-539-2 93000

총괄 전정아 / **책임편집** 박민아 / **기획** 이상복, 김종찬 / **편집** 김종찬
디자인 표지 박정화 표지일러스트 김나나 내지 박정화 / **전산편집** 이경숙
영업 김형진, 김진불, 조유미, 김선아 / **마케팅** 박상용, 송경석, 한종진, 이행은, 고광일, 성화정 / **제작** 박성우, 김정우

이 책에 대한 의견이나 오탈자 및 잘못된 내용에 대한 수정 정보는 한빛미디어(주)의 홈페이지나 아래 이메일로
알려주십시오. 잘못된 책은 구입하신 서점에서 교환해드립니다. 책값은 뒤표지에 표시되어 있습니다.
한빛미디어 홈페이지 www.hanbit.co.kr / **이메일** ask@hanbit.co.kr

지금 하지 않으면 할 수 없는 일이 있습니다.
책으로 펴내고 싶은 아이디어나 원고를 메일(**writer@hanbit.co.kr**)로 보내주세요.
한빛미디어(주)는 여러분의 소중한 경험과 지식을 기다리고 있습니다.

XGBoost와 사이킷런을 활용한 그레이디언트 부스팅

코랩에서 실습 가능

캐글 고수에게
배우는 실전 파이썬
머신러닝

코리 웨이드 지음
박해선 옮김

Packt> 한빛미디어
Hanbit Media, Inc.

지은이 · 옮긴이 소개

지은이 **코리 웨이드** Corey Wade

수학과 예술 분야 석사이고 버클리 코딩 아카데미Berkeley Coding Academy의 설립자이자 이사로 전 세계 10대들에게 머신러닝과 인공지능을 가르치고 있습니다. 또한 버클리 고등학교 독립 학습 프로그램의 수학 분야 의장으로서 프로그래밍과 고등 수학을 가르치고 있습니다. 기초적인 자 연어 처리를 가르치며, 패스스트림Pathstream과 데이터 과학 커리큘럼을 개발하고, 투워드 데이터 사이언스Towards Data Science, 스프링보드Springboard, 미디엄Medium에 통계학과 머신러닝 글을 기고합 니다. 『The Python Workshop』(Packt, 2019)의 공동 저자이기도 합니다.

"종종 그렇듯이 인생이 예상치 못한 방향으로 흘러갈 때 이 책을 마치도록 시간과 공간을 제공 한 팩트 팀과 나의 가족, 특히 제타Jetta와 조세핀Josephine에게 감사합니다."

옮긴이 **박해선** haesun.park.tensorflow.blog

기계공학을 전공했지만 졸업 후엔 줄곧 코드를 읽고 쓰는 일을 했습니다. 텐서플로 블로그 (*tensorflow.blog*)를 운영하고 있고, 머신러닝과 딥러닝에 관한 책을 집필하고 번역하면서 소프트웨어와 과학의 경계를 흥미롭게 탐험하고 있습니다.

『혼자 공부하는 머신러닝+딥러닝』(한빛미디어, 2020), 『Do it! 딥러닝 입문』(이지스퍼블리싱, 2019)을 집필했습니다.

『파이썬 라이브러리를 활용한 머신러닝(번역개정2판)』(한빛미디어, 2022), 『머신러닝 파워 드 애플리케이션』(한빛미디어, 2021), 『파이토치로 배우는 자연어 처리』(한빛미디어, 2021), 『머신 러닝 교과서 with 파이썬, 사이킷런, 텐서플로(개정3판)』(길벗, 2021), 『딥러닝 일러스 트레이티드』(시그마프레스, 2021), 『GAN 인 액션』(한빛미디어, 2020), 『핸즈온 머신러닝(2 판)』(한빛미디어, 2020), 『미술관에 GAN 딥러닝 실전 프로젝트』(한빛미디어, 2019), 『파이썬 을 활용한 머신러닝 쿡북』(한빛미디어, 2019), 『케라스 창시자에게 배우는 딥러닝』(길벗, 2018)을 포함하여 여러 권의 책을 우리말로 옮겼습니다.

나이가 들수록 실수가 많은 것 같습니다. 하지 않아야 할 말을 해서 후회하고, 감당하지 못할 일을 맡아 결국 사과하게 되고, 먹지 말아야 할 간식을 먹어 탈이 납니다. 완벽한 사람은 없겠지만 실수가 발생했을 때 이를 만회할 길이 있다면 얼마나 좋을까요. 마치 그레이디언트 부스팅이 이전의 실수를 보완하듯이 말이죠.

늘 지나간 한 해를 아쉬워하며 내년에는 더 알찬 계획을 세우리라 다짐합니다. 벌써 1월이 다 지나갔습니다. 연초의 계획은 잘 진행되고 있는지 되돌아볼 시간입니다. 앞으로 남은 부스팅 횟수가 그리 많지 않기에 올해는 놓치지 말고 더 멋진 트리를 만들어 지난 세월의 실수를 메워야겠습니다.

책에서도 여러 번 언급되었지만 구조적인 데이터에서 XGBoost는 놀라운 성능을 제공합니다. 사이킷런과 함께 머신러닝 기술자의 도구함에서 없어서는 안될 중요한 도구입니다. XGBoost를 자세히 소개하는 자료가 없어 아쉬웠는데 이 책이 어느 정도 해소해주리라 생각합니다. 저도 책을 번역하면서 XGBoost를 자세히 알게 되어 즐거웠습니다. 부록에는 LightGBM과 CatBoost에 대한 내용도 다루어보았습니다. 독자분들에게도 도움이 되었으면 좋겠습니다.

항상 좋은 책을 믿고 맡겨 주시는 한빛미디어와 번역 작업을 잘 안내해 준 김종찬 님에게 감사드립니다. 항상 격려해주시는 니트머스 김용재 대표님께 감사합니다. 언제나 명랑한 우리 가족 주연이와 진우에게 고맙고 사랑한다는 말을 전합니다.

이 책의 정오표는 블로그(*https://bit.ly/hogb-home*)에 등록해 놓겠습니다. 책을 보기 전에 꼭 확인해주세요. 번역서의 모든 코드는 깃허브(*https://bit.ly/hogb-git*)에서 주피터 노트북으로 제공됩니다. 이 책에 관한 이야기라면 무엇이든 환영합니다. 언제든지 블로그나 이메일로 알려주세요.

_2022년 1월 **박해선**

추천사

지난 10년 동안 데이터 과학은 일상적인 용어가 되었습니다. 데이터는 새로운 석유이고 머신 러닝은 새로운 전기입니다. 사실상 모든 산업은 정보 시대가 데이터 시대로 전환됨에 따라 비약적으로 성장했습니다. 전세계의 학계가 데이터 과학에 대한 기술을 적용하고 개발하기 위해 행동에 옮겼습니다. 이러한 모든 발전에 비추어 볼 때 이런 책(그리고 저자)에 대한 필요성이 늘어나고 있습니다.

머신러닝은 단순한 돈벌이가 아니라 글로벌 위기를 관리하는 데 중요한 해결책이자 도구로써의 높은 가능성을 보여줬습니다. 이 책을 한창 집필하고 있는 2018년 캘리포니아에서 산불로 400만 에이커 이상이 불탄 대규모 화재부터, 현재 전세계적으로 4,7억 가까이 되는 감염자와 607만 명 이상의 사망을 초래한 코로나바이러스처럼 말할 필요도 없는 대재난까지 (WorldoMeters.info 참조) 세계는 머신러닝을 활용해야 하는 수많은 도전으로 가득 차 있습니다.

이 책은 머신러닝의 가장 흥미로운 발전 중 하나인 그레이디언트 부스팅을 실용적으로 배울 수 있도록 돕습니다. 그레이디언트 부스팅은 랜덤 포레스트의 알고리즘이 가진 여러 결점에 대한 우아한 대안이며 예측 분석 도구 상자 안에 있는 강력한 기술임이 입증되었습니다. 따라서 이 책의 저자인 웨이드는 그레이디언트 부스팅 중에서 매우 유연하고 성공적으로 구현된 XGBoost에 특히 더 초점을 맞추고 집필했습니다. 사실, XGBoost는 이미 산업계와 학계 모두에서 중요한 위치를 차지하고 있을 뿐만 아니라, 수치형과 범주형 특성을 포함한 구조적인 테이블 형태 데이터를 기반으로 하는 데이터 분석 대회에서 꾸준히 (아마도) 최고 성능의 알고리즘으로 선정되고 있습니다.

『Hands-On Gradient Boosting with XGBoost and scikit-learn』(Packt, 2020)이 출간될 때 저자 코리 웨이드와 그의 가족은 새로운 코로나바이러스를 피하기 위해 거리두기를 실천하며 샌프란시스코 베이 지역의 매캐한 연기 바람 속에 있었습니다. 다행스럽게도 이 격리된 환경이 그가 다음 데이터 시대의 해결책을 찾을 수 있도록 동기를 부여하는 완벽한 환경이기도 했습니다. 덕분에 그레이디언트 부스팅의 XGBoost 구현과 관련된 가장 완전한 자료를 연구하고 발표하는 데 자신의 마음과 영혼, 지성과 투지를 쏟아부었습니다.

훌륭한 분석가이자 데이터 과학자이며 많은 실무 경험을 가진 XGBoost 선구자, 코리 웨이드로부터 큰 도움을 받을 수 있다는 것을 독자들이 알아주셨으면 합니다. 그는 모두에게 중요한 지식을 제공하고, 돕고, 좋은 기술을 퍼뜨리려는 열정을 가진 교육계의 중요한 인물입니다.

_데이터 과학자 & 교육자 **케빈 글린**Kevin Glynn

리뷰어 소개

앤드류 그린월드Andrew Greenwald는 빌라노바 대학Villanova University에서 수학 부전공으로 전기 공학 학사 학위를 받았고, 드렉셀 대학Drexel University에서 컴퓨터 과학 석사 학위를 받았습니다. 전자 부품을 테스트하기 위한 반도체 회로 설계를 시작으로 지난 25년 동안 IT 인프라, 금융 시장, 국방 애플리케이션을 위한 소프트웨어를 개발했습니다. 현재 머신러닝을 사이버 보안에 적용하여 제로 데이 멀웨어zero-day malware를 탐지하는 모델을 개발하고 있습니다. 텍사스 오스틴에서 아내와 세 아들과 함께 살고 있습니다.

마이클 비로노Michael Bironneau는 러프버러 대학교Loughborough University에서 수학박사 학위를 받은 수학자이자 소프트웨어 엔지니어입니다. 11살 때 수학 숙제를 자동화하기 위해 TI-82 그래픽 계산기에서 처음 TI-BASIC 프로그래밍 언어를 사용했습니다. 그 이후 지금까지 상업 소프트웨어와 과학 소프트웨어를 만들어 왔습니다.

그는 오픈 에너지Open Energy의 CTO입니다. 오픈 에너지는 AI 기술을 활용하여 전기 자동차나 슈퍼마켓 냉장고를 비롯한 50여가지 에너지 제품의 탄소 배출량과 에너지 비용을 절감시키는 기업입니다.

그는 『Machine Learning with Go Quick Start Guide』(Packt, 2019)를 썼습니다.

XGBoost는 빠르고 효율적으로 수십억 개의 데이터 포인트에 적용하기 위한 그레이디언트 부스팅 프레임워크로 업계에서 이미 입증된 오픈 소스 소프트웨어 라이브러리입니다.

이 책은 그레이디언트 부스팅에 대한 이론을 설명하기 전에 사이킷런으로 머신러닝과 XGBoost를 소개합니다. 결정 트리를 다루고 머신러닝 관점에서 배깅을 분석하며 XGBoost까지 확장되는 하이퍼파라미터를 배우겠습니다. 밑바닥부터 그레이디언트 부스팅 모델을 구축해보고 그레이디언트 부스팅을 빅 데이터로 확장하면서 속도의 중요성을 설명합니다. 그리고 속도 향상 및 수학적인 이론에 초점을 두고 XGBoost의 세부 사항을 알아봅니다. 자세한 사례 연구를 이용하여 사이킷런 API와 원본 파이썬 API 방식으로 XGBoost 분류 모델과 회귀 모델을 만들고 튜닝하는 방법을 연습합니다. 또한, XGBoost 하이퍼파라미터를 활용하여 성능 개선, 누락된 값 수정 및 불균형 데이터 세트 적용, 그리고 다른 기본 학습기를 튜닝합니다. 마지막으로 상관관계가 낮은 앙상블과 스태킹 모델을 만들어보고, 모델 배포를 위해 희소 행렬과 사용자 정의 변환기, 파이프라인과 같은 고급 XGBoost 기술을 적용합니다.

이 책을 끝까지 읽고 나면, XGBoost를 사용하여 오차는 최소화하고 속도는 최대화한 고성능 머신러닝 모델을 구축할 수 있습니다.

누구를 위한 책인가요

이 책은 데이터 과학 전문가, 데이터 분석가, 빅 데이터를 빠르고 정확하게 처리하는 머신러닝 모델을 구축하려는 개발자를 대상으로 합니다. 파이썬에 익숙하고 선형 대수학의 기초를 알고 있으면 이 책을 읽는 데 도움이 될 것입니다.

이 책에서 다루는 내용

1장은 선형 회귀와 로지스틱 회귀를 소개하고 XGBoost와 결과를 비교하면서 일반적인 머신러닝 맥락에서 XGBoost를 소개합니다. 머신러닝 데이터를 전처리하기 위해 pandas를 소개합니다. 범주형 특성을 변환하고 여러 가지 방법으로 누락된 값을 정제합니다.

2장은 XGBoost에서 사용하는 결정 트리 하이퍼파라미터를 자세히 조사합니다. 분산과 편향을 시각적, 통계적으로 분석하여 이 책 전반에 걸쳐 다루는 주제인 과대적합의 중요성을 강조합니다.

3장은 배깅에 초점을 맞춰 XGBoost의 경쟁 도구로서 랜덤 포레스트를 알아봅니다. 랜덤 포레스트에도 함께 사용되는 `n_estimators`와 `subsample` 같은 XGBoost 하이퍼파라미터를 자세히 다룹니다.

4장은 기본적인 부스팅을 다룹니다. 사이킷런으로 밑바닥부터 부스팅 알고리즘을 만들고, `eta` 같은 새로운 XGBoost 하이퍼파라미터를 튜닝하고 그레디이언트 부스팅과 XGBoost의 실행 속도를 비교하여 XGBoost의 놀라운 속도를 강조합니다.

5장은 XGBoost 알고리즘의 수학 이론을 소개하고 XGBoost를 세상에 알린 힉스 보손 대회를 통해 우승 모델에 대한 XGBoost의 역할을 보여줍니다. 기본적인 XGBoost 하이퍼파라미터를 소개하고, 기준 모델을 만들고, 원본 파이썬 API를 다룹니다.

6장은 핵심적인 XGBoost 하이퍼파라미터를 모두 다루고, 트리 기반 앙상블의 하이퍼파라미터를 요약하며, 그리드 서치를 사용하여 XGBoost 모델을 튜닝하여 성능을 최적화합니다.

7장은 XGBoost로 외계 행성을 찾기 위한 사례 연구를 다룹니다. 오차 행렬과 분류 리포트, 여러 가지 성능 지표, 중요한 XGBoost 매개변수인 `sacale_pos_weight`를 사용해 불균형한 데이터셋을 분석합니다.

8장은 `gbtree`, `dart`, `gblinear`를 포함해 회귀와 분류를 위한 XGBoost의 모든 부스터를 다룹니다. 랜덤 포레스트를 기본 학습기로 사용하는 방법과 `XGBRFRegressor`와 `XGBRFClassifier` 클래스로 독립적인 모델로 사용하는 방법을 소개합니다.

9장은 캐글 우승자가 대회에 우승하기 위해 사용한 XGBoost의 팁과 기법을 소개합니다. 여기에는 고급 특성 공학, 상관관계가 낮은 앙상블, 스태킹 등이 포함됩니다.

10장은 사용자 정의 변환기로 여러 데이터 타입이 섞인 데이터를 XGBoost 모델을 위해 변환하고, 머신러닝 파이프라인을 사용해 튜닝된 XGBoost 모델로 새로운 데이터에서 예측을 만드는 방법을 소개합니다.

책을 읽기 위해 필요한 기술

파이썬의 리스트 슬라이싱slicing과 함수 작성, 메서드 호출 방법을 알고 있어야 합니다. 선형 대수학에 대한 지식은 행렬의 행과 열을 알고 있다면 충분합니다. 판다스와 머신러닝에 대한 지식은 도움이 되지만 모든 코드와 개념을 설명하기 때문에 필수적이지는 않습니다.

이 책은 아나콘다Anaconda 배포판의 최신 파이썬 버전과 주피터 노트북Jupyter Notebook을 사용합니다. 아나콘다를 추천하는 이유는 주요 데이터 과학 라이브러리가 모두 포함되어 있기 때문입니다. 그러므로 시작하기 전에 아나콘다를 최선 버전으로 업데이트해주세요. 다음 절은 작업 환경을 설정하기 위한 단계를 자세히 소개합니다.

CONTENTS

CHAPTER 0 **코딩 환경 설정**

PART **1** **배깅과 부스팅**

CHAPTER 1 **머신러닝 개요**

CONTENTS

CHAPTER2 **결정 트리**

CHAPTER 3 배깅과 랜덤 포레스트

CONTENTS

CHAPTER 4 그레이디언트 부스팅에서 XGBoost까지

CONTENTS

CONTENTS

CONTENTS

코딩 환경 설정

다음 표는 이 책에서 사용하는 주요 소프트웨어입니다.

이 책에서 사용하는 소프트웨어	운영 체제
아나콘다: 주피터 노트북 / scikit-learn 1.x	윈도우, macOS, 리눅스
아나콘다: 파이썬 3.7 이상	윈도우, macOS, 리눅스
xgboost 1.5.x	윈도우, macOS, 리눅스

시스템에 이런 소프트웨어를 설치하는 과정은 다음과 같습니다.

0.1 아나콘다

주피터 노트북, 사이킷런, 파이썬을 비롯해 이 책의 주피터 노트북을 실행하는 데 필요한 데이터 과학 라이브러리를 아나콘다를 사용해 설치할 수 있습니다.[1]

---

1   옮긴이_ macOS나 리눅스를 사용하는 경우 아나콘다를 설치할 필요 없이 시스템에 설치된 파이썬을 사용할 수 있습니다. 이런 경우 시스템에 영향을 미치지 않도록 파이썬 가상 환경을 만들어 실습하는 것이 좋습니다.

다음은 컴퓨터에 **아나콘다**^{Anaconda}를 설치하는 순서입니다.

1 https://www.anaconda.com/products/individual에 접속합니다.

2 다음 화면에 있는 [Download] 버튼을 클릭합니다. 다른 설치 옵션을 보고 싶으면 Get Additional Installers 아래 아이콘을 클릭합니다.

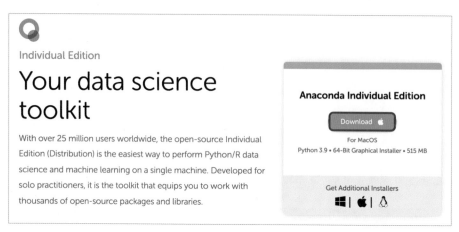

그림 0-1 아나콘다 다운로드

3 자신의 시스템에 맞는 설치 파일을 선택합니다. 윈도우와 macOS 사용자에게는 64-Bit Graphical Installer를 추천합니다.

그림 0-2 아나콘다 설치 파일

4 다운로드를 완료한 후 설치 파일을 실행하여 설치를 완료합니다.

TIP macOS 사용자를 위한 팁

'You cannot install Anaconda3 in this location' 에러가 발생하더라도 당황하지 마세요. 'Install for me only' 옵션을 선택하고 [Continue] 버튼을 누르면 됩니다.

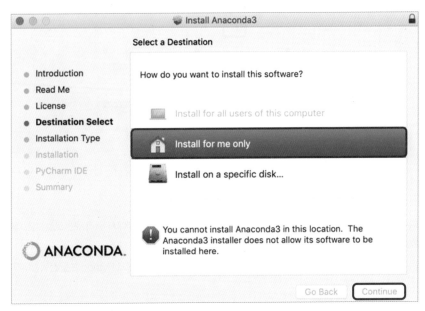

그림 0-3 macOS 사용자에게 발생할 수 있는 에러 – 'Install for me only' 옵션을 사용하세요.

0.2 주피터 노트북 사용하기

아나콘다를 설치했다면 파이썬을 사용하는 **주피터 노트북**을 시작할 수 있습니다. 다음은 주피터 노트북을 실행하는 순서입니다.

1 컴퓨터에 설치된 Anaconda Navigator 프로그램을 클릭하여 실행합니다.
2 다음 스크린샷에 있는 것처럼 Jupyter Notebook 아래에 있는 [Launch] 버튼을 클릭합니다.

그림 0-4 아나콘다 홈 화면

브라우저에서 주피터 노트북이 열릴 것입니다. 주피터 노트북이 브라우저에서 열리지만 로컬 컴퓨터에서 실행됩니다. 대신 구글 코랩 노트북을 사용할 수도 있습니다.

3 다음 스크린샷에 있는 것처럼 주피터 노트북 오른쪽 끝에 있는 New 탭에서 Python 3를 선택합니다.

그림 0-5 주피터 노트북 홈 화면

그럼 다음과 같은 화면이 열립니다.

그림 0-6 실행중인 주피터 노트북

축하합니다! 이제 파이썬 코딩을 시작할 준비를 마쳤습니다! 셀에 아무 코드(예를 들면 print('hello xgboost!'))나 입력하고 [Shift] + [Enter]를 눌러서 코드를 실행해보죠.

> **TIP** **주피터 노트북을 실행하는 데 문제가 있다면**
>
> 주피터 노트북을 설치하거나 실행하는 데 문제가 있다면 주피터 노트북의 공식 문제 해결 가이드를 참고하세요. *https://jupyter-notebook.readthedocs.io/en/stable/troubleshooting.html*

0.3 XGBoost

Anaconda 설치 파일에 **XGBoost**가 기본적으로 포함되어 있지 않기 때문에 별도로 설치할 필요가 있습니다. 윈도우라면 Anaconda Prompt를 실행하고 macOS나 리눅스의 경우 터미널을 실행합니다. 그리고 다음 명령을 실행합니다.

```
pip install xgboost
```

설치가 잘 되었는지 확인하려면 다음처럼 새로운 주피터 노트북을 열고 import xgboost를 입력한 다음 [Shift] + [Enter]를 누릅니다.

그림 0-7 주피터 노트북에서 xgboost를 성공적으로 임포트한 화면

아무런 에러가 나지 않았다면 성공한 것입니다! 이제 책을 보기 위한 모든 준비를 마쳤습니다.

> **TIP** 만약 코딩 환경을 설정하는 데 문제가 발생했다면 이전 단계로 돌아가거나 아나콘다 오류 문서(*https://docs.anaconda.com/anaconda/user-guide/troubleshooting/*)를 참고하세요. 아나콘다를 이미 사용하고 있었다면 터미널에서 conda update conda 명령으로 아나콘다를 업데이트하세요. XGBoost 설치에 문제가 있다면 공식 온라인 문서(*https://xgboost.readthedocs.io/en/latest/build.html*)를 참고하세요.

0.4 버전

다음 코드를 주피터 노트북에서 실행하여 사용하는 라이브러리 버전을 확인할 수 있습니다.

```
import platform; print(platform.platform())
import sys; print("Python", sys.version)
import numpy; print("NumPy", numpy.__version__)
import scipy; print("SciPy", scipy.__version__)
import sklearn; print("Scikit-Learn", sklearn.__version__)
import xgboost; print("XGBoost", xgboost.__version__)
```

다음은 이 책에서 사용한 버전입니다.

```
Darwin-21.2.0-x86_64-i386-64bit
Python 3.7.3 (default, Mar 27 2019, 16:54:48)
[Clang 4.0.1 (tags/RELEASE_401/final)]
```

```
NumPy 1.21.5
SciPy 1.7.3
Scikit-Learn 1.0.2
XGBoost 1.5.2
```

라이브러리가 지속적으로 업데이트되기 때문에 이 버전과 달라도 괜찮습니다. 새로운 버전을 사용하면 더 나은 결과를 얻을 수 있습니다. 이전의 아나콘다 버전을 사용하는 경우 터미널에서 conda update conda를 실행하여 업데이트하는 것이 좋습니다. 이전에 설치한 XGBoost가 있다면 pip install —update xgboost로 업데이트하세요.

Part

I

배깅과 부스팅

판다스로 데이터를 전처리하고 기본적인 회귀와 분류 모델을 만든 후 사이킷런과 XGBoost 모델로 책을 시작합니다. 결정 트리(XGBoost의 기본 학습기), 랜덤 포레스트(배깅), 그레이디언트 부스팅으로 앙상블과 트리 기반의 하이퍼파라미터를 튜닝하면서 XGBoost를 제대로 시작하기 전에 실용적인 이론을 먼저 소개합니다.

Part I

배깅과 부스팅

## CHAPTER 1

머신러닝 개요

『XGBoost와 사이킷런을 활용한 그레이디언트 부스팅』은 표 형식 데이터를 활용한 예측에서 가장 뛰어난 머신러닝 알고리즘인 XGBoost의 개념과 팁, 기술을 알려 드립니다.

이 책의 핵심 주제는 **XGBoost**Extreme Gradient Boosting입니다. XGBoost의 구조, 기능, 성능에 대해 이어지는 장에서 자세히 설명하겠습니다. XGBoost에 대한 놀라운 정보를 제공해 이 책을 다 읽고 나면 XGBoost로 실제 데이터를 활용한 예측을 만드는 전문가가 될 수 있습니다.

첫 번째 장에서 XGBoost를 잠깐 살펴보겠습니다. **머신러닝**machine learning의 커다란 범주 안에서 회귀와 분류 모델의 하나로 다루어보고 향후에 다룰 내용의 기초를 마련하겠습니다.

이 장은 머신러닝을 위한 데이터 준비에 초점을 맞춥니다. 이를 **데이터 랭글링**data wrangling이라고도 부릅니다. 머신러닝 모델을 만드는 것 외에도 효율적인 파이썬 코드를 사용하여 데이터를 로드하고, 전체 구조를 살피고, 누락된 값을 처리하고, 수치 특성으로 데이터를 변환하고, 훈련 세트와 테스트 세트로 나누고, **교차 검증**cross validation을 수행하는 방법을 배우겠습니다. 또한 XGBoost로 구현한 **선형 회귀**linear regression와 **로지스틱 회귀**logistic regression를 비교해보겠습니다.

이 장에서 소개하는 개념과 라이브러리는 책 전반에 걸쳐 사용됩니다. 이 장의 구성은 다음과 같습니다.

- XGBoost 소개
- 데이터 랭글링
- 회귀 모델 만들기
- 분류 모델 만들기

1.1 XGBoost 소개

1940년대 최초의 신경망을 통해 머신러닝이 인정받기 시작했습니다. 그 다음 1950년대 첫 번째 머신러닝 체커checker 챔피언이 등장했습니다.[1] 수십 년 간의 침묵기를 지나서 1990년대 딥 블루Deep Blue가 세계 체스 탬퍼인 가리 카스파로프Gary Kasparov를 이겼을 때 머신러닝 분야가 궤도에 오르기 시작했습니다. 컴퓨팅 성능의 발전으로 1990년대와 2000년대 초에 **랜덤 포레스트**random forest와 **에이다부스트**AdaBoost 같은 새로운 머신러닝 알고리즘을 소개하는 논문이 많이 등장했습니다.

부스팅boosting의 일반적인 아이디어는 **약한 학습기**weak learner를 반복적으로 오차를 개선하여 강한 학습기로 바꾸는 것입니다. **그레이디언트 부스팅**gradient boosting의 핵심 아이디어는 **경사 하강법**gradient descent을 사용해 잔여 오차를 최소화하는 것입니다. 기본 머신러닝 알고리즘에서부터 그레이디언트 부스팅까지의 발전을 이 책의 처음 네 개의 장에서 다룹니다.

XGBoost는 **익스트림 그레이디언트 부스팅**Extreme Gradient Boosting의 약자입니다. 익스트림은 정확도와 속도를 달성하기 위해 계산량을 극대화하는 것을 의미합니다. XGBoost가 급격히 인기가 높아진 이유는 **캐글**Kaggle 대회에서 유례없는 성공을 거둔 영향이 큽니다. 캐글 대회에서는 참가자들이 최상의 예측을 만들고 상금을 타기 위해 머신러닝 모델을 만듭니다. 다른 모델과 비교할 때 XGBoost가 대회에서 압도적으로 우승을 많이 했습니다.

XGBoost를 자세히 이해하려면 그레이디언트 부스팅 관점에서 머신러닝 전반을 이해해야 합니다. 전체 그림을 그리기 위해 머신러닝의 기초부터 시작해보겠습니다.

1.1.1 머신러닝이란?

머신러닝은 컴퓨터가 데이터를 이용해 학습하는 능력입니다. 2020년에 이미 머신러닝이 사람의 행동을 예측하고, 상품을 추천하고, 얼굴을 인식하고, 포커 선수를 능가하고, 외계 행성을 발견하고, 질병을 발견하고, 자동차를 운전하고, 인터넷을 개인화하고, 사람과 직접 커뮤니케이션합니다. 머신러닝은 인공지능 혁명을 이끌고 있으며 거의 모든 주요 기업의 이익에 영향을 끼치고 있습니다.

----

1   옮긴이_ 컴퓨터 과학자 아서 사무엘(Arthur Samuel)이 만든 체커 프로그램을 말합니다. 또한 아서는 머신러닝이란 용어를 대중화시켰습니다.

실제로 머신러닝은 새로운 데이터가 들어왔을 때 가중치를 조정하는 컴퓨터 알고리즘을 구현하는 것입니다. 머신러닝 알고리즘은 데이터에서 학습하여 종 분류, 주식 시장, 기업 이익, 사람의 의사결정, 아원자 입자, 최적의 이동 경로 등을 예측합니다.

머신러닝은 빅 데이터를 정확하고 실행 가능한 예측으로 변환하는 최고의 도구입니다. 하지만 머신러닝이 아무것도 없는 데서는 만들어지지 않습니다. 머신러닝은 샘플과 특성으로 이루어진 데이터가 필요합니다.[2]

1.2 데이터 랭글링

데이터 랭글링은 머신러닝을 시작하기 전에 다양한 데이터 전처리 단계를 포함하는 광범위한 용어입니다. 데이터 로딩, 데이터 정제, 데이터 분석, 데이터 조작이 모두 데이터 랭글링에 포함됩니다.

이 장에서 데이터 랭글링을 자세히 다뤄보겠습니다. 데이터 분석을 위한 특별한 파이썬 라이브러리인 **판다스**pandas로 바로 처리할 수 있는 기본적인 데이터 랭글링 문제를 다루겠습니다. 판다스에 대한 사전 지식이 필요하지는 않지만 기본적인 내용을 알고 있다면 더 많은 도움을 받을 수 있습니다. 물론, 코드는 판다스를 처음 접하는 독자도 따라 올 수 있도록 모두 설명합니다.

1.2.1 데이터셋 1 – 자전거 대여

첫 번째 데이터셋은 **자전거 대여 데이터셋**입니다. 이 데이터는 유명한 공개 데이터 저장소인 UCI 머신러닝 저장소(*https://archive.ics.uci.edu/ml/index.php*)에서 가져 왔습니다. 이 자전거 대여 데이터셋은 누락된 값을 고치는 방법을 연습하기 위해 원본 데이터(*https://archive.ics.uci.edu/ml/datasets/bike+sharing+dataset*)를 조금 바꾼 것입니다.

---

2   옮긴이_ 원서는 행과 열이라고 표현되어 있습니다. 이 책에서는 2차원 데이터의 경우 행이 하나의 샘플이고 열은 샘플의 특성을 나타냅니다. 머신러닝은 2차원 이상의 고차원 데이터를 사용할 수도 있습니다. 또 라이브러리에 따라 행과 열의 의미가 바뀔 수도 있습니다.

데이터 가져오기

데이터 랭글링의 첫 번째 단계는 이 데이터를 가져오는 것입니다. 다음과 같은 단계를 거칩니다.

1 데이터를 다운로드합니다. 이 책의 모든 파일은 깃허브에 저장되어 있습니다. 다음 그림에 있는 'Download ZIP' 링크를 클릭하여 모든 파일을 로컬 컴퓨터에 다운로드할 수 있습니다.[3]

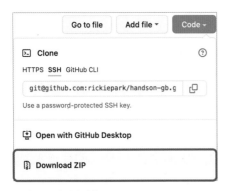

그림 1-1 데이터 다운로드

데이터를 다운로드한 후 압축을 풀고 데스크탑에 있는 원하는 위치(예를 들어 Data 폴더)로 파일을 옮깁니다.

2 **주피터 노트북**Jupyter Notebook을 실행합니다. 이 책의 0장에 주피터 노트북 실행 방법이 있습니다. **아나콘다**를 클릭하고 주피터 노트북을 클릭합니다. 또는 터미널에서 jupyter notebook 명령을 실행합니다. 웹 브라우저가 열리면 폴더와 파일 목록을 볼 수 있습니다. 자전거 대여 데이터셋이 있는 폴더로 이동한 후 다음 그림처럼 [New → Notebook → Python3]를 선택하세요.

그림 1-2 주피터 노트북 제작

----

3 옮긴이_ 깃(git) 프로그램을 사용할 수 있다면 저장소를 클론(clone)하여 사용해도 됩니다. 번역서의 주피터 노트북은 로컬 컴퓨터로 다운로드할 필요 없이 구글 코랩(Colab, *https://colab.research.google.com/*)에서 바로 실행할 수 있습니다. 번역서 깃허브에 있는 각 장의 노트북에 코랩 실행 링크가 포함되어 있습니다. 코랩에 대한 자세한 설명은 『혼자 공부하는 머신러닝+딥러닝』(한빛미디어, 2020)의 1장 2절을 참고하세요(*https://bit.ly/hg-colab*).

> **TIP** 주피터 노트북을 실행하는 데 어려움이 있다면 주피터의 문제 해결 공식 가이드를 참고하세요. *https://jupyter-notebook.readthedocs.io/en/stable/troubleshooting.html*

3 새로 만든 주피터 노트북의 첫 번째 셀cell에 다음 코드를 입력하세요.

```
import pandas as pd
```

[Shift] + [Enter] 키를 눌러 셀을 실행합니다. 이제 pd 객체로 pandas 라이브러리를 사용할 수 있습니다.

4 pd.read_csv()를 사용해 데이터를 로드합니다. **CSV** 데이터를 로드하려면 read_csv() 함수를 사용합니다.[4] read_csv() 함수는 데이터 조회, 분석, 조작을 위한 판다스 객체인 **데이터프레임**DataFrame으로 CSV 데이터를 저장합니다. 데이터를 로드할 때 따옴표로 파일 이름을 감싸서 전달한 다음 셀을 실행합니다.

```
df_bikes = pd.read_csv('bike_rentals.csv')
```

데이터 파일이 주피터 노트북 위치와 다르다면 Downloads/bike_rental.csv와 같이 디렉토리를 지정해야 합니다. 이제 df_bikes라는 데이터프레임에 데이터가 저장되었습니다.

> **TIP** 탭 자동 완성: 주피터 노트북에서 코딩할 때 몇 개의 글자를 타이핑하고 [Tab] 버튼을 눌러 보세요. CSV 파일의 경우 파일 이름이 나타날 것입니다. 커서로 이름을 선택하고 [Enter]를 누릅니다. 파일 이름이 하나만 나타날 경우 그냥 [Enter]를 누를 수 있습니다. 탭 자동 완성은 빠르고 안전한 코드 작성을 도와줍니다.

5 head() 메서드를 사용해 데이터를 출력합니다. 이 단계는 데이터가 올바르게 로드되었는지 확인합니다. head()는 데이터프레임의 처음 다섯 개의 행을 출력하는 메서드입니다. 출력하고 싶은 행의 개수(양의 정수)를 전달할 수도 있습니다. 다음 코드를 입력하고 [Shift]+[Enter]를 누릅니다.

```
df_bikes.head()
```

다음 스크린샷은 기대한 대로 처음 몇 개의 행이 출력된 결과를 보여줍니다.

---

4 옮긴이_ 판다스는 여러 종류의 파일을 데이터프레임으로 읽어 들이는 다양한 read_* 함수를 제공합니다. 예를 들어 엑셀 파일을 읽는 read_excel과 json 파일을 읽는 read_json 등이 있습니다.

```
In [1]:    # 판다스를 임포트합니다.
           import pandas as pd

In [2]:    # 'bike_rentals.csv'를 데이터프레임으로 읽습니다.
           df_bikes = pd.read_csv('bike_rentals.csv')

In [3]:    # 처음 다섯 개 행을 출력합니다.
           df_bikes.head()

Out[3]:
```

	instant	dteday	season	yr	mnth	holiday	weekday	workingday	weathersit	temp	atemp	hum	windspeed	ca
0	1	2011-01-01	1.0	0.0	1.0	0.0	6.0	0.0	2	0.344167	0.363625	0.805833	0.160446	
1	2	2011-01-02	1.0	0.0	1.0	0.0	0.0	0.0	2	0.363478	0.353739	0.696087	0.248539	
2	3	2011-01-03	1.0	0.0	1.0	0.0	1.0	1.0	1	0.196364	0.189405	0.437273	0.248309	
3	4	2011-01-04	1.0	0.0	1.0	0.0	2.0	1.0	1	0.200000	0.212122	0.590435	0.160296	
4	5	2011-01-05	1.0	0.0	1.0	0.0	3.0	1.0	1	0.226957	0.229270	0.436957	0.186900	

그림 1-3 bike_rental.csv 출력

이제 데이터를 로드했습니다. 세 개의 메서드로 이 데이터에 대해 알아보죠.

1.2.2 데이터 이해하기

데이터를 로드했으므로 데이터에 대해 알아볼 차례입니다. 데이터를 이해하는 것은 앞으로 정보를 바탕으로 결정을 내리는 데 필수적입니다. 데이터를 이해하는 데 유용한 메서드는 다음 세 가지입니다.

head()

앞에서 이미 head() 메서드를 보았습니다. 열 이름과 숫자를 이해하는 데 유용한 메서드로 널리 사용됩니다. 앞의 출력에서 나타나 있듯이 dteday는 날짜이고 instant는 정렬된 인덱스입니다.

describe()

describe() 메서드는 다음과 같은 수치 통계를 보여줍니다.

```
df_bikes.describe()
```

출력은 다음과 같습니다.

	instant	season	yr	mnth	holiday	weekday	workingday	weathersit	temp	atemp	hum	windspeed
count	731.000000	731.000000	730.000000	730.000000	731.000000	731.000000	731.000000	731.000000	730.000000	730.000000	728.000000	726.000000
mean	366.000000	2.496580	0.500000	6.512329	0.028728	2.997264	0.682627	1.395349	0.495587	0.474512	0.627987	0.190476
std	211.165812	1.110807	0.500343	3.448303	0.167155	2.004787	0.465773	0.544894	0.183094	0.163017	0.142331	0.077725
min	1.000000	1.000000	0.000000	1.000000	0.000000	0.000000	0.000000	1.000000	0.059130	0.079070	0.000000	0.022392
25%	183.500000	2.000000	0.000000	4.000000	0.000000	1.000000	0.000000	1.000000	0.336875	0.337794	0.521562	0.134494
50%	366.000000	3.000000	0.500000	7.000000	0.000000	3.000000	1.000000	1.000000	0.499167	0.487364	0.627083	0.180971
75%	548.500000	3.000000	1.000000	9.750000	0.000000	5.000000	1.000000	2.000000	0.655625	0.608916	0.730104	0.233218
max	731.000000	4.000000	1.000000	12.000000	1.000000	6.000000	1.000000	3.000000	0.861667	0.840896	0.972500	0.507463

그림 1-4 decribe() 출력

오른쪽으로 스크롤하면 모든 열을 볼 수 있습니다.

평균(mean 행)과 **중간값**(50% 행)을 비교하면 왜곡의 정도를 가늠할 수 있습니다. 평균과 중간값이 거의 비슷하기 때문에 데이터는 대체적으로 대칭입니다. 각 열의 최대값, 최솟값, 사분위 값, 표준편차(std)도 제공됩니다.

info()

유용한 또 다른 메서드는 행과 열에 대한 일반적인 정보를 출력해주는 info()입니다.

```
df_bikes.info()
```

출력은 다음과 같습니다.

```
<class 'pandas.core.frame.DataFrame'>
RangeIndex: 731 entries, 0 to 730
Data columns (total 16 columns):
 #   Column      Non-Null Count   Dtype
--  ------      --------------   -----
 0   instant     731 non-null     int64
 1   dteday      731 non-null     object
 2   season      731 non-null     float64
 3   yr          730 non-null     float64
 4   mnth        730 non-null     float64
 5   holiday     731 non-null     float64
 6   weekday     731 non-null     float64
```

```
 7    workingday        731 non-null      float64
 8    weathersit        731 non-null      int64
 9    temp              730 non-null      float64
10    atemp             730 non-null      float64
11    hum               728 non-null      float64
12    windspeed         726 non-null      float64
13    casual            731 non-null      int64
14    registered        731 non-null      int64
15    cnt               731 non-null      int64
dtypes: float64(10), int64(5), object(1)
memory usage: 91.5+ KB
```

여기서 볼 수 있듯이 info() 메서드는 행과 열의 개수, 열의 타입, 널[null]이 아닌 값의 개수[Non-Null Count]를 알려줍니다. 널이 아닌 값의 개수가 열마다 다르기 때문에 널 값(누락된 값)이 존재합니다.

1.2.3 누락된 값 처리하기

누락된 값을 처리하지 않으면 이어지는 작업에서 예상하지 못한 에러가 발생할 수 있습니다. 이어지는 절에서 누락된 값을 처리하는 다양한 방법을 소개합니다. 예제를 통해 누락된 값을 처리하는 방법뿐만 아니라 판다스의 다양한 기능을 배울 수 있습니다.

누락된 값을 처리하는 데 다음과 같은 방법을 사용할 수 있습니다.

누락된 값의 개수 계산하기

다음 코드는 누락된 값의 전체 개수를 출력합니다.

```
df_bikes.isna().sum().sum()
```

출력은 다음과 같습니다.

```
12
```

두 개의 sum() 메서드가 필요합니다. 첫 번째 메서드에서 각 열에 있는 누락된 값의 개수를 더하고 두 번째 메서드에서 각 열의 개수를 더합니다.

누락된 값 출력하기

다음 코드로 누락된 값이 들어 있는 모든 행을 출력할 수 있습니다.

```
df_bikes[df_bikes.isna().any(axis=1)]
```

이 코드를 나누어 설명해보죠. df_bikes[조건]은 대괄호 안의 조건이 만족하는 df_bikes의 부분집합입니다. axis=1로 지정했으므로 df_bikes.isna().any()는 열을 따라 누락된 값이 하나 이상인 모든 행을 찾습니다.[5] 판다스에서 행은 axis=0이고 열은 axis=1입니다.

출력은 다음과 같습니다.

	instant	dteday	season	yr	mnth	holiday	weekday	workingday	weathersit	temp	atemp	hum	windspeed	casual	registered	cnt
56	57	2011-02-26	1.0	0.0	2.0	0.0	6.0	0.0	1	0.282500	0.282192	0.537917	NaN	424	1545	1969
81	82	2011-03-23	2.0	0.0	3.0	0.0	3.0	1.0	2	0.346957	0.337939	0.839565	NaN	203	1918	2121
128	129	2011-05-09	2.0	0.0	5.0	0.0	1.0	1.0	1	0.532500	0.525246	0.588750	NaN	664	3698	4362
129	130	2011-05-10	2.0	0.0	5.0	0.0	2.0	1.0	1	0.532500	0.522721	NaN	0.115671	694	4109	4803
213	214	2011-08-02	3.0	0.0	8.0	0.0	2.0	1.0	1	0.783333	0.707071	NaN	0.205850	801	4044	4845
298	299	2011-10-26	4.0	0.0	10.0	0.0	3.0	1.0	2	0.484167	0.472846	0.720417	NaN	404	3490	3894
388	389	2012-01-24	1.0	1.0	1.0	0.0	2.0	1.0	2	0.342500	0.349108	NaN	0.123767	439	3900	4339
528	529	2012-06-12	2.0	1.0	6.0	0.0	2.0	1.0	2	0.653333	0.597875	0.833333	NaN	477	4495	4972
701	702	2012-12-02	4.0	1.0	12.0	0.0	0.0	0.0	2	NaN	NaN	0.823333	0.124379	892	3757	4649
730	731	2012-12-31	1.0	NaN	NaN	0.0	1.0	0.0	2	0.215833	0.223487	0.577500	0.154846	439	2290	2729

그림 1-5 자전거 대여 데이터셋의 누락된 값

출력에서 볼 수 있듯이 'windspeed', 'hum', 'temp' 열에 누락된 값이 있습니다.[6]

> TIP 판다스를 처음 사용한다면 사용법에 익숙해지는 데 시간이 걸릴 것입니다. 판다스를 잘 소개하고 있는 『Hands-On Data Analysis with Pandas』(Packt Publishing, 2019)(*https://subscription.packtpub.com/book/data/9781789615326*) 책을 참고하세요.[7]

---

5 옮긴이_ isna() 메서드는 누락된 값에 대해서는 True, 그렇지 않으면 False를 반환합니다. any(axis=1)은 각 행마다 적어도 하나 이상의 True가 존재하면 True, 그렇지 않으면 False를 반환합니다.

6 옮긴이_ 판다스는 누락된 값을 NaN으로 표시합니다.

7 옮긴이_ 판다스에 대한 전반적인 소개는 『파이썬 라이브러리를 활용한 데이터 분석』(한빛미디어, 2019)와 판다스의 다양한 활용 사례를 설명하는 『파이썬을 활용한 머신러닝 쿡북』(한빛미디어, 2019)을 참고하세요. 간단하게 판다스를 둘러 보려면 『핸즈온 머신러닝 2판』(한빛미디어, 2020) 깃허브에서 무료로 제공하는 판다스 튜토리얼(*https://ml-ko.kr/homl2/tools_pandas.html*)을 참고하세요.

누락된 값 고치기

누락된 값을 고치는 것은 데이터셋과 열에 따라 다릅니다. 몇 가지 방법을 알아보겠습니다.

중간값이나 평균으로 바꾸기

자주 사용하는 한 가지 방법은 누락된 값을 **중간값**이나 **평균**으로 바꾸는 것입니다. 여기에서는 열의 평균 값으로 누락된 값을 바꿉니다.

'windspeed' 열의 경우 다음과 같은 코드로 누락된 값을 중간값으로 바꿀 수 있습니다.

```
df_bikes['windspeed'].fillna((df_bikes['windspeed'].median()), inplace=True)
```

df_bikes['windspeed'].fillna()는 'windspeed' 열에 있는 누락된 값을 채웁니다. df_bikes['windspeed'].median()는 'windspeed' 열의 중간값을 계산합니다. 마지막으로 inplace=True는 df_bikes 데이터프레임 자체를 수정합니다.[8]

> **TIP** 종종 중간값을 선택하는 것이 평균보다 좋습니다. 중간값은 데이터의 절반이 이보다 크고 나머지 절반은 작다는 것을 보장합니다. 이와 달리 평균은 **이상치**outlier에 취약합니다.

앞의 셀에서 df_bikes[df_bikes.isna().any(axis=1)] 명령이 인덱스 56과 81 행에 있는 windspeed 열에 누락된 값을 보여 주었습니다. 인덱스 위치index location의 줄임말인 iloc 메서드를 사용해 두 행을 출력해보겠습니다.

```
df_bikes.iloc[[56, 81]]
```

출력은 다음과 같습니다.

	instant	dteday	season	yr	mnth	holiday	weekday	workingday	weathersit	temp	atemp	hum	windspeed	casual	registered	cnt
56	57	2011-02-26	1.0	0.0	2.0	0.0	6.0	0.0	1	0.282500	0.282192	0.537917	0.180971	424	1545	1969
81	82	2011-03-23	2.0	0.0	3.0	0.0	3.0	1.0	2	0.346957	0.337939	0.839565	0.180971	203	1918	2121

그림 1-6 56행과 81행

8　옮긴이_ inplace 매개변수에 상관없이 판다스는 새로운 데이터프레임을 만듭니다. inplace 매개변수가 기본값 False이면 새로운 데이터프레임을 반환하고 True이면 현재 변수에 새로운 데이터프레임을 재할당합니다.

기대한 대로 windspeed 열의 누락된 값이 중간값으로 바뀌었습니다.

> **TIP** 판다스를 사용할 때 종종 대괄호 한 개와 두 개를 혼동하게 됩니다. iloc 메서드는 하나의 인덱스에 대해서는 df_bikes.iloc[56]처럼 대괄호 하나를 사용합니다. df_bikes는 리스트를 받아 대괄호 안에 여러 개의 인덱스를 담을 수 있습니다. 따라서 여러 개의 인덱스를 지정하려면 df_bikes.iloc[[56, 81]]처럼 대괄호 두 개를 사용해야 합니다. 더 자세한 내용은 판다스 문서(*https://bit.ly/pd-iloc*)를 참고하세요.

중간값이나 평균으로 그룹바이하기

groupby() 메서드를 사용해 널 값을 대체하는 것은 조금 더 복잡합니다.

groupby() 메서드는 공유되는 값을 기준으로 행을 모읍니다. 각 행은 네 개의 계절 중 하나를 가지고 있기 때문에 계절로 **그룹바이**^{groupby}하면 계절마다 하나씩 네 개의 행을 얻을 수 있습니다. 하지만 그룹바이되는 행마다 다른 값을 가지고 있기 때문에 이 값을 연결하거나 합치는 방법이 필요합니다. 합치는 방법은 sum(), count(), mean(), median() 등이 있습니다. 여기서는 median()을 사용합니다.

season 열로 df_bikes를 그룹바이하고 median() 메서드로 집계를 하는 코드는 다음과 같습니다.

```
df_bikes.groupby(['season']).median()
```

출력은 다음과 같습니다.

season	instant	yr	mnth	holiday	weekday	workingday	weathersit	temp	atemp	hum	windspeed	casual	registered	cnt
1.0	366.0	0.5	2.0	0.0	3.0	1.0	1.0	0.285833	0.282821	0.543750	0.202750	218.0	1867.0	2209.0
2.0	308.5	0.5	5.0	0.0	3.0	1.0	1.0	0.562083	0.538212	0.646667	0.191546	867.0	3844.0	4941.5
3.0	401.5	0.5	8.0	0.0	3.0	1.0	1.0	0.714583	0.656575	0.635833	0.165115	1050.5	4110.5	5353.5
4.0	493.0	0.5	11.0	0.0	3.0	1.0	1.0	0.410000	0.409708	0.661042	0.167918	544.5	3815.0	4634.5

그림 1-7 season 열로 df_bikes를 그룹바이한 결과

출력된 각 열의 값은 중간값입니다.

(humidity의 약자인) hum 열의 누락된 값을 처리하기 위해 계절별 hum 값을 사용할 수 있습니다.

hum 열의 누락된 값을 다른 값으로 채우는 코드는 df_bikes['hum'] = df_bikes['hum']. fillna()와 같이 쓸 수 있습니다.[9]

fillna() 메서드 안에는 원하는 값을 넣습니다. 여기에서는 groupby() 메서드로 얻은 값을 transform() 메서드를 통해 다음과 같이 바꿉니다.[10]

```
df_bikes.groupby('season')['hum'].transform('median')
```

두 코드를 합치면 다음과 같습니다.[11]

```
df_bikes['hum'] =
df_bikes['hum'].fillna(df_bikes.groupby('season')['hum'].transform('median'))
```

df_bikes.iloc[[129, 213, 388]]로 누락된 값이 올바르게 채워졌는지 확인할 수 있습니다.

값이 누락된 특정 열을 중간값이나 평균으로 채워 넣기

어떤 경우에는 누락된 특정 열의 데이터를 이전 값들의 중간값이나 평균으로 바꾸는 것이 유용할 수 있습니다.

온도 열의 누락된 값을 고칠 때 과거 기록을 참조하지 않더라도 어제나 내일 온도의 평균을 사용하는 것이 좋은 방법입니다.

'temp' 열의 누락된 값을 찾기 위해 다음 코드를 입력합니다.

```
df_bikes[df_bikes['temp'].isna()]
```

출력은 다음과 같습니다.

---

9 옮긴이_ df_bikes['hum']은 판다스의 시리즈(Series) 객체를 반환합니다. fillna() 메서드에 inplace 매개변수 기본값 False를 그대로 사용하면 누락된 값을 채운 새로운 시리즈 객체를 반환합니다.

10 옮긴이_ transform() 메서드는 첫 번째 매개변수로 전달된 함수를 적용한 다음 원본과 동일한 길이의 시리즈나 데이터프레임을 반환합니다.

11 옮긴이_ fillna() 메서드에 원본과 동일한 길이의 시리즈 객체를 전달하면 누락된 위치에 있는 값만 채우는 데 사용합니다.

	instant	dteday	season	yr	mnth	holiday	weekday	workingday	weathersit	temp	atemp	hum	windspeed	casual	registered	cnt
701	702	2012-12-02	4.0	1.0	12.0	0.0	0.0	0.0	2	NaN	NaN	0.823333	0.124379	892	3757	4649

그림 1-8 누락된 'temp' 열의 출력

출력 결과에서 보듯이 인덱스 **701** 행이 누락된 값을 가지고 있습니다.

인덱스 701의 어제와 내일 온도의 평균을 계산하기 위해 다음과 같은 코드를 사용합니다.

1 인덱스 700과 702 행의 온도를 더하고 2로 나눕니다. 이를 'temp' 열과 'atemp' 열에 대해 수행합니다.

```
mean_temp = (df_bikes.iloc[700]['temp'] + df_bikes.iloc[702]['temp'])/2
mean_atemp = (df_bikes.iloc[700]['atemp'] + df_bikes.iloc[702]['atemp'])/2
```

2 누락된 값을 바꿉니다.

```
df_bikes['temp'].fillna((mean_temp), inplace=True)
df_bikes['atemp'].fillna((mean_atemp), inplace=True)
```

누락된 값이 제대로 바뀌었는지 직접 확인해보세요.

날짜 추정하기

누락된 값을 고치는 마지막 방법은 날짜를 사용하는 것입니다. 실제 날짜가 있다면 날짜 값을 추정할 수 있습니다.

df_bikes['dteday']는 날짜 열입니다. 하지만 df_bikes.info()로 확인한 열 타입은 객체로 보통 문자열을 의미합니다. 연도와 월 같은 날짜 객체를 추정하려면 datetime 타입을 사용해야 합니다. 다음과 같이 to_datetime() 메서드를 사용해 df_bikes['dteday']을 'datetime' 타입으로 바꿀 수 있습니다.

```
df_bikes['dteday'].apply(pd.to_datetime, infer_datetime_format=True, errors='coerce')
```

infer_datetime_format=True로 지정하면 판다스가 datetime 객체의 종류를 결정하며 대부분의 경우 안전합니다.

개별 열을 추정하려면 먼저 datetime 라이브러리를 임포트합니다.

```
import datetime as dt
```

이제 여러 가지 방법으로 누락된 날짜를 추정할 수 있습니다. 'dteday' 열에서 올바른 월을 추정하여 'mnth' 열을 바꾸는 것이 기본적인 방법입니다. 'dteday' 열이 올바르다고 가정하면 이 방법이 데이터 변환 과정에서 생긴 다른 에러를 고치는 데도 유용합니다.

코드는 다음과 같습니다.

```
df_bikes['mnth'] = df_bikes['dteday'].dt.month
```

바뀐 내용을 확인하는 것이 중요합니다. 마지막 행에 누락된 날짜 값이 있으므로 head()와 비슷한 tail() 메서드를 사용하여 마지막 다섯 개의 행을 출력하겠습니다.

```
df_bikes.tail()
```

출력은 다음과 같습니다.

	instant	dteday	season	yr	mnth	holiday	weekday	workingday	weathersit	temp	atemp	hum	windspeed	casual	registered	cnt
726	727	2012-12-27	1.0	1.0	12	0.0	4.0	1.0	2	0.254167	0.226642	0.652917	0.350133	247	1867	2114
727	728	2012-12-28	1.0	1.0	12	0.0	5.0	1.0	2	0.253333	0.255046	0.590000	0.155471	644	2451	3095
728	729	2012-12-29	1.0	1.0	12	0.0	6.0	0.0	2	0.253333	0.242400	0.752917	0.124383	159	1182	1341
729	730	2012-12-30	1.0	1.0	12	0.0	0.0	0.0	1	0.255833	0.231700	0.483333	0.350754	364	1432	1796
730	731	2012-12-31	1.0	NaN	12	0.0	1.0	0.0	2	0.215833	0.223487	0.577500	0.154846	439	2290	2729

그림 1-9 누락된 날짜 값을 고친 결과

여기서 볼 수 있듯이 월 값이 올바르게 고쳐졌습니다. 하지만 연도 값은 그대로입니다.

마지막 다섯 개 행의 'dteday' 열은 모두 2012로 시작합니다. 하지만 'yr' 열의 값은 1.0입니다. 왜일까요?

이 데이터는 0에서 1 사이의 값으로 정규화되어 있기 때문입니다.

정규화 데이터에서는 머신러닝 알고리즘이 특성 범위를 고려하여 가중치를 조정할 필요가 없기 때문에 더 효율적인 경우가 많습니다.

loc 메서드를 사용해 올바른 값으로 채울 수 있습니다. 다음처럼 loc 메서드에 행과 열을 지정할 수 있습니다.

```
df_bikes.loc[730, 'yr'] = 1.0
```

지금까지 누락된 값을 채우는 방법을 연습했고 판다스에 대해 많이 알게 되었습니다. 이제 수치형이 아닌 열을 다루어보겠습니다.

수치형이 아닌 열 삭제하기

머신러닝을 사용하려면 모든 열의 데이터가 수치형이어야 합니다. df.info()에서 보았듯이 df_bikes['dteday']만 수치형이 아닌 열입니다. 또한 날짜 정보는 다른 열에도 있기 때문에 중복된 정보입니다.

이 열을 다음과 같이 삭제합니다.

```
df_bikes = df_bikes.drop('dteday', axis=1)
```

이제 모든 열이 수치형이고 누락된 값이 없으므로 머신러닝을 수행할 준비가 되었습니다.

1.3 회귀 모델 만들기

머신러닝 알고리즘의 목표는 하나 이상의 특성을 가진 입력 데이터를 사용해 하나의 출력 값을 예측하는 것입니다. 해결하려는 머신러닝 문제 종류에 따라 정의된 수학 공식을 사용해 예측합니다.[12] 대부분의 **지도 학습**supervised learning 문제는 **회귀**regression나 **분류**classification 중 하나입니다. 이 절에서 회귀를 사용해 머신러닝을 소개하겠습니다.

1.3.1 자전거 대여 예측하기

자전거 대여 데이터셋에서 df_bikes['cnt']는 해당 날의 자전거 대여 횟수입니다. 이 열의

---

12 옮긴이_ 알고리즘에 따라 여러 개의 출력을 예측할 수도 있으며 수학 공식을 사용하지 않는 것도 있습니다.

값을 예측할 수 있다면 자전거 대여 회사에 아주 유용합니다. 어떤 날이 공휴일인지 아닌지, 온도, 습도, 풍속 등과 같은 데이터를 바탕으로 특정 날짜의 자전거 대여 횟수를 정확하게 예측하는 문제입니다.

데이터셋 설명에 따르면 df_bikes['cnt']는 df_bikes['casual']와 df_bikes['registered']의 합입니다. df_bikes['registered']와 df_bikes['casual']가 입력 데이터에 포함되어 있다면 두 열을 더해서 정확한 값을 얻을 수 있기 때문에 항상 100% 정확한 예측을 만들 것입니다. 이론적으로는 완벽한 예측이 이상적이지만 실전에서는 두 열의 값은 알 수 없습니다.

'casual'와 'registered'를 제외하고 다른 모든 열은 df_bikes['cnt']를 예측하는 데 사용할 수 있습니다. 다음처럼 drop() 메서드를 사용해 'casual'와 'registered' 열을 삭제합니다.

```
df_bikes = df_bikes.drop(['casual', 'registered'], axis=1)
```

이제 데이터셋이 준비되었습니다.

1.3.2 나중을 위해서 데이터 저장하기

자전거 대여 데이터셋은 이 책에서 여러 번 사용됩니다. 데이터 랭글링을 위해 이 노트북을 매번 실행하기 보다는 향후에 사용할 수 있도록 정제된 데이터셋을 CSV 파일로 저장하는 것이 좋습니다.

```
df_bikes.to_csv('bike_rentals_cleaned.csv', index=False)
```

index=False로 지정하면 데이터프레임의 인덱스가 하나의 열로 저장되는 것을 막아줍니다.

1.3.3 특성과 타깃 준비하기

머신러닝은 입력 특성(데이터프레임의 열)에 대해 수학 연산을 수행하여 **타깃**target (출력)을 예측합니다.

입력 특성을 대문자 X로 나타내고 타깃을 소문자 y로 쓰는 것이 일반적입니다.[13] 이 문제의 타깃은 데이터프레임의 마지막 열이기 때문에 인덱스 **슬라이싱**slicing을 사용해 데이터를 특성과 타깃으로 나눌 수 있습니다.

```
X = df_bikes.iloc[:,:-1]
y = df_bikes.iloc[:,-1]
```

쉼표는 행과 열을 구분합니다. 첫 번째 콜론colon : 은 모든 행을 선택한다는 의미입니다. 쉼표 뒤의 :-1 은 첫 번째 열부터 마지막 열을 제외한 모든 열을 선택한다는 의미입니다. 타깃을 만드는 코드에서 −1은 마지막 열을 나타냅니다.

1.3.4 회귀 이해하기

자전거 대여 횟수를 예측하면 어떤 양의 정수가 출력될 것입니다. 타깃 값의 범위에 제한이 없는 머신러닝 문제를 회귀라고 합니다.

가장 널리 사용되는 회귀 알고리즘은 **선형 회귀**입니다. 선형 회귀는 각 특성을 다항식의 변수로 받아서 각 값에 계수coefficient (또는 가중치weight)를 곱하여 타깃을 예측합니다. **경사 하강법**은 오차를 최소화하기 위한 방법입니다. 선형 회귀의 예측 결과는 어떤 실수 값도 될 수 있습니다.

선형 회귀를 실행하기 전에 데이터를 **훈련 세트**와 **테스트 세트**로 나누어야 합니다. 타깃 오차를 최소화하기 위해 훈련 세트로 알고리즘을 훈련합니다. 모델이 훈련되고 나면 테스트 세트로 모델의 점수를 계산합니다.

모델을 평가하기 위해 테스트 세트를 따로 떼어 놓는 것은 매우 중요합니다. 테스트 세트로 모델의 일반화 성능을 평가하기 때문입니다. 높은 성능을 달성하려다 보면 모델이 **과대적합**ovefitting되기 쉽습니다. 모델이 이상치나 평범하지 않은 샘플, 임시 트렌드에 너무 가깝게 맞춰지기 때문에 과대적합은 일반적으로 나쁩니다. 강력한 머신러닝 모델은 새로운 데이터에 대한 일반화와 현재 데이터에 있는 패턴을 정확하게 감지하는 것 사이에 균형을 잘 잡습니다. 이 개념에 대해 '2장 결정 트리'에서 자세히 설명하겠습니다.

---

13 옮긴이_ 보통 특성은 2차원 배열(행렬)이라 대문자를 사용하고 타깃은 1차원 배열(벡터)이기 때문에 소문자를 사용합니다.

1.3.5 사이킷런 사용하기

모든 머신러닝 라이브러리는 **사이킷런**scikit-learn과 함께 사용될 것입니다. 사이킷런에 포함된 다양한 알고리즘, 쉬운 사용법, 강력한 성능이 전세계에서 가장 널리 사용되는 머신러닝 라이브러리로 만들었습니다.

다음처럼 사이킷런에서 `train_test_split` 함수와 `LinearRegression` 클래스를 임포트합니다.

```
from sklearn.model_selection import train_test_split
from sklearn.linear_model import LinearRegression
```

그다음 데이터를 훈련 세트와 테스트 세트로 나눕니다.

```
X_train, X_test, y_train, y_test = train_test_split(X, y, random_state=2)
```

`random_state` 매개변수를 2로 지정했습니다. `random_state=2`를 볼 때마다 **의사 난수 생성기**pseudo-random number generator를 위한 시드값을 지정했다고 생각하면 됩니다.

1.3.6 경고 끄기

첫 번째 머신러닝 모델을 만들기 전에 모든 경고를 끄겠습니다. 사이킷런은 향후 버전의 변경 사항을 알리기 위해 사용자에게 경고를 보냅니다. 일반적으로 경고를 끄는 것은 바람직하지 않습니다. 하지만 책의 코드는 이미 테스트되었기 때문에 주피터 노트북의 공간을 절약하기 위해 경고를 끄는 것이 좋습니다.

다음처럼 경고를 끌 수 있습니다.[14]

```
import warnings
warnings.filterwarnings('ignore')
```

....

14 옮긴이_ XGBoost가 출력하는 경고를 끄려면 다음 코드를 추가합니다.

```
import xgboost as xgb
xgb.set_config(verbosity=0)
```

이제 첫 번째 모델을 만들 차례입니다.

1.3.7 선형 회귀 모델 만들기

다음과 같은 순서를 따라 선형 회귀 모델을 만듭니다.

1 머신러닝 모델 객체를 만듭니다.

```
lin_reg = LinearRegression()
```

2 모델을 훈련 세트에서 훈련합니다. 머신러닝 모델을 만드는 단계입니다. X_train은 특성이고 y_train이 타깃입니다.

```
lin_reg.fit(X_train, y_train)
```

3 테스트 세트에서 예측을 만듭니다. lin_reg의 predict() 메서드를 사용해 테스트 세트의 특성 데이터 인 X_test에 대한 예측을 y_pred에 저장합니다.

```
y_pred = lin_reg.predict(X_test)
```

4 이 예측을 테스트 세트에 있는 타깃과 비교합니다. 모델을 평가하려면 비교 기준이 있어야 합니다. 선형 회귀에서는 **평균 제곱근 오차**root mean squared error, RMSE를 널리 사용합니다. RMSE는 두 가지가 필요합니다. 예측 값과 실제 값 차이의 제곱 합을 계산하는 mean_squared_error() 함수와 실제 값과 단위를 맞추기 위한 제곱근 함수입니다. mean_squared_error() 함수는 사이킷런에서 임포트하고 제곱근 함수는 판다 스와 같이 쓸 수 있는 고성능 다차원 배열 라이브러리인 **넘파이**Numpy, Numerical Python에서 임포트할 수 있습니다.

5 넘파이와 mean_squared_error() 함수를 임포트합니다. 그다음 평균 제곱 오차를 계산한 후에 제곱근을 계산합니다.[15]

```
from sklearn.metrics import mean_squared_error
import numpy as np
mse = mean_squared_error(y_test, y_pred)
rmse = np.sqrt(mse)
```

---

15 옮긴이_ mean_squared_error() 함수의 squared 매개변수 기본값은 True로 제곱 합을 반환합니다. False로 설정하면 제곱근을 계산합니다. 따라서 np.sqrt() 함수를 사용할 필요 없이 mean_squared_error(y_test, y_pred, squared=False)와 같이 RMSE를 계산할 수 있습니다.

6 결과를 출력합니다.

```
print("RMSE: %0.2f" % (rmse))
```

출력은 다음과 같습니다.

```
RMSE: 898.21
```

다음이 첫 번째 머신러닝 모델을 만드는 전체 코드가 담긴 스크린샷입니다.

```
# LinearRegression 모델 객체를 만듭니다.
lin_reg = LinearRegression()

# 훈련 데이터로 lin_reg 객체를 훈련합니다.
lin_reg.fit(X_train, y_train)

# lin_reg 객체를 사용해 X_test에 대한 예측값을 만듭니다.
y_pred = lin_reg.predict(X_test)

# mean_squared_error 함수를 임포트합니다.
from sklearn.metrics import mean_squared_error

# numpy를 임포트합니다.
import numpy as np

# mean_squared_error 함수로 평균 제곱 오차를 계산합니다.
mse = mean_squared_error(y_test, y_pred)

# 평균 제곱근 오차를 계산합니다.
rmse = np.sqrt(mse)

# 평균 제곱근 오차를 출력합니다.
print("RMSE: %0.2f" % (rmse))
```

```
RMSE: 898.21
```

그림 1-10 머신러닝 모델 구축 코드

일자별 대여 횟수 범위를 살피지 않고서는 898 대여 오차가 좋은 것인지 나쁜 것인지 알기 어렵습니다.

df_bikes['cnt'] 열에서 describe() 메서드를 사용하면 범위를 비롯해 다양한 정보를 얻을 수 있습니다.

```
df_bikes['cnt'].describe()
```

출력은 다음과 같습니다.

```
count              731.000000
mean              4504.348837
std       1937.211452
min         22.000000
25%       3152.000000
50%       4548.000000
75%       5956.000000
max       8714.000000
Name: cnt, dtype: float64
```

최소값은 22이고 최댓값은 8714입니다. 평균은 4504이고 표준 편차는 1937입니다. RMSE 898이 나쁘지는 않지만 훌륭한 것도 아닙니다.

1.3.8 XGBoost

선형 회귀는 회귀 문제를 풀기 위해 사용할 수 있는 많은 알고리즘 중 하나입니다. 다른 회귀 알고리즘이 더 좋은 결과를 만들 가능성이 있기 때문에, 일반적으로 다른 회귀 모델을 실험해서 점수를 비교하는 것이 좋습니다. 이 책에서 결정 트리, 랜덤 포레스트, 그레이디언트 부스팅 그리고 이 책의 주요 관심 대상인 XGBoost 등 다양한 회귀 모델을 다루어보겠습니다.

XGBoost는 책에서 나중에 자세히 소개하겠습니다. 지금은 XGBoost에 **XGBRegressor**라는 회귀 모델이 포함되어 있어서 앞에서 사용한 자전거 대여 데이터셋과 같은 회귀 문제에 사용할 수 있다는 점만 기억해주세요. 그럼 자전거 대여 데이터셋에 적용한 **XGBRegressor**의 결과를 선형 회귀와 비교해보겠습니다.

0장에서 이미 XGBoost를 설치했을 것입니다. 만약 아직 설치하지 않았다면 지금 XGBoost를 설치하세요.

1.3.9 XGBRegressor

XGBoost를 설치했다면 **XGBRegressor**를 다음과 같이 임포트할 수 있습니다.

```
from xgboost import XGBRegressor
```

XGBRegressor 모델을 만드는 단계는 **LinearRegression**과 같습니다. 유일한 차이점은 **LinearRegression**가 아니라 **XGBRegressor** 객체를 만드는 것뿐입니다.

1 머신러닝 모델 객체를 만듭니다.

```
xg_reg = XGBRegressor()
```

2 훈련 세트로 모델을 훈련합니다. XGBoost가 경고를 출력하더라도 걱정하지 마세요.

```
xg_reg.fit(X_train, y_train)
```

3 테스트 세트에서 예측을 만듭니다.

```
y_pred = xg_reg.predict(X_test)
```

4 테스트 세트의 타깃과 예측을 비교합니다.

```
mse = mean_squared_error(y_test, y_pred)
rmse = np.sqrt(mse)
```

5 결과를 출력합니다.

```
print("RMSE: %0.2f" % (rmse))
```

출력은 다음과 같습니다.

```
RMSE: 705.11
```

XGBRegressor가 월등히 뛰어납니다!

XGBoost의 성능이 뛰어난 이유는 '5장 XGBoost 소개'에서 알아보겠습니다.

1.3.10 교차 검증

데이터를 훈련 세트와 테스트 세트로 분할하는 방법이 다르면 결과도 달라지기 때문에 앞에서 계산한 테스트 점수는 안정적이지 않습니다. 실제로 데이터를 훈련 세트와 테스트 세트로 나누는 것은 규칙이 없으며 random_state를 바꾸면 RMSE도 달라집니다.

분할에 따라 점수에 차이가 나는 문제를 해결하는 한 가지 방법은 **k-폴드 교차 검증**k-fold cross-validation입니다. 데이터를 훈련 세트와 테스트 세트로 여러 번 나누어 점수를 계산한 다음 이를 평균하는 것입니다. 분할 횟수를 **폴드**fold라고 부르며 k로 표시합니다. 일반적으로 k=3, 4, 5, 10을 사용합니다.

다음은 교차 검증을 그림으로 나타낸 것입니다.

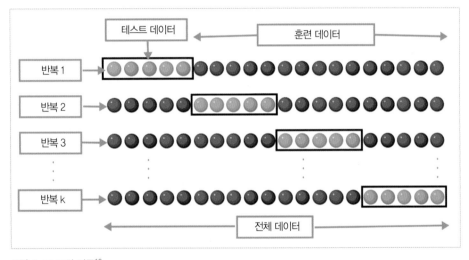

그림 1-11 교차 검증[16]

교차 검증에서는 첫 번째 반복에서 훈련 세트로 모델을 훈련하고 테스트 세트로 모델의 점수를 계산합니다. 두 번째 반복에서는 다른 훈련 세트와 테스트 세트를 사용하여 새로운 모델과 점수를 얻습니다. 세 번째 반복에서도 새로운 모델을 만들고 또 다른 테스트 세트로 점수를 계산합니다.

---

16 *https://commons.wikimedia.org/wiki/File:K-fold_cross_validation_EN.svg*에서 가져왔습니다.

반복마다 훈련 세트는 중복이 될 수 있지만 테스트 세트는 중복되지 않습니다.[17]

폴드 개수는 선택적이며 데이터에 따라 다릅니다. 5 폴드[18]가 표준이며 전체 데이터의 20%가 테스트 세트로 사용됩니다. 10 폴드를 사용하면 10% 데이터가 테스트 세트로 사용됩니다. 하지만 데이터의 90%가 훈련에 사용되기 때문에 평균 점수가 이상치에 덜 민감합니다. 작은 데이터셋일 경우 3 폴드가 잘 동작합니다.

k 개의 다른 테스트 세트에서 모델을 평가한 k 개의 점수가 만들어집니다. k 폴드의 점수를 평균하면 하나의 폴드를 사용한 점수보다 더 안정적인 값을 얻을 수 있습니다.

cross_val_score() 함수를 사용하면 편리하게 교차 검증을 구현할 수 있습니다. cross_val_score() 함수는 모델, 특성, 타깃을 입력으로 받습니다. 부가적으로 평가 지표와 폴드 개수를 전달할 수 있습니다.

선형 회귀 교차 검증

LinearRegression으로 교차 검증을 수행해보죠.

먼저 사이킷런 라이브러리에서 cross_val_score() 함수를 임포트합니다.

```
from sklearn.model_selection import cross_val_score
```

다음과 같은 단계로 머신러닝 모델을 만들고 교차 검증을 사용하여 모델을 평가합니다.

1 머신러닝 모델을 만듭니다.

```
model = LinearRegression()
```

2 모델, X, y, scoring='neg_mean_squared_error', 폴드 개수 cv=10으로 cross_val_score() 함수를 호출합니다.

```
scores = cross_val_score(model, X, y, scoring='neg_mean_squared_error', cv=10)
```

---

17 옮긴이_ 즉 모든 샘플은 정확히 한 번씩 테스트 세트에 포함됩니다.
18 옮긴이_ 사이킷런의 교차 검증 기본값이 5 폴드입니다.

TIP 왜 scoring='neg_mean_squared_error'라고 쓸까요? 사이킷런은 모델을 훈련할 때 높은 점수가 좋은 것으로 간주합니다. 정확도는 이에 맞지만 낮을수록 좋은 오차는 이와 반대입니다. 평균 제곱 오차에 음수를 취하면 가장 낮은 값이 가장 높은 값이 됩니다. 나중에 rmse = np.sqrt(-scores)라고 바꾸기 때문에 최종 결과는 양수가 됩니다.[19]

3 반환된 값에 음수를 취하고 제곱근 함수를 적용해 RMSE를 얻습니다.

```
rmse = np.sqrt(-scores)
```

4 결과를 출력합니다.

```
print('회귀 rmse:', np.round(rmse, 2))
print('RMSE 평균: %0.2f' % (rmse.mean()))
```

출력은 다음과 같습니다.

```
회귀 rmse: [ 504.01  840.55 1140.88  728.39  640.2   969.95
1133.45 1252.85 1084.64  1425.33]
RMSE 평균: 972.02
```

선형 회귀의 평균 오차는 972.06입니다. 이는 전에 구했던 980.38보다 조금 더 높습니다. 여기서 중요한 것은 점수가 좋은지 나쁜지가 아닙니다. 이 점수는 선형 회귀가 본 적 없는 데이터에서 어떤 성능을 낼지를 더 잘 추정한 것입니다.

모델의 성능에 대한 더 나은 추정값을 얻으려면 항상 교차 검증을 사용하는 것이 좋습니다.

> **NOTE_** print() 함수에 대해
>
> 주피터 노트북에서 머신러닝 코드를 실행할 때 **print()** 함수가 필요하지 않지만 여기에서처럼 여러 라인을 출력하거나 출력 포맷을 지정할 때 유용합니다.[20]

....

19 옮긴이_ scoring 매개변수를 'neg_mean_squared_error' 대신에 'neg_root_mean_squared_error'로 지정하면 평균 제곱근 오차가 계산됩니다. cross_val_score()는 단순히 cross_validate()를 감싼 함수입니다. cross_validate()를 사용하면 scoring 매개변수에 여러 개의 측정 지표를 지정할 수 있고 훈련 폴드에 대한 점수도 반환합니다. cross_validate()를 사용하면 교차 검증 코드를 다음과 같이 쓸 수 있습니다.

```
from sklearn.model_selection import cross_validate
cv_results = cross_validate(model, X, y, cv=10, scoring='neg_root_mean_squared_error')
print(-np.mean(cv_results['test_core']))
```

20 옮긴이_ 주피터 노트북은 print() 함수를 사용하지 않아도 코드 셀의 마지막 라인 반환 값을 자동으로 출력합니다.

XGBoost 교차 검증

이제 XGBRegressor로 교차 검증을 수행해보죠. 모델 생성만 제외하고 동일한 단계를 따릅니다.

1 머신러닝 모델을 만듭니다.

```
model = XGBRegressor
```

2 모델, X, y, scoring 매개변수, 폴드 개수 cv 매개변수로 사용해 cross_val_score() 함수를 호출합니다.

```
scores = cross_val_score(model, X, y, scoring='neg_mean_squared_error', cv=10)
```

3 점수에 음수를 취한 다음 제곱근 함수를 적용하여 RMSE를 계산합니다.

```
rmse = np.sqrt(-scores)
```

4 결과를 출력합니다.

```
print('회귀 rmse:', np.round(rmse, 2))
print('RMSE 평균: %0.2f' % (rmse.mean()))
```

출력된 결과는 다음과 같습니다.

```
회귀 rmse: [ 717.65  692.8   520.7   737.68  835.96 1006.24  991.34  747.61
891.99 1731.13]
RMSE 평균: 887.31
```

여기에서도 **XGBRegressor**가 선형 회귀보다 10% 정도 더 뛰어납니다.

1.4 분류 모델 만들기

XGBoost가 회귀에서 뛰어나다는 것을 배웠습니다. 하지만 분류일 경우는 어떨까요? XGBoost는 분류 모델을 가지고 있습니다. 하지만 **로지스틱 회귀**같이 널리 사용되는 분류 모델만큼 정확한 성능을 낼까요? 한번 확인해보죠.

1.4.1 분류에 대해서

회귀와 달리 제한된 출력 개수 중 하나로 타깃을 예측하는 머신러닝 알고리즘을 분류 알고리즘이라고 합니다. 다음과 같은 출력이 가능합니다.

- 예, 아니오
- 스팸, 스팸 아님
- 0, 1
- 빨강, 파랑, 녹색, 노랑, 오렌지색

1.4.2 데이터셋 2 - 인구 조사

두 번째 데이터셋으로 인구 조사 소득 데이터셋Census Income Data Set (*https://archive.ics.uci.edu/ml/datasets/Census+Income*)을 사용해 개인 소득을 예측해보겠습니다.

1.4.3 데이터 랭글링

머신러닝 모델을 만들기 전에 데이터셋을 전처리해야 합니다. 새로운 알고리즘을 테스트할 때 누락된 값이 없고 모두 수치형 데이터인지 확인해야 합니다.

데이터 적재

이 데이터셋은 UCI 머신러닝 저장소 웹사이트에 있기 때문에 `pd.read_csv()` 를 사용해 인터넷에서 직접 다운로드할 수 있습니다.

```
df_census = pd.read_csv('https://archive.ics.uci.edu/ml/machine-learning-databases/
adult/adult.data')
```

출력은 다음과 같습니다.

	39		77516	Bachelors	13	Never-married	Adm-clerical	Not-in-family	White	Male	2174	0	40	United-States	<=50K
		State-gov													
0	50	Self-emp-not-inc	83311	Bachelors	13	Married-civ-spouse	Exec-managerial	Husband	White	Male	0	0	13	United-States	<=50K
1	38	Private	215646	HS-grad	9	Divorced	Handlers-cleaners	Not-in-family	White	Male	0	0	40	United-States	<=50K
2	53	Private	234721	11th	7	Married-civ-spouse	Handlers-cleaners	Husband	Black	Male	0	0	40	United-States	<=50K
3	28	Private	338409	Bachelors	13	Married-civ-spouse	Prof-specialty	Wife	Black	Female	0	0	40	Cuba	<=50K
4	37	Private	284582	Masters	14	Married-civ-spouse	Exec-managerial	Wife	White	Female	0	0	40	United-States	<=50K

그림 1-12 인구 조사 소득 데이터프레임

출력을 보면 첫 번째 행이 열 제목으로 들어가 있습니다. 이럴 때는 header=None으로 데이터를 다시 로드합니다.

```
df_census = pd.read_csv('https://archive.ics.uci.edu/ml/machine-learning-databases/
                         adult/adult.data', header=None)
df_census.head()
```

헤더를 포함하지 않은 출력은 다음과 같습니다.

	0	1	2	3	4	5	6	7	8	9	10	11	12	13	14
0	39	State-gov	77516	Bachelors	13	Never-married	Adm-clerical	Not-in-family	White	Male	2174	0	40	United-States	<=50K
1	50	Self-emp-not-inc	83311	Bachelors	13	Married-civ-spouse	Exec-managerial	Husband	White	Male	0	0	13	United-States	<=50K
2	38	Private	215646	HS-grad	9	Divorced	Handlers-cleaners	Not-in-family	White	Male	0	0	40	United-States	<=50K
3	53	Private	234721	11th	7	Married-civ-spouse	Handlers-cleaners	Husband	Black	Male	0	0	40	United-States	<=50K
4	28	Private	338409	Bachelors	13	Married-civ-spouse	Prof-specialty	Wife	Black	Female	0	0	40	Cuba	<=50K

그림 1-13 header=None으로 읽은 데이터프레임

출력을 보면 열 이름이 숫자로만 나와 있습니다. 이 열 이름은 인구 조사 소득 데이터셋 웹사이트(*https://archive.ics.uci.edu/ml/datasets/Census+Income*)에서 Attribute Information 아래 나와 있습니다.

열 이름을 다음과 같이 바꿉니다.

```
df_census.columns=['age', 'workclass', 'fnlwgt', 'education', 'education-num',
                   'marital-status', 'occupation', 'relationship', 'race', 'sex',
                   'capital-gain', 'capital-loss',
                   'hours-per-week', 'native-country', 'income']
df_census.head()
```

열 이름을 추가한 후 출력은 다음과 같습니다.

	age	workclass	fnlwgt	education	education-num	marital-status	occupation	relationship	race	sex	capital-gain	capital-loss	hours-per-week	native-country	income
0	39	State-gov	77516	Bachelors	13	Never-married	Adm-clerical	Not-in-family	White	Male	2174	0	40	United-States	<=50K
1	50	Self-emp-not-inc	83311	Bachelors	13	Married-civ-spouse	Exec-managerial	Husband	White	Male	0	0	13	United-States	<=50K
2	38	Private	215646	HS-grad	9	Divorced	Handlers-cleaners	Not-in-family	White	Male	0	0	40	United-States	<=50K
3	53	Private	234721	11th	7	Married-civ-spouse	Handlers-cleaners	Husband	Black	Male	0	0	40	United-States	<=50K
4	28	Private	338409	Bachelors	13	Married-civ-spouse	Prof-specialty	Wife	Black	Female	0	0	40	Cuba	<=50K

그림 1-14 열 이름을 추가한 데이터프레임

결과에서 보듯이 열 이름이 채워졌습니다.[21]

누락된 값

데이터프레임에서 누락된 값을 확인하는 좋은 방법은 info() 메서드입니다.

```
df_census.info()
```

출력은 다음과 같습니다.

```
<class 'pandas.core.frame.DataFrame'>
RangeIndex: 32561 entries, 0 to 32560
Data columns (total 15 columns):
 #   Column          Non-Null Count   Dtype
--   ------          --------------   -----
 0   age             32561 non-null   int64
 1   workclass       32561 non-null   object
 2   fnlwgt          32561 non-null   int64
 3   education       32561 non-null   object
 4   education-num   32561 non-null   int64
 5   marital-status  32561 non-null   object
 6   occupation      32561 non-null   object
 7   relationship    32561 non-null   object
 8   race            32561 non-null   object
 9   sex             32561 non-null   object
```

---

21 옮긴이_ read_csv() 함수를 호출할 때 names 매개변수에 열 이름을 지정할 수도 있습니다.

```
10   capital-gain        32561 non-null    int64
11   capital-loss        32561 non-null    int64
12   hours-per-week      32561 non-null    int64
13   native-country      32561 non-null    object
14   income              32561 non-null    object
dtypes: int64(6), object(9)
memory usage: 3.7+ MB
```

모든 열의 Non-Null Count가 모두 동일하므로 이 데이터에는 누락된 값이 없습니다.[22]

수치형이 아닌 열

dtype이 object인 모든 열은 수치형으로 변환해야 합니다. 판다스의 get_dummies() 함수는 수치형이 아닌 열에서 고유값을 추출하여 각각 별도의 열로 변환합니다. 해당 고유값의 열은 1이고 나머지 열은 0입니다. 예를 들어 어떤 데이터프레임의 'Book Types'라는 열에 'hardback', 'paperback', 'ebook' 값이 있다면 pd.get_dummies() 함수는 'Book Types' 열을 'hardback', 'paperback', 'ebook' 열 세 개로 바꿉니다. 예를 들어 다음은 'Book Types' 열을 가진 데이터프레임입니다.

	Book Types
0	hardback
1	paperback
2	ebook

그림 1-15 'Book Types' 열을 가진 데이터프레임

pd.get_dummies()로 변환한 데이터프레임은 다음과 같습니다.

	hardback	paperback	ebook
0	1	0	0
1	0	1	0
2	0	0	1

그림 1-16 pd.get_dummies()로 변환한 새로운 데이터프레임

----

22 옮긴이_ RangeIndex에 전체 행의 개수와 비교해서 누락된 값이 있는지 확인하는 것이 좋습니다.

pd.get_dummies()는 새로운 열을 많이 만듭니다. 따라서 삭제할 수 있는 열이 있는지 확인하는 것이 좋습니다. df_census 데이터프레임을 살펴보니 education 열과 education_num 열이 있습니다. education_num 열은 education 열을 숫자로 변환한 것입니다. 두 열이 동일한 정보를 가지고 있기 때문에 education 열은 삭제할 수 있습니다.

```
df_census = df_census.drop(['education'], axis=1)
```

이제 pd.get_dummies() 함수로 수치형이 아닌 열을 수치 열로 변환해보겠습니다.

```
df_census = pd.get_dummies(df_census)
df_census.head()
```

출력은 다음과 같습니다.

	age	fnlwgt	education-num	capital-gain	capital-loss	hours-per-week	workclass_?	workclass_Federal-gov	workclass_Local-gov	workclass_Never-worked	...	native-country_Scotland	native-country_South	native-country_Taiwan	native-country_Thailand	native-cc Trinadad&T
0	39	77516	13	2174	0	40	0	0	0	0	...	0	0	0	0	
1	50	83311	13	0	0	13	0	0	0	0	...	0	0	0	0	
2	38	215646	9	0	0	40	0	0	0	0	...	0	0	0	0	
3	53	234721	7	0	0	40	0	0	0	0	...	0	0	0	0	
4	28	338409	13	0	0	40	0	0	0	0	...	0	0	0	0	

5 rows × 94 columns

그림 1-17 pd.get_dummies()로 수치형이 아닌 열을 수치형으로 교체

결과에서 볼 수 있듯이 새로운 열은 원본 열의 이름과 값을 연결하여 만들어집니다. 예를 들어 native-country가 원본 열 이름이고 Taiwan은 여러 값 중에 하나입니다. 새로 만들어진 열 이름은 native-country_Taiwan이 됩니다. Taiwan 출신인 사람은 native-country_Taiwan 열이 1이고 나머지 native-coiuntry_* 열은 0이 됩니다.

TIP pd.get_dummies() 함수를 사용하면 데이터프레임의 용량이 증가할 수 있으므로 데이터프레임의 info() 메서드 출력의 마지막 라인에서 메모리 사용량memory usage을 확인하세요. 희소 행렬sparse matrix은 0은 저장하기 않고 1만 저장하기 때문에 메모리를 절약할 수 있습니다. 희소 행렬에 대한 자세한 내용은 '10장 XGBoost 모델 배포'나 **사이파이**SciPy의 공식 문서(*https://docs.scipy.org/doc/scipy/reference/*)를 참고하세요.

특성과 타깃 데이터

모든 열이 수치형이고 누락된 값이 없으므로 이제 특성과 타깃 데이터로 분리할 차례입니다.

소득이 5만 달러 이상인지 아닌지가 타깃입니다. `pd.get_dummies()`로 변환된 `df_census['income_<=50K']`와 `df_census['income_>50K']` 두 열 모두 소득이 5만 달러를 넘는지 확인하는 데 사용할 수 있습니다. 두 열 모두 가능하기 때문에 `df_census['income_<=50K']`을 삭제하겠습니다.

```
df_census = df_census.drop('income_ <=50K', axis=1)
```

이제 데이터를 X(특성 데이터)와 y(타깃 데이터)로 나눕니다. 마지막 열이 타깃 열이기 때문에 인덱싱에 -1을 사용했습니다.

```
X = df_census.iloc[:,:-1]
y = df_census.iloc[:,-1]
```

이제 분류 모델을 만들 차례입니다!

1.4.4 로지스틱 회귀

로지스틱 회귀는 가장 기본적인 분류 알고리즘입니다. 수학적으로 보면 로지스틱 회귀는 선형 회귀와 비슷한 방식으로 동작합니다. 로지스틱 회귀는 각 특성에 대해 모델 정확도를 최대화하는 적절한 가중치 또는 계수를 찾습니다. 선형 회귀처럼 각 항의 합을 그대로 출력하는 대신 로지스틱 회귀는 **시그모이드 함수**sigmoid function를 적용합니다.

시그모이드 함수 공식과 그래프는 다음과 같습니다.

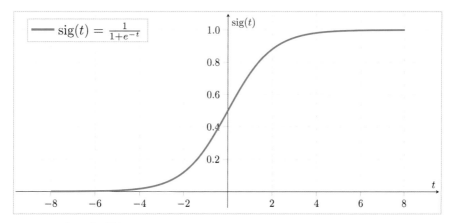

그림 1-18 시그모이드 함수

시그모이드 함수는 분류에 널리 사용됩니다. 0.5보다 큰 값은 1에 해당하고 0.5보다 작은 값은 0에 해당합니다.[23]

사이킷런으로 로지스틱 회귀 모델을 만드는 것은 선형 회귀와 거의 동일합니다. 주요 차이점은 특성으로 어떤 범주를 예측해야 하며 정확도[24]로 평가하는 것입니다. 사이킷런에서 분류 모델의 경우 기본적으로 정확도로 모델을 평가하기 때문에 **scoring** 매개변수를 따로 지정할 필요가 없습니다.[25]

다음과 같이 로지스틱 회귀 모델을 임포트합니다.

```
from sklearn.linear_model import LogisticRegression
```

교차 검증 함수

5만 달러가 넘는지 예측하는 로지스틱 회귀 모델에 교차 검증을 적용해보겠습니다.

---

23 옮긴이_ 분류 작업에서 가능한 출력 값의 범주를 클래스(class)라고 부릅니다. 이 데이터셋과 같이 5만 달러보다 많은지를 예측하는 이진 분류일 경우 5만 달러가 넘으면 양성 클래스(positive class)와 그렇지 않으면 음성 클래스(negative class)라고 부릅니다. 일반적으로 타깃 값에서 양성 클래스는 1, 음성 클래스는 0으로 나타냅니다. 시그모이드 함수 출력이 0.5보다 크면 5만 달러보다 많은 소득을 가진 사람(양성 클래스)이고, 0.5보다 작으면 5만 달러보다 적은 소득을 가진 사람(음성 클래스)입니다.

24 옮긴이_ 정확도는 전체 샘플 중에서 올바르게 예측한 샘플의 비율입니다.

25 옮긴이_ 사이킷런에서 회귀 모델의 기본 평가 지표는 결정 계수($R2$)입니다(*https://ko.wikipedia.org/wiki/결정계수*).

복사, 붙여넣기를 하는 대신 모델을 입력으로 받고 cross_val_score() 함수를 사용해 정확도를 출력하는 교차 검증 함수를 만들어보죠.

```
def cross_val(classifier, num_splits=10):
    model = classifier
    scores = cross_val_score(model, X, y, cv=num_splits)
    print('정확도:', np.round(scores, 2))
    print('평균 정확도: %0.2f' % (scores.mean()))
```

이 함수를 로지스틱 회귀 모델로 호출해보겠습니다.

```
cross_val(LogisticRegression())
```

출력은 다음과 같습니다.

```
정확도: [0.8  0.8  0.79 0.8  0.79 0.81 0.79 0.79 0.8  0.8 ]
평균 정확도: 0.80
```

기본 매개변수로 80% 정확도는 나쁘지 않습니다.

XGBoost가 더 좋은 성능을 내는지 확인해보겠습니다.

TIP 코드를 복사해서 붙여 넣을 때마다 더 나은 방법을 찾아보세요! 컴퓨터 과학의 목적 중 하나는 반복을 피하는 것입니다. 자신만의 데이터 분석과 머신러닝 모델 함수를 만들면 여유가 생기고 장기적으로 작업을 효율적으로 수행할 수 있습니다.

1.4.5 XGBClassifier

XGBoost는 회귀 모델과 분류 모델을 가지고 있습니다. 분류 모델을 사용하려면 다음처럼 임포트합니다.

```
from xgboost import XGBClassifier
```

이 분류기로 cross_val() 함수를 실행할 때 한가지 고려할 사항이 있습니다. 특성의 개수가 94개이고 num_splits의 기본값이 10입니다. XGBoost는 앙상블 모델이기 때문에 교차 검증 반복마다 많은 모델을 만들어 연결합니다. 따라서 n_estimators 매개변수를 5로 설정합니다. 사실 XGBoost는 가장 빠른 앙상블 모델로 유명합니다. 이 책에서 이런 평판을 확인해보겠습니다. 여기에서는 n_estimator의 기본값 100을 사용하는 것만큼 안정적이지는 않지만 5개만으로도 충분합니다. n_estimators 선택에 대한 자세한 내용은 '4장 그레이디언트 부스팅에서 XGBoost까지'에서 알아보겠습니다.

```
cross_val(XGBClassifier(n_estimators=5))
```

출력은 다음과 같습니다.

```
정확도: [0.85 0.86 0.87 0.85 0.86 0.86 0.86 0.87 0.86 0.86]
평균 정확도: 0.86
```

출력에서 볼 수 있듯이 XGBoost의 성능이 기본 로지스틱 회귀보다 더 높습니다.

1.5 마치며

XGBoost를 향한 여행이 시작되었습니다! 모든 머신러닝 기술자에게 필수적인 기술인 (주로 누락된 값을 고치는 데 초점을 맞추어) 데이터 랭글링과 판다스의 기본 사항을 배우는 것으로 시작했습니다. 그다음 사이킷런의 선형 회귀와 XGBoost 모델을 만들고 비교하는 방법을 배웠습니다. 그다음 분류 모델을 위한 데이터셋을 준비하고 XGBoost와 로지스틱 회귀를 비교했습니다. 두 경우 모두 XGBoost가 확실히 더 높은 성능을 냈습니다.

첫 번째 XGBoost 모델 구축을 축하합니다! 판다스, 넘파이, 사이킷런 라이브러리를 사용하여 데이터 랭글링과 머신러닝 작업을 배우는 초기 과정을 완료했습니다.

'2장 결정 트리'에서 XGBoost 모델의 기본 학습기인 결정 트리를 만들고 성능을 높이기 위해 하이퍼파라미터를 미세 튜닝하면서 머신러닝 기술을 향상시켜보겠습니다.

결정 트리

이 장에서 XGBoost를 만드는 데 사용되는 주요 머신러닝 알고리즘인 **결정 트리**^{decision tree}에 대해 자세히 알아보겠습니다. 또한 **하이퍼파라미터 튜닝**^{hyperparameter tuning}을 직접 수행해보겠습니다. 결정 트리는 XGBoost 모델의 기초를 이루기 때문에 이 장에서 배운 기술이 향후 강력한 XGBoost 모델을 만드는 데 유용할 것입니다.

이 장에서 결정 트리 분류기와 결정 트리 회귀 모델을 만들고 평가하겠습니다. **분산**^{variance}과 **편향**^{bias}의 맥락에서 결정 트리를 시각화하고 분석하며 결정 트리의 하이퍼파라미터를 튜닝합니다. 또한 결정 트리를 환자의 심장 질환을 예측하는 예제에 적용해보겠습니다.

이 장의 구성은 다음과 같습니다.

- 결정 트리 소개
- 결정 트리 알고리즘
- 분산과 편향
- 결정 트리 하이퍼파라미터 튜닝
- 심장 질환 예측하기

2.1 결정 트리 소개

XGBoost는 **앙상블 방법**emsemble method 중 하나입니다. 즉 여러 개의 머신러닝 모델을 연결하여 구성합니다. 앙상블을 구성하는 개별 모델을 XGBoost에서는 **기본 학습기**base learner라고 부릅니다.

XGBoost의 기본 학습기로 가장 널리 사용되는 결정 트리는 독특한 특징을 가진 머신러닝 알고리즘입니다. (1장에서 본) 선형 회귀와 로지스틱 회귀처럼 특성을 가중치와 곱하는 대신 결정 트리는 특성에 대한 질문에 따라 데이터를 나눕니다. 사실 결정 트리는 만드는 것은 스무고개 게임을 하는 것과 같습니다.

예를 들어, 결정 트리가 온도 특성을 가지고 데이터를 두 그룹으로 나눌 수 있습니다. 온도가 70도 이상인 그룹과 70도 이하인 그룹입니다. 그 다음에는 각 그룹을 계절을 기반으로 나눌 수 있습니다. 여름인 경우와 그렇지 않은 경우입니다. 이제 데이터는 네 개의 그룹으로 나뉘었습니다. 알고리즘이 일정 수준의 정확도에 도달할 때까지 이렇게 데이터를 새로운 그룹으로 나누는 과정이 계속됩니다.

결정 트리는 훈련 세트에 있는 각 샘플을 정확한 타깃에 매핑할 때까지 수천 개의 그룹을 만들수 있습니다. 훈련 세트에 대해서 100% 정확도를 달성한다는 의미입니다. 하지만 이런 모델은 새로운 데이터에 잘 일반화되지 못합니다.

결정 트리는 **과대적합**되기 쉽습니다. 다른 말로 하면 결정 트리는 훈련 데이터에만 너무 잘맞을 수 있습니다. 나중에 이 장에서 분산과 편향을 다룰 때 이 문제를 살펴보겠습니다. 하이퍼파라미터 튜닝은 과대적합을 막는 한가지 방법입니다. 또 다른 방법은 **랜덤 포레스트**와 XGBoost가 사용하는 전략으로 많은 트리의 예측을 모으는 것입니다.

랜덤 포레스트와 XGBoost는 이어지는 장에서 다루므로 여기에서는 결정 트리에 대해 자세히 알아보겠습니다.

2.2 결정 트리 알고리즘

결정 트리는 **가지**branch 분할을 통해 데이터를 두 개의 **노드**node로 나눕니다. 가지 분할은 예측을 만드는 **리프 노드**leaf node까지 계속됩니다. 실제 예를 다뤄보면 가지가 분할되는 방법과 리프 노드가 만들어지는 방법을 쉽게 이해할 수 있습니다. 더 자세한 내용을 살펴보기 전에 첫 번째 결정 트리 모델을 만들어보겠습니다.

2.2.1 첫 번째 결정 트리 모델

1장에서 본 인구 조사 데이터셋을 사용해 소득이 5만 달러 이상인지 예측하는 결정 트리를 만들어보겠습니다.

> **1** 먼저 새로운 주피터 노트북을 열고 다음 라이브러리를 임포트합니다.

```
import pandas as pd
import numpy as np
import warnings
warnings.filterwarnings('ignore')
```

> **2** 그다음 'census_cleaned.csv' 파일을 엽니다.[1]

```
df_census = pd.read_csv('census_cleaned.csv')
```

> **3** 이 데이터를 데이터프레임으로 로드한 후 다음처럼 특성 데이터와 타깃 데이터를 X와 y에 저장합니다.

```
X = df_census.iloc[:,:-1]
y = df_census.iloc[:,-1]
```

> **4** 그다음 train_test_split() 함수를 임포트하고 데이터를 훈련 세트와 테스트 세트로 분할합니다. 일정한 결과가 유지되도록 random_state=2로 지정하겠습니다.

```
from sklearn.model_selection import train_test_split
X_train, X_test, y_train, y_test = train_test_split(X, y, random_state=2)
```

....

1 옮긴이_ 이 파일은 *https://github.com/rickiepark/handson-gb/tree/main/Chapter02* 에 업로드되어 있습니다. 깃허브 저장소에서 모든 파일을 다운로드받았다면 머릿말에서 설명했듯이 아나콘다를 실행하고 다른 장과 마찬가지로 Chapter02 폴더로 이동할 수 있습니다. 아직 다운로드하지 않았다면 먼저 깃허브 저장소로 가서 파일을 다운로드하세요.

다른 머신러닝 분류기와 마찬가지로 결정 트리를 사용하려면 모델 객체를 만들고, 훈련 세트에서 훈련하고, accuracy_score() 함수로 모델을 테스트합니다.

accuracy_score() 함수는 정확하게 맞은 예측 횟수를 전체 예측 횟수로 나눈 값을 반환합니다.[2] 20개 예측 중에 19개가 맞았다면 accuracy_score() 함수는 95%를 반환합니다.

먼저 DecisionTreeClassifier 클래스와 accuracy_score() 함수를 임포트합니다.

```
from sklearn.tree import DecisionTreeClassifier
from sklearn.metrics import accuracy_score
```

그다음 기본 단계를 따라 결정 트리 분류기를 만듭니다.

1 결과를 일정하게 유지하기 위해 random_state=2로 결정 트리 모델 객체를 만듭니다.[3]

```
clf = DecisionTreeClassifier(random_state=2)
```

2 훈련 세트에서 모델을 훈련합니다.

```
clf.fit(X_train, y_train)
```

3 테스트 세트에서 예측을 만듭니다.

```
y_pred = clf.predict(X_test)
```

4 예측을 테스트 세트의 타깃과 비교 합니다.[4]

```
accuracy_score(y_pred, y_test)
```

출력된 정확도는 다음과 같습니다.

```
0.8131679154894976
```

---

2 옮긴이_ 즉 정확도를 계산합니다.
3 옮긴이_ 사이킷런의 결정 트리는 노드를 분할할 때 특성을 랜덤하게 섞기 때문에 동일한 결과를 재현하려면 random_state를 지정해야 합니다.
4 옮긴이_ 사이킷런의 모델은 예측과 타깃을 비교해주는 score() 메서드를 제공합니다. 분류 모델은 정확도, 회귀 모델은 R^2를 반환합니다. 따라서 accuracy_score() 함수 대신 clf.score(X_test, y_test)와 같이 쓸 수 있습니다.

81% 정확도는 동일한 데이터셋으로 1장에서 훈련한 로지스틱 회귀의 정확도와 비슷합니다.

이제 결정 트리를 만드는 방법을 알아보았으므로 내부 동작 방식을 살펴보죠.

2.2.2 결정 트리의 작동 원리

결정 트리의 내부 작동 방식은 그림으로 잘 나타낼 수 있습니다.

다음은 인구 조사 데이터셋에서 두 번만 분할을 수행한 결정 트리입니다.[5]

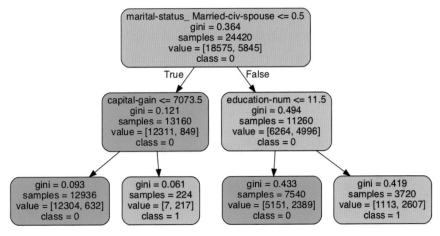

그림 2-1 인구 조사 데이터셋에서 훈련한 결정 트리

이 트리의 맨 위는 **루트 노드**root node입니다. True/False 화살표가 가지이고 네모 상자가 노드입니다. 트리의 맨 아래는 **리프 노드**입니다. 이 그래프를 자세히 분석해보겠습니다.

----

5   옮긴이_ 다음처럼 사이킷런의 plot_tree() 함수를 사용하면 비슷한 그래프를 그릴 수 있습니다.
```
import matplotlib.pyplot as plt
from sklearn.tree import plot_tree
plt.figure(figsize=(13,8))
plot_tree(clf, max_depth=2, feature_names=list(X.columns), class_names=['0', '1'],
         filled=True, rounded=True, fontsize=14)
plt.show()
```

루트 노드

트리 맨 위에 루트 노드가 있습니다. 첫 번째 줄에 marital-status_ Married-civ-spouse <= 0.5라고 쓰여 있습니다. marital-status_ Married-civ-spouse는 이진 특성이므로 모든 값은 0(음성) 또는 1(양성)입니다. 첫 번째 분할은 결혼 유무를 기반으로 나눕니다. 루트 노드의 왼쪽이 True, 즉 결혼하지 않은 경우에 해당합니다. 오른쪽은 False로 결혼한 사용자입니다.

지니 불순도

루트 노드의 두 번째 줄은 gini=0.364입니다. 이 값을 지니 불순도^{gini impurity}라고 하며 결정 트리가 어떻게 분할할지 결정하는 데 사용합니다. 불순도 값이 가장 낮은 분할을 찾는 것이 목표입니다. 지니 불순도가 0이면 하나의 클래스로만 이루어진 노드가 됩니다. 지니 불순도가 0.5이면 클래스간의 샘플 개수가 동일한 경우입니다. 즉 무작위 추측보다 더 낮지 않습니다. 0에 가까울수록 좋습니다. 루트 노드의 지니 불순도가 0.364입니다.

지니 불순도를 계산하는 식은 다음과 같습니다.

$$gini = 1 - \sum_{i=1}^{c} (pi)^2$$

그림 2-2 지니 불순도 공식

p_i는 전체 샘플 중에서 해당 클래스 샘플의 비율이고 c는 클래스 총 개수입니다. 이 예에서 c는 2입니다.

샘플, 값, 클래스

루트 노드에 있는 샘플은 24,420개입니다. 훈련 세트에 있는 전체 샘플 개수입니다. 그 다음 라인은 values=[18575, 5845]입니다. 순서대로 18,575 샘플은 클래스 0(5만 달러보다 작음)이고 5,845 샘플은 클래스 1(5만 달러보다 많음)입니다. 마지막 라인의 class=0은 해당 노드에서 클래스 0인 샘플이 다수라는 의미입니다.

True/False 가지

첫 번째 분할에서 왼쪽으로 True, 오른쪽으로 False 가지를 볼 수 있습니다. 왼쪽-True, 오른쪽 -False 패턴은 트리 전체에 적용됩니다.

두 번째 행의 왼쪽 노드 capital_gain <= 7073.5를 기준으로 그다음 노드로 분할됩니다. 이 노드의 샘플은 이전 가지에서 옵니다. 즉 13,160명은 모두 미혼자이고 그 중 12,311명의 소득은 5만 달러보다 적고 849명의 소득은 5만 달러보다 많습니다. 이 노드의 지니 불순도는 0.121로 매우 좋아졌습니다.

스텀프

딱 한 번만 분할된 트리도 가능합니다. 이런 트리를 **스텀프**stump라고 부릅니다. 스텀프 자체는 강력한 모델이 아니지만 4장에서 다루는 **부스터**booster로 사용되면 강력해질 수 있습니다.

리프 노드

트리의 끝에 있는 노드는 리프 노드입니다. 리프 노드에서 최종 예측이 결정되며 다수인 클래스가 예측 클래스가 됩니다.

예를 들어 가장 왼쪽 끝에 있는 리프 노드의 지니 불순도는 **0.093**입니다. 12,936개 샘플 중에서 95%에 해당하는 12,304가 클래스 0으로 정확하게 예측됩니다. 다시 말하면 미혼이고 **capital-gain**이 7073.5보다 작은 사람이 5만 달러보다 소득이 적을 확률이 95%입니다.

다른 리프 노드도 비슷하게 해석할 수 있습니다.

이제 예측이 실패하는 경우를 알아보겠습니다.

2.3 분산과 편향

다음 그래프에 있는 데이터 포인트를 가지고 있다고 가정해보죠. 이 데이터에 직선 또는 곡선을 학습시켜 새로운 포인트에 대한 예측을 만들어야 합니다.

랜덤한 포인트로 구성된 그래프입니다.

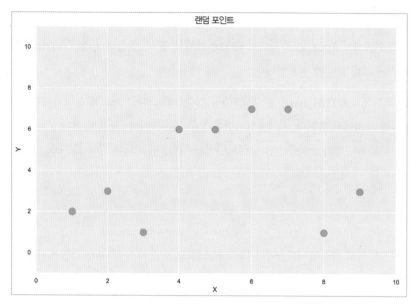

그림 2-3 랜덤한 포인트의 그래프

한 가지 방법은 다음 그림처럼 각 포인트와 직선 사이의 거리 제곱을 최소화하는 선형 회귀를 사용하는 것입니다.

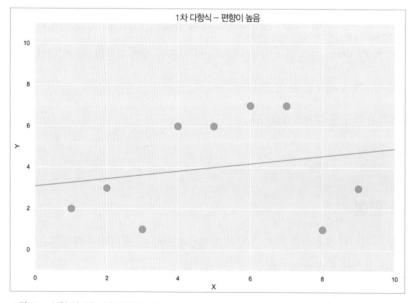

그림 2-4 선형 회귀를 사용해 거리 최소화

직선은 일반적으로 **편향**이 큽니다. 머신러닝에서 편향은 모델을 실제 문제에 적용할 때 오차를 예측하는 데서 유래한 수학 용어입니다. 예측이 직선에 제한되어 있고 데이터 변화를 고려하지 못하기 때문에 편향이 큽니다.

많은 경우 직선은 정확한 예측을 하기에 충분히 복잡하지 않습니다. 이런 경우에 머신러닝 모델이 편향이 높고 데이터에 **과소적합**되었다고 말합니다.

두 번째 방법은 8차 다항식을 이 데이터 포인트에 적용하는 것입니다. 포인트가 9개이기 때문에 다음 그림에서처럼 8차 다항식은 완벽하게 데이터를 표현할 수 있습니다.

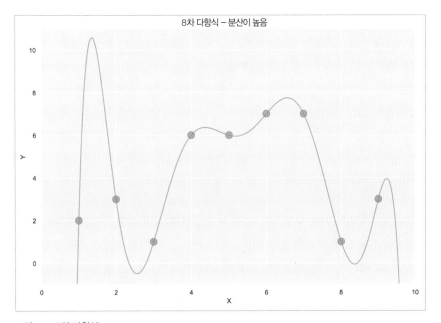

그림 2-5 8차 다항식

이 모델은 분산이 높습니다. 머신러닝에서 분산은 다른 훈련 데이터가 주어졌을 때 모델이 얼마나 변화하는지 나타내는 수학 용어입니다. 분산은 **확률 변수**random variable와 평균 사이의 차이를 제곱한 것입니다. 아홉 개의 다른 데이터 포인트가 훈련 세트로 주어지면 이 8차 다항식은 완전히 달라질 것입니다. 따라서 분산이 높습니다.

분산이 높은 모델은 데이터에 **과대적합**되기 쉽습니다. 이런 모델은 훈련 데이터에 너무 밀접하게 맞춰져 있기 때문에 새로운 데이터 포인트에 잘 일반화되지 못합니다.

마지막으로 다음 그림처럼 3차 다항식을 이 데이터 포인트에 맞춰보죠.

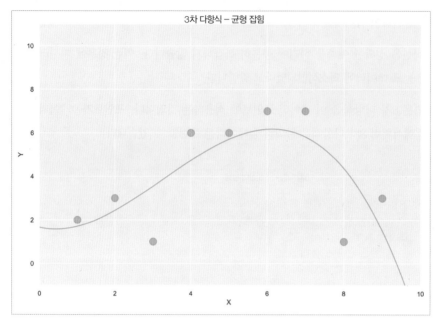

그림 2-6 3차 다항식

이 3차 다항식은 분산과 편향 사이에 균형이 잘 잡혀 있습니다. 일반적인 곡선의 형태를 따르면서 변동에 적응합니다. 낮은 분산은 훈련 세트가 달라져도 크게 다른 곡선을 만들지 않는다는 뜻입니다. 낮은 편향은 이 모델을 실전에 적용했을 때 오차가 너무 크지 않다는 뜻입니다. 머신러닝에서 낮은 분산과 낮은 편향을 가지는 것이 이상적입니다.

분산과 편향 사이에 균형을 잘 잡기 위한 가장 좋은 머신러닝 방법 중 하나는 하이퍼파라미터 튜닝입니다.

2.4 결정 트리 하이퍼파라미터 튜닝

하이퍼파라미터는 파라미터와 다릅니다.

머신러닝에서 파라미터는 모델이 튜닝될 때 조정됩니다. 예를 들어 선형 회귀와 로지스틱 회귀의 가중치가 오차를 최소화하는 단계[6]에서 조정되는 파라미터입니다. 이와 다르게 하이퍼파라미터는 훈련 단계 이전에 미리 선택됩니다. 하이퍼파라미터를 선택하지 않으면 기본값이 사용됩니다.

2.4.1 결정 트리 회귀 모델

하이퍼파라미터는 실험을 통해 가장 잘 배울 수 있습니다. 다양한 하이퍼파라미터 선택에 관한 이론이 있지만 실전이 이론보다 앞섭니다. 데이터셋마다 성능을 높일 수 있는 하이퍼파라미터 값이 다릅니다.

하이퍼파라미터를 선택하기 전에 DecisionTreeRegressor 클래스와 cross_val_score() 함수로 기준 점수를 확인해보겠습니다.

1 bike_rentals_cleaned.csv 데이터셋을 로드하고 X_bikes(특성 데이터)와 y_bikes(타깃 데이터)로 나눕니다.

```
df_bikes = pd.read_csv('bike_rentals_cleaned.csv')
X_bikes = df_bikes.iloc[:,:-1]
y_bikes = df_bikes.iloc[:,-1]
from sklearn.linear_model import LinearRegression
X_train, X_test, y_train, y_test = train_test_split(X_bikes, y_bikes, random_
                                                    state=2)
```

2 DecisionTreeRegressor 클래스와 cross_val_score() 함수를 임포트합니다.

```
from sklearn.tree import DecisionTreeRegressor
from sklearn.model_selection import cross_val_score
```

3 DecisionTreeRegressor 객체를 만들고 cross_val_score() 함수로 모델을 평가합니다.

```
reg = DecisionTreeRegressor(random_state=2)
scores = cross_val_score(reg, X_bikes, y_bikes, scoring='neg_mean_squared_error',
                         cv=5)
```

---

6 옮긴이_ 모델을 훈련하는 단계를 말합니다.

4 평균 제곱근 오차를 계산하고 결과를 출력합니다.

```
rmse = np.sqrt(-scores)
print('RMSE 평균: %0.2f' % (rmse.mean()))
```

출력은 다음과 같습니다.

```
RMSE 평균: 1233.36
```

RMSE가 1233.36입니다. 이 값은 1장의 선형 회귀에서 얻은 972.06과 XGBoost에서 얻은 887.31보다 나쁩니다.

분산이 너무 높아 모델이 데이터에 과대적합된 것일까요?

훈련 세트에 대한 결정 트리 성능을 확인하면 이 질문에 답을 얻을 수 있습니다. 다음 코드는 테스트 세트에 대한 예측을 만들기 전에 훈련 세트의 성능을 확인하는 코드입니다.

```
reg = DecisionTreeRegressor()
reg.fit(X_train, y_train)
y_pred = reg.predict(X_train)
from sklearn.metrics import mean_squared_error
reg_mse = mean_squared_error(y_train, y_pred)
reg_rmse = np.sqrt(reg_mse)
reg_rmse
```

결과는 다음과 같습니다.

```
0.0
```

RMSE가 0이면 모델이 모든 데이터 포인트를 완벽하게 맞췄다는 의미입니다! 이 점수와 교차 검증 결과인 1233.36을 함께 생각하면 결정 트리가 데이터에 과대적합되어 분산이 크다는 것이 확실합니다. 훈련 세트는 완벽하게 맞췄지만 테스트 세트에서는 큰 차이가 발생했습니다.

DecisionTreeRegressor의 max_depth 매개변수 기본값이 None이기 때문에 모든 리프 노드
가 **순수 노드**pure node가 될 때까지 트리가 성장합니다. 회귀 모델의 타깃은 임의의 실수이기 때문
에 리프 노드가 순수 노드가 될 때까지 성장하면 대부분 리프 노드에 샘플이 하나씩만 들어갑니
다. 이런 모델은 과대적합된 모델이며 테스트 세트에서 좋은 성능을 내기 어렵습니다.

훈련된 reg 객체의 tree_ 속성에 훈련된 트리 객체가 저장되어 있습니다. 트리의 node_count
속성에는 트리의 전체 노드 개수가 저장되어 있고, n_node_samples 속성에는 각 노드에 포함된
샘플 개수가 저장되어 있습니다. children_left 속성과 children_right 속성은 자식 노드의
인덱스를 담고 있습니다. 두 속성의 값이 -1이면(즉 자식 노드가 없으면) 리프 노드입니다. 이
런 속성을 사용하여 다음 코드처럼 리프 노드에 포함된 샘플 개수를 확인할 수 있습니다.

```
leaf_node_count = 0
tree = reg.tree_
for i in range(tree.node_count):
    if (tree.children_left[i] == -1) and (tree.children_right[i] == -1):
        leaf_node_count += 1
        if tree.n_node_samples[i] > 1:
            print('노드 인덱스:', i, ', 샘플 개수:', tree.n_node_samples[i])
print('전체 리프 노드 개수:', leaf_node_count)
```

출력은 다음과 같습니다.

```
노드 인덱스: 124 , 샘플 개수: 2
전체 리프 노드 개수: 547
```

출력에서 알 수 있듯이 리프 노드의 전체 개수는 547개로 훈련 세트 크기 548과 거의 같습니다.
리프 노드 개수와 훈련 세트 크기가 차이나는 이유는 두 개의 샘플이 포함된 리프 노드가 하나
있기 때문입니다.

하이퍼파라미터는 이런 상황을 바로 잡을 수 있습니다.

2.4.2 하이퍼파라미터

사이킷런 모델의 모든 하이퍼파라미터[7]는 공식 문서에서 볼 수 있습니다.

다음은 `DecisionTreeRegressor` 클래스 문서[8]의 스크린샷입니다.

> **NOTE_** sklearn은 scikit-learn의 약자입니다.

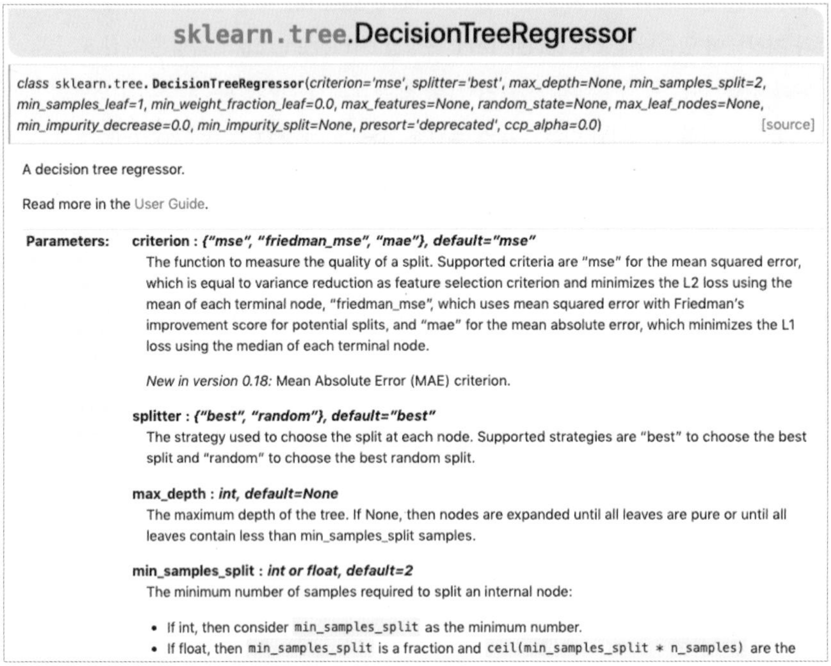

sklearn.tree.DecisionTreeRegressor

class sklearn.tree.**DecisionTreeRegressor**(*criterion='mse', splitter='best', max_depth=None, min_samples_split=2, min_samples_leaf=1, min_weight_fraction_leaf=0.0, max_features=None, random_state=None, max_leaf_nodes=None, min_impurity_decrease=0.0, min_impurity_split=None, presort='deprecated', ccp_alpha=0.0*) [source]

A decision tree regressor.

Read more in the User Guide.

Parameters:

criterion : *{"mse", "friedman_mse", "mae"}, default="mse"*
The function to measure the quality of a split. Supported criteria are "mse" for the mean squared error, which is equal to variance reduction as feature selection criterion and minimizes the L2 loss using the mean of each terminal node, "friedman_mse", which uses mean squared error with Friedman's improvement score for potential splits, and "mae" for the mean absolute error, which minimizes the L1 loss using the median of each terminal node.

New in version 0.18: Mean Absolute Error (MAE) criterion.

splitter : *{"best", "random"}, default="best"*
The strategy used to choose the split at each node. Supported strategies are "best" to choose the best split and "random" to choose the best random split.

max_depth : *int, default=None*
The maximum depth of the tree. If None, then nodes are expanded until all leaves are pure or until all leaves contain less than min_samples_split samples.

min_samples_split : *int or float, default=2*
The minimum number of samples required to split an internal node:

- If int, then consider `min_samples_split` as the minimum number.
- If float, then `min_samples_split` is a fraction and `ceil(min_samples_split * n_samples)` are the

그림 2-7 DecisionTreeRegressor 클래스의 온라인 문서 스크린샷

공식 문서는 각 매개변수의 의미에 대해 설명해줍니다. 여기서 Parameters가 하이퍼파라미터를 의미합니다. 사이킷런 모델을 사용할 때 공식 문서를 확인하는 것이 가장 신뢰할 수 있는 방법입니다.

매개변수를 하나씩 확인해보죠.

---

7 옮긴이_ 하이퍼파라미터는 사이킷런이나 XGBoost 같은 머신러닝 라이브러리의 클래스나 메서드의 매개변수에 해당합니다. 번역서는 하이퍼파라미터와 매개변수를 같은 의미로 혼용하여 사용합니다.

8 *https://scikit-learn.org/stable/modules/generated/sklearn.tree.DecisionTreeRegressor.html*

max_depth

max_depth는 트리의 깊이를 정의합니다. 깊이는 분할 횟수를 결정합니다. max_depth의 기본 값은 None으로 제한이 없습니다. 따라서 수백 이나 수천 번 분할이 일어날 수 있으며 과대적합을 만듭니다. max_depth를 작은 값으로 제한하면 분산이 줄어들고 모델이 새로운 데이터에 잘 일반화됩니다.

최선의 max_depth 값을 어떻게 선택할 수 있을까요?

항상 max_depth=1을 시도해보고, 그다음 max_depth=2, max_depth=3 등을 시도해보세요. 하지만 이런 방식은 소모적입니다. 이 대신 GridSearchCV라는 훌륭한 도구를 사용할 수 있습니다.

GridSearchCV

GridSearchCV는 교차 검증을 사용해 최선의 결과를 만드는 매개변수 조합을 찾습니다.

GridSearchCV 클래스는 사이킷런의 다른 머신러닝 알고리즘처럼 동작합니다. 즉 훈련 세트에서 훈련하고 테스트 세트에서 점수를 계산합니다. 다른 모델과 주요한 차이점은 GridSearchCV가 최종 모델을 선택하기 전에 모든 매개변수를 검사한다는 것입니다.

GridSearchCV의 핵심은 매개변수 값의 딕셔너리를 만드는 것입니다. 올바른 조합이란 것은 없습니다. 한 가지 방법은 가장 작은 값과 가장 큰 값 사이에서 일정 간격을 선택하는 것입니다. 과대적합을 줄여야 하기 때문에 max_depth 값을 줄여서 시도해보는 것이 좋습니다.

GridSearchCV를 임포트하고 max_depth 파라미터의 리스트를 다음처럼 정의합니다.

```
from sklearn.model_selection import GridSearchCV
params = {'max_depth':[None,2,3,4,6,8,10,20]}
```

params 딕셔너리는 문자열로 된 'max_depth' 키와 선택할 숫자 리스트를 값으로 가집니다. 기본값 None은 max_depth에 제한이 없다는 의미입니다.

TIP 일반적으로 max 이름을 가진 매개변수를 감소시키고 min 이름을 가진 매개변수를 증가시키면 분산을 줄이고 과대적합을 방지합니다.

그다음 DecisionTreeRegressor 객체를 만들고 GridSearchCV에 params 딕셔너리, 평가 지표와 함께 전달합니다.

```
reg = DecisionTreeRegressor(random_state=2)
grid_reg = GridSearchCV(reg, params, scoring='neg_mean_squared_error',
                        cv=5, return_train_score=True, n_jobs=-1)
grid_reg.fit(X_train, y_train)
```

데이터에 GridSearchCV의 fit() 메서드를 적용했으므로 이제 최상의 매개변수를 확인합니다.

```
best_params = grid_reg.best_params_
print("최상의 매개변수:", best_params)
```

결과는 다음과 같습니다.

```
최상의 매개변수: {'max_depth': 6}
```

여기서 볼 수 있듯이 max_depth가 6일 때 훈련 세트에서 최상의 교차 검증 점수를 만듭니다.

훈련 점수는 best_score_ 속성에 저장되어 있습니다.

```
best_score = np.sqrt(-grid_reg.best_score_)
print("훈련 점수: {:.3f}".format(best_score))
```

출력 점수는 다음과 같습니다.

```
훈련 점수: 951.938
```

테스트 점수는 다음처럼 출력합니다.

```
best_model = grid_reg.best_estimator_
y_pred = best_model.predict(X_test)
from sklearn.metrics import mean_squared_error
rmse_test = mean_squared_error(y_test, y_pred)**0.5
print('테스트 점수: {:.3f}'.format(rmse_test))
```

출력 점수는 다음과 같습니다.

> 테스트 점수: 864.670

분산이 확실히 줄어들었습니다.

min_samples_leaf

min_samples_leaf는 리프 노드가 가질 수 있는 최소 샘플의 개수를 제한합니다.[9] max_depth
와 마찬가지로 min_samples_leaf는 과대적합을 방지합니다.

min_samples_leaf의 기본값은 1로 제한이 없을 때 리프 노드는 하나의 샘플로 구성될 수 있
습니다(과대적합되기 쉽습니다). min_samples_leaf를 증가시키면 분산을 줄일 수 있습니다.
예를 들어 min_samples_leaf=8이면 모든 리프 노드는 최소한 8개 이상의 샘플을 담고 있어
야 합니다.

min_samples_leaf의 값을 테스트하는 과정은 이전과 동일합니다. 복사해서 붙여넣기를 하는
대신 DecisionTreeRegressor(random_state=2)를 reg 객체에 할당하고 GridSearchCV
를 사용해서 최상의 매개변수, 훈련 점수, 테스트 점수를 출력하는 함수를 작성하겠습니다.

```python
def grid_search(params, reg=DecisionTreeRegressor(random_state=2)):
    grid_reg = GridSearchCV(reg, params, scoring='neg_mean_squared_error', cv=5,
                            n_jobs=-1)
    grid_reg.fit(X_train, y_train)
    best_params = grid_reg.best_params_
    print("최상의 매개변수:", best_params)
    best_score = np.sqrt(-grid_reg.best_score_)
    print("훈련 점수: {:.3f}".format(best_score))
    y_pred = grid_reg.predict(X_test)
    rmse_test = mean_squared_error(y_test, y_pred)**0.5
    print('테스트 점수: {:.3f}'.format(rmse_test))
```

TIP 함수를 작성할 때 키워드 매개변수의 기본값을 포함하는 것이 좋습니다. 키워드 매개변수에 기본값을 지정하
면 테스트할 때나 나중에 바꿀 수 있습니다. 키워드 매개변수 기본값을 사용하면 파이썬을 훨씬 더 잘 활용할
수 있습니다.

---

9   옮긴이_ 0~0.5 사이 실수로 전체 샘플의 비율을 지정할 수 있습니다.

매개변수 범위를 선택할 때 모델을 훈련할 훈련 세트의 크기를 아는 것이 도움됩니다. 판다스 데이터프레임의 shape 속성에 데이터의 행과 열의 크기가 저장되어 있습니다.

```
X_train.shape
```

행과 열의 크기는 다음과 같습니다.

```
(548, 12)
```

훈련 세트가 548개 행을 가지고 있기 때문에 적절한 min_samples_leaf 값을 결정할 수 있습니다. grid_search의 입력으로 [1, 2, 4, 6, 8, 10, 20, 30]를 시도해보죠.

```
grid_search(params={'min_samples_leaf':[1,2,4,6,8,10,20,30]})
```

출력은 다음과 같습니다.

```
최상의 매개변수: {'min_samples_leaf': 8}
훈련 점수: 896.083
테스트 점수: 855.620
```

테스트 점수가 훈련 점수보다 낮으므로 분산이 줄어들었습니다.

min_samples_leaf와 max_depth를 같이 넣으면 어떻게 될까요? 한번 알아보죠.

```
grid_search(params={'max_depth':[None,2,3,4,6,8,10,20],'min_samples_
leaf':[1,2,4,6,8,10,20,30]})
```

결과는 다음과 같습니다.

```
최상의 매개변수: {'max_depth': 6, 'min_samples_leaf': 2}
훈련 점수: 870.396
테스트 점수: 913.000
```

결과에 조금 놀랄 수 있습니다. 훈련 점수가 좋아졌지만 테스트 점수는 그렇지 않습니다. `min_samples_leaf`는 8에서 2로 줄어 들었지만 `max_depth`는 그대로입니다.

TIP 여기서 하이퍼파라미터 튜닝에 대한 중요한 교훈을 배울 수 있습니다. 하이퍼파라미터는 개별적으로 선택해서는 안됩니다.

이전 예제에서 분산을 줄였던 것처럼 `min_samples_leaf`를 3보다 크게 설정해보겠습니다.

```
grid_search(params={'max_depth':[6,7,8,9,10],'min_samples_leaf':[3,5,7,9]})
```

점수는 다음과 같습니다.

```
최상의 매개변수: {'max_depth': 9, 'min_samples_leaf': 7}
훈련 점수: 888.905
테스트 점수: 878.538
```

결과에서 볼 수 있듯이 테스트 점수가 향상되었습니다.

역자 노트   **GridSearchCV의 교차 검증 방식**

GridSearchCV 클래스는 `fit()` 메서드에서 전달한 훈련 데이터를 사용해 **k-폴드 교차 검증**을 수행합니다. 폴드 개수를 지정하는 `cv` 매개변수 기본값은 5입니다. 교차 검증에서 모델을 평가하는 데 사용되는 폴드를 **검증 폴드** 혹은 **검증 세트**^{validation set}라고도 부릅니다. 즉, 검증 세트는 하이퍼파라미터 튜닝을 위해 사용되는 데이터입니다. 그리드 서치 객체의 `best_score_` 속성에는 교차 검증에서 계산된 검증 폴드의 평균 점수가 저장되어 있습니다.

GridSearchCV 클래스의 `refit` 매개변수 기본값은 `True`로 교차 검증을 통해 찾은 최적의 매개변수를 사용해 (훈련 폴드와 검증 폴드를 합친) 전체 훈련 세트에서 최종 모델을 훈련합니다. 이 모델이 `best_estimator_`에 저장되어 있습니다. 최종 모델은 전체 훈련 세트를 사용하여 훈련했기 때문에 교차 검증 점수보다 더 좋은 결과가 나올 수 있습니다. 이 최종 모델은 `grid_reg` 객체에도 할당되어 있습니다. 따라서 `best_estimator_` 속성을 사용하지 않고 다음처럼 바로 `predict()` 메서드를 호출할 수 있습니다.

```
grid_reg.predict(X_test)
```

사이킷런에서 제공하는 많은 클래스와 함수는 n_jobs 매개변수(기본값 1)를 제공합니다. 이 매개변수를 1보다 크게 지정하면 여러 개의 CPU 프로세서를 사용해 병렬로 모델을 훈련할 수 있습니다. -1로 지정하면 시스템에 있는 모든 프로세서를 사용합니다.

책에서는 테스트 세트를 검증 세트처럼 사용해 교차 검증 점수와 비교하여 다시 하이퍼파라미터 튜닝을 수행합니다. 하지만 이는 일반적으로 바람직한 방법이 아닙니다. 테스트 세트는 최종 모델의 일반화 성능을 평가하기 위해 딱 한 번만 사용해야 합니다. 테스트 세트를 기반으로 하이퍼파라미터를 튜닝하면 새로운 데이터에 대한 모델의 성능을 올바르게 추정할 수 없기 때문입니다.

하이퍼파라미터 튜닝과 그리드 서치에 대한 모범 사례는 『파이썬 라이브러리를 활용한 머신러닝(번역개정2판)』(한빛미디어, 2022)의 5장을 참고해주세요.

이제 결정 트리의 다른 매개변수를 살펴보겠습니다.

max_leaf_nodes

max_leaf_nodes는 min_samples_leaf와 비슷합니다. 리프 노드의 샘플 개수를 지정하는 대신 리프 노드의 전체 개수를 지정합니다. 예를 들어, max_leaf_nodes=10으로 지정하면 트리의 리프 노드가 최대 10개를 넘을 수 없습니다.[10]

max_features

max_features는 분산을 줄이는 데 효과적인 매개변수입니다. 분할마다 모든 특성을 고려하지 않고 매번 지정된 개수의 특성 중에서 선택합니다.

max_features 옵션은 다음과 같습니다.[11]

- None(기본값)과 'auto'는 전체 특성을 사용합니다.[12]
- 'sqrt'는 전체 특성 개수의 제곱근을 사용합니다.
- 'log2'는 전체 특성 개수의 로그(밑이 2)를 사용합니다. 예를 들어 전체 특성이 32개라면 $\log_2 32 = 5$개의 특성을 사용합니다.

---

10 옮긴이_ max_leaf_nodes 매개변수의 기본값은 None으로 제한이 없습니다.

11 옮긴이_ max_features 매개변수에 사용할 특성 개수를 정수로 지정할 수 있으며, 0~1 사이의 실수로 전체 특성 개수의 비율을 지정할 수도 있습니다.

12 옮긴이_ DecisionTreeClassifier의 경우 'auto'는 'sqrt'와 동일하게 전체 특성 개수의 제곱근에 해당합니다.

min_samples_split

분할을 제한하는 또 다른 방법은 min_samples_split입니다. 이름에서 알 수 있듯이 min_samples_split는 분할하기 위해 필요한 최소 샘플 개수를 제한합니다. 두 샘플이 하나씩 분할되어 리프 노드가 될 수 있기 때문에 기본값은 2입니다. 예를 들어, 이 값을 5로 설정하면 5개 보다 적은 노드는 더이상 분할되지 않습니다.[13]

splitter

splitter 매개변수에는 'random'과 'best' 두 가지 옵션이 있습니다. **분할기**[splitter]는 노드를 분할하기 위한 특성 선택 방법입니다. 기본값은 'best'로 **정보 이득**[information gain]이 가장 큰 특성을 선택합니다.[14] 이와 달리 'random'은 랜덤하게 노드를 분할합니다.[15]

splitter를 'random'으로 바꾸면 과대적합을 막고 다양한 트리를 만들 수 있습니다.

criterion

결정 트리 회귀 모델과 분류 모델의 criterion 값이 다릅니다. criterion은 분할 품질을 측정할 수 있는 방법을 제공합니다. criterion에 지정한 함수를 가능한 분할마다 계산하여 비교합니다. 가장 좋은 점수를 얻은 분할이 선택됩니다.

회귀 모델일 경우 'squared_error'(평균 제곱 오차), 'friedman_mse'(프리드만이 제안한 방식), 'absoulte_error'(평균 절댓값 오차), 'poisson'(포아송 편차)가 있습니다. 기본값은 'squared_error'입니다.

분류 모델일 경우 앞서 언급한 'gini'(기본값)와 'entropy'가 있습니다. 일반적으로 두 옵션은 비슷한 결과를 만듭니다.

min_impurity_decrease

min_impurity_decrease는 분할하기 위한 최소 불순도 감소를 지정합니다(분할하기 위한 최

---

13 옮긴이_ 0~1 사이의 실수로 전체 특성 개수의 비율을 지정할 수 있습니다.

14 옮긴이_ criterion 매개변수에 지정된 측정 지표를 가장 크게 줄이는 특성입니다.

15 옮긴이_ 'random'으로 지정하면 각 특성을 사용해 무작위로 노드를 분할한 다음 최선의 분할을 선택합니다.

소 불순도를 지정하는 `min_impurity_split` 매개변수는 사이킷런 0.23버전에서 삭제되었습니다).

불순도impurity는 각 노드의 예측이 얼마나 순수한지를 측정합니다. 100% 정확도를 가진 트리의 불순도는 **0.0**입니다. 80% 정확도를 가진 트리의 평균적인 불순도는 **0.20**일 것입니다.

불순도는 결정 트리에서 중요한 개념입니다. 트리를 성장시키는 과정에서 불순도는 지속적으로 감소되어야 합니다. 각 노드에서 가장 크게 불순도를 감소시키는 분할이 선택됩니다.

기본값은 **0.0**입니다. 이 값을 증가시키면 임곗값에 도달할 때 트리의 성장이 멈춥니다.

min_weight_fraction_leaf

`min_weight_fraction_leaf`는 리프 노드가 되기 위한 전체 가중치의 최소 비율입니다. 온라인 문서에 따르면 `sample_weight` 매개변수를 지정하지 않으면 샘플은 모두 동일한 가중치를 가집니다.[16]

`min_weight_fraction_leaf`는 분산을 줄이고 과대적합을 막을 수 있는 또 다른 하이퍼파라미터입니다. 기본값은 **0.0**입니다. 500개의 샘플이 있고 가중치가 동일하다면, 이 매개변수를 **0.01**(1%)로 지정할 때 리프 노드가 되기 위한 최소 샘플 개수는 5개입니다.

ccp_alpha

`ccp_alpha` 매개변수는 트리를 만든 후 가지치기pruning하는 기능으로 여기서 설명하지는 않겠습니다.[17] 자세한 내용은 **최소 비용복잡도 가지치기**minimal cost-complexity pruning에 관한 문서를 참고하세요.[18]

---

16 옮긴이_ `sample_weight` 매개변수는 `fit()` 메서드에서 지정할 수 있습니다.

17 옮긴이_ `cpp_alpha` 매개변수는 트리를 만든 후 노드를 삭제하거나 병합하는 사후 가지치기(post-pruning) 방식 중 하나입니다. 이를 제외한 `min_*`, `max_*` 매개변수는 모두 사전 가지치기(pre-pruning)에 해당합니다. `cpp_alpha`의 기본값은 **0.0**으로 가지치기를 수행하지 않습니다. 0보다 크면 최대 `ccp_alpha`의 비용복잡도를 가진 부분 트리를 선택합니다.

18 https://scikit-learn.org/stable/modules/tree.html#minimal-cost-complexity-pruning

2.4.3 정리

하이퍼파라미터 튜닝을 할 때 몇 가지 고려 사항이 있습니다.

- 소요 시간
- 하이퍼파라미터 개수
- 원하는 소수점 정확도

소요 시간, 튜닝할 하이퍼파라미터 개수, 원하는 정확도는 데이터셋과 프로젝트에 따라 다릅니다. 하이퍼파라미터는 서로 연관되어 있기 때문에 모두 수정할 필요는 없습니다. 작은 범위에서 튜닝하여 더 좋은 결과를 만들 수 있습니다.

결정 트리 이론과 하이퍼파라미터에 대해 알아보았으니 이제 배운 것을 적용해볼 차례입니다.

> **TIP** 결정 트리 하이퍼파라미터는 모두 사용하기에 너무 많습니다. 경험적으로 보았을 때 max_depth, max_features, min_samples_leaf, max_leaf_nodes, min_impurity_decrease, min_samples_split로 충분합니다.

2.5 심장 질환 예측하기 – 사례 연구

머신러닝을 사용해 심장 질환을 예측해달라는 병원의 요청을 받았다고 가정해보죠. 의사와 간호사가 환자의 건강을 돌보기 위해 관심을 두어야 할 중요한 두 세 개의 특성을 예측하는 모델을 만드는 것이 목표입니다.

결정 트리 분류기를 사용하고 하이퍼파라미터 튜닝을 해보겠습니다. 모델을 만든 후에 심장 질환을 예측하는 데 가장 중요한 특성을 알려주는 feature_importances_ 속성을 사용해 결과를 해석해보겠습니다.

2.5.1 심장 질환 데이터셋

심장 질환 데이터셋은 heart_disease.csv으로 깃허브에 업로드되어 있습니다. 이 파일은

UCI 머신러닝 저장소[19]에서 제공하는 원본 **심장 질환 데이터셋**Heart Disease dataset[20]을 조금 수정하여 누락된 값을 정리한 것입니다.

파일을 로드하고 다음처럼 처음 다섯 행을 출력해보죠.

```
df_heart = pd.read_csv('heart_disease.csv')
df_heart.head()
```

출력은 다음과 같습니다.

	age	sex	cp	trestbps	chol	fbs	restecg	thalach	exang	oldpeak	slope	ca	thal	target
0	63	1	3	145	233	1	0	150	0	2.3	0	0	1	1
1	37	1	2	130	250	0	1	187	0	3.5	0	0	2	1
2	41	0	1	130	204	0	0	172	0	1.4	2	0	2	1
3	56	1	1	120	236	0	1	178	0	0.8	2	0	2	1
4	57	0	0	120	354	0	1	163	1	0.6	2	0	2	1

그림 2-8 heart_disease.csv 출력

이진 값을 가진 'target' 열이 타깃입니다. 1은 환자가 심장 질환이 있다는 것을 나타내고 0은 그렇지 않다는 뜻입니다.

다음은 각 특성의 의미입니다. 원본 데이터셋 페이지에서 가져왔습니다.

- age: 나이
- sex: 성별 (1=남성, 0=여성)
- cp: 가슴 통증(chest pain) (1=전형적인 협심증, 2=비전형적인 협심증, 3=협심증이 아닌 통증, 4=무증상)
- trestbps: 안정혈압(입원시 mmHg)
- chol: 혈청 콜레스테롤(serum cholesterol) (mg/dl)
- fbs: 공복혈당 〉 120 mg/dl (1=True, 0=False)
- restecg: 심전도 결과 (0 = 정상, 1 = ST-T파 이상(T파 반전 및/또는 0.05 mV 이상의 ST 상승 또는 감소), 2 = Estes 기준에 의해 좌심실 비대증 가능성 또는 유력)
- thalach: 최대 심장 박동수

---

19 *https://archive.ics.uci.edu/ml/index.php*
20 *https://archive.ics.uci.edu/ml/datasets/Heart+Disease*

- exang: 운동으로 인한 협심증 (1=yes, 0=no)

- oldpeak: 휴식 대비 운동으로 인한 ST 감소

- slope: 최대 운동 ST 세그먼트 기울기 (1=상승 기울기, 2=수평, 3=하강 기울기)

- ca: 형광 투시로 착색된 주요 혈관 수(0-3)

- thal: 탈륨 스트레스 테스트, (3=정상, 6=고정 결함, 7=가역적 결함)

머신러닝 작업을 위해 데이터를 훈련 세트와 테스트 세트로 나눕니다.

```
X = df_heart.iloc[:,:-1]
y = df_heart.iloc[:,-1]
X_train, X_test, y_train, y_test = train_test_split(X, y, random_state=2)
```

이제 예측을 만들 준비가 되었습니다.

2.5.2 결정 트리 분류기

하이퍼파라미터 튜닝을 하기 전에 비교를 위해 기준 모델을 만드는 것이 도움이 됩니다.

다음처럼 DecisionTreeClassifier 클래스와 cross_val_score() 함수를 사용하겠습니다.

```
model = DecisionTreeClassifier(random_state=2)
scores = cross_val_score(model, X, y, cv=5)
print('정확도:', np.round(scores, 2))
print('정확도 평균: %0.2f' % (scores.mean()))
```

결과는 다음과 같습니다.

```
정확도: [0.74 0.85 0.77 0.73 0.7 ]
정확도 평균: 0.76
```

초기 모델의 정확도는 76%입니다. 하이퍼파라미터 튜닝으로 더 나은 성능을 얻을 수 있는지 확인해보죠.

RandomizedSearchCV

탐색할 하이퍼파라미터가 많을 때 GridSearchCV로 하이퍼파라미터 튜닝을 하면 너무 오랜 시간이 걸릴 수 있습니다. 사이킷런 라이브러리는 대안으로 RandomizedSearchCV 클래스를 제공합니다. RandomizedSearchCV는 GridSearchCV와 동일한 방식으로 동작하지만 모든 하이퍼파라미터 조합을 테스트하는 대신 랜덤한 조합을 테스트합니다. 즉 모든 값을 테스트하지 않으며 제한된 시간 안에 최상의 조합을 찾습니다.

RandomizedSearchCV를 사용해서 점수를 출력하고 최상의 모델을 반환하는 함수를 작성해보죠. 이 함수의 입력은 params(테스트할 매개변수 딕셔너리), runs(시도할 매개변수 조합의 횟수), DecisionTreeClassifier 객체입니다.

```python
from sklearn.model_selection import RandomizedSearchCV
def randomized_search_clf(params, runs=20, clf=DecisionTreeClassifier(random_
state=2)):
    rand_clf = RandomizedSearchCV(clf, params, n_iter=runs,
                                  cv=5, n_jobs=-1, random_state=2)
    rand_clf.fit(X_train, y_train)
    best_model = rand_clf.best_estimator_
    best_score = rand_clf.best_score_
    print("훈련 점수: {:.3f}".format(best_score))
    y_pred = best_model.predict(X_test)
    accuracy = accuracy_score(y_test, y_pred)
    print('테스트 점수: {:.3f}'.format(accuracy))
    return best_model
```

이제 하이퍼파라미터 범위를 선택해보죠.

2.5.3 하이퍼파라미터 선택

하이퍼파라미터를 고르는 하나의 완벽한 방법은 없습니다. 실험은 게임의 또 다른 표현입니다. 다음은 randomized_search_clf() 함수에 넣은 초기 매개변수 리스트입니다. 분산을 줄이고 넓은 범위를 탐색하기 위해 수치를 선택했습니다.

```
randomized_search_clf(
    params={
        'criterion':['entropy', 'gini'],
        'splitter':['random', 'best'],
        'min_samples_split':[2, 3, 4, 5, 6, 8, 10],
        'min_samples_leaf':[1, 0.01, 0.02, 0.03, 0.04],
        'min_impurity_decrease':[0.0, 0.0005, 0.005, 0.05, 0.10, 0.15, 0.2],
        'max_leaf_nodes':[10, 15, 20, 25, 30, 35, 40, 45, 50, None],
        'max_features':['auto', 0.95, 0.90, 0.85, 0.80, 0.75, 0.70],
        'max_depth':[None, 2,4,6,8],
        'min_weight_fraction_leaf':[0.0, 0.0025, 0.005, 0.0075, 0.01, 0.05]
    })
```

출력은 다음과 같습니다.

```
훈련 점수: 0.798
테스트 점수: 0.855
DecisionTreeClassifier(criterion='entropy', max_depth=8, max_features=0.8,
                       max_leaf_nodes=45, min_samples_leaf=0.04,
                       min_samples_split=10, min_weight_fraction_leaf=0.05,
                       random_state=2)
```

확실히 향상되었고 테스트 세트에 잘 일반화되었습니다. 범위를 좁혀서 더 나은 결과를 얻을
수 있는지 알아보겠습니다.

2.5.4 탐색 범위 좁히기

매개변수 범위를 좁히는 것이 성능을 향상시킬 수 있는 한가지 전략입니다.

예를 들어 최상의 모델에서 얻은 max_depth=8을 기준으로 탐색 범위를 7~9로 좁힐 수 있습
니다.

또 다른 전략은 기본값이 잘 동하는 매개변수를 탐색에서 제외시키는 것입니다. 예를 들어
'entropy'는 차이가 크지 않기 때문에 'gini' 대신에 추천하지 않습니다. min_impurity_
decrease도 기본값 그대로 둘 수 있습니다.

새로운 매개변수 범위에서 100번으로 탐색 횟수를 증가시켜보죠.

```
best_model = randomized_search_clf(
    params={'max_depth':[None, 6, 7],
            'max_features':['auto', 0.78],
            'max_leaf_nodes':[45, None],
            'min_samples_leaf':[1, 0.035, 0.04, 0.045, 0.05],
            'min_samples_split':[2, 9, 10],
            'min_weight_fraction_leaf': [0.0, 0.05, 0.06, 0.07],
            },
    runs=100)
```

출력은 다음과 같습니다.

```
훈련 점수: 0.802
테스트 점수: 0.868
DecisionTreeClassifier(max_depth=7, max_features=0.78, max_leaf_nodes=45,
                       min_samples_leaf=0.045, min_samples_split=9,
                       min_weight_fraction_leaf=0.06, random_state=2)
```

이 모델의 훈련 점수와 테스트 점수는 더 높아졌습니다.

반환된 최상의 모델을 전체 데이터셋에서 교차 검증 함수를 적용해 기본 모델과 비교해보겠습니다.

```
scores = cross_val_score(best_model, X, y, cv=5)
print('정확도:', np.round(scores, 2))
print('정확도 평균: %0.2f' % (scores.mean()))
```

출력은 다음과 같습니다.

```
정확도: [0.82 0.9  0.8  0.8  0.78]
정확도 평균: 0.82
```

기본 모델보다 6% 포인트가 더 높아졌습니다. 심장 질환을 더 높은 정확도로 예측하면 생명을 살리는 데 도움이 될 것입니다.

RandomizedSearchCV 클래스는 **사이파이**의 randint, uniform 같은 샘플링 가능한 분포에서 매개변수 값을 탐색할 수 있습니다. 매개변수 값이 연속적이고 임의의 간격을 지정하기 어려울 때 도움이 됩니다. 결정 트리 매개변수 중에 max_depth와 max_leaf_nodes는 정수값을 받습니다. max_features와 나머지 min 접두사가 붙은 매개변수는 모두 0~1 사이의 실수를 사용할 수 있습니다.

사이킷런에는 로그균등분포 클래스인 loguniform을 제공합니다. 이산균등분포인 randint와 loguniform을 사용해 결정 트리에 있는 연속적인 매개변수를 탐색해보겠습니다.

```python
from sklearn.utils.fixes import loguniform
from scipy.stats import randint

params = {'max_depth': randint(1,100),
          'max_leaf_nodes': randint(1,100),
          'max_features': loguniform(1e-5,1),
          'min_samples_split': loguniform(1e-5,1),
          'min_samples_leaf': loguniform(1e-5,1),
          'min_impurity_decrease': loguniform(1e-5,1),
          'min_weight_fraction_leaf': loguniform(1e-5,1)}

dtc = DecisionTreeClassifier(random_state=0)
rs = RandomizedSearchCV(dtc, params, n_iter=100, n_jobs=-1, random_state=0)
rs.fit(X_train, y_train)

print('최상의 교차 검증 점수:', rs.best_score_)
print('최상의 매개변수:', rs.best_params_)
```

출력은 다음과 같습니다.

```
최상의 교차 검증 점수: 0.7932367149758455
최상의 매개변수: {'max_depth': 48, 'max_features': 0.43091880545542754, 'max_leaf_
nodes': 68, 'min_impurity_decrease': 0.0013196080073784372, 'min_samples_leaf':
0.005935250363740932, 'min_samples_split': 0.00027243167437771866, 'min_weight_
fraction_leaf': 0.03410935690756259}
```

2.5.5. 특성 중요도

마지막으로 이 머신러닝 모델에서 가장 중요한 특성을 확인해보겠습니다. 결정 트리는 정확히 이런 값을 제공해주는 feature_importances_ 속성을 제공합니다.

먼저 앞서 그리드 서치로 찾은 최상의 모델을 전체 데이터셋에서 훈련하겠습니다.

모델을 훈련할 때 훈련 세트와 테스트 세트를 섞지 않는 것이 중요합니다. 하지만 최종 모델을 선택한 후에는 전체 데이터셋을 사용해 모델을 훈련하는 것이 정확도를 더 높일 수 있기 때문에 도움이 됩니다.[21]

```
best_model.fit(X, y)
```

가장 중요한 특성을 확인하려면 best_model의 feature_importances_ 속성을 출력하면 됩니다.

```
best_model.feature_importances_
```

출력은 다음과 같습니다.

```
array([0.04826754, 0.04081653, 0.48409586, 0.00568635, 0.         ,
       0.        , 0.        , 0.00859483, 0.        , 0.02690379,
       0.        , 0.18069065, 0.20494446])
```

이 결과를 해석하기 조금 어렵습니다. 다음 코드는 특성 이름과 특성 중요도를 딕셔너리로 만든 다음 특성 중요도의 내림 차순으로 정렬해서 보겠습니다.

```
feature_dict = dict(zip(X.columns, best_model.feature_importances_))
import operator
sorted(feature_dict.items(), key=operator.itemgetter(1), reverse=True)[0:3]
```

출력은 다음과 같습니다.

---

21 옮긴이_ 하지만 테스트 세트가 없어지기 때문에 모델을 실전에 투여했을 때 얻을 수 있는 성능을 추정하기 어려워집니다.

```
[('cp', 0.4840958610240171),
 ('thal', 0.20494445570568706),
 ('ca', 0.18069065321397942)]
```

가장 중요한 세 개의 특성은 다음과 같습니다.

- cp: 가슴 통증(chest pain) (1=안정형 협심증, 2=불안정형 협심증, 3=협심증 이외 통증, 4=무증상)
- thalach: 최대 심장 박동수
- ca: 형광 투시로 착색된 주요 혈관 수(0-3)

이 값은 노드에 사용된 특성별로 감소된 불순도 량을 더한 후 전체 값이 1이 되도록 정규화한 것입니다.

이제 가장 중요한 세 개의 특성인 가슴 통증, 최대 심장 박동수, 형광 투시로 착색된 주요 혈관 수로 환자가 심장 질환을 가졌는지 82%정확도로 예측할 수 있다고 의사와 간호사에게 말할 수 있습니다.

역자 노트　　**permutation_importance() 함수로 특성 중요도 계산하기**

사이킷런에서 추천하는 특성 중요도 측정 방법은 permutation_importance() 함수입니다. 이 함수는 모델과 특성, 타깃 데이터를 입력으로 받습니다. 먼저 전달된 특성 값을 그대로 사용해 모델을 훈련하고 타깃을 사용해 모델의 점수를 계산합니다. 그다음 특성 하나를 랜덤하게 섞은 후 모델을 훈련하여 성능을 비교합니다. 이런 방식으로 각 특성을 n_repeats 횟수(기본값 5)만큼 순서대로 테스트하여 모델 성능에 큰 영향을 미치는 특성을 찾습니다. 이 함수를 사용해 best_model의 특성 중요도를 확인해보겠습니다.

```
from sklearn.inspection import permutation_importance
result = permutation_importance(best_model, X, y, n_jobs=-1, random_state=0)
feature_dict = dict(zip(X.columns, result.importances_mean))
sorted(feature_dict.items(), key=operator.itemgetter(1), reverse=True)[0:3]
```

출력된 결과는 다음과 같습니다.

```
[('cp', 0.08976897689768981),
 ('thal', 0.08382838283828387),
 ('ca', 0.05940594059405944)]
```

가장 중요한 세 개의 특성은 'cp', 'thal', 'ca'로 같지만 순서가 달라졌으며 특성 간의 중요도 비율도 다릅니다.

분류 모델일 경우 정확도를 사용하고 회귀 모델일 경우 R² 값으로 성능을 평가합니다. scoring 매개변수에 원하는 측정 지표를 설정할 수 있습니다. n_jobs 매개변수 기본값은 None으로 1개의 프로세서를 사용합니다.

2.6 마치며

이 장에서 XGBoost의 기본 학습기인 결정 트리를 배웠고 XGBoost를 마스터하는 데 큰 진전을 이뤘습니다. 결정 트리 회귀 모델과 분류 모델을 만들었고 GridSearchCV와 RandomizedSearchCV를 사용해 하이퍼파라미터 튜닝을 수행했습니다. 결정 트리를 시각화하고 분산과 편향 관점에서 오차와 정확도를 분석했습니다. 또한 모델의 가장 중요한 특성을 찾기 위해 사용되는 필수 도구인 feature_importances_도 배웠습니다. 이 속성은 XGBoost에서도 제공합니다.

다음 장에서 첫 번째 앙상블 방법으로 XGBoost의 경쟁 도구인 랜덤 포레스트를 배워 보겠습니다. 랜덤 포레스트는 배깅과 부스팅의 차이를 이해하는 데 중요하고 XGBoost에 견줄만한 모델을 만들 수 있습니다. 또한 XGBoost를 개발하게 된 랜덤 포레스트의 한계도 알아보겠습니다.

## CHAPTER 3

배깅과 랜덤 포레스트

이 장에서 XGBoost의 경쟁 도구인 **랜덤 포레스트** 구축 방법을 익혀 보겠습니다. XGBoost
와 마찬가지로 랜덤 포레스트는 결정 트리의 앙상블입니다. 차이점은 랜덤 포레스트는 **배
깅**bagging을 통해 트리를 연결하고 XGBoost는 **부스팅**boosting을 통해 트리를 연결하는 것입니다.
XGBoost의 대안으로써 랜덤 포레스트의 장점과 단점을 이 장에서 알아보겠습니다. 랜덤 포
레스트는 트리 기반 앙상블(XGBoost) 구조에 값진 통찰을 제공하기 때문에 중요합니다. 배
깅 방식과 비교하고 대조하면 부스팅을 이해하는 데 도움이 됩니다.

이 장에서 랜덤 포레스트 분류 모델과 랜덤 포레스트 회귀 모델을 만들고 평가해보겠습니다.
랜덤 포레스트의 하이퍼파라미터를 알아보고, 머신러닝 분야의 배깅에 대해서 배우고, 사례 연
구를 통해 그레이디언트 부스팅 개발을 촉진한 랜덤 포레스트의 몇 가지 한계점을 살펴보겠습
니다.

이 장의 구성은 다음과 같습니다.

- 배깅 앙상블
- 랜덤 포레스트 살펴보기
- 랜덤 포레스트 매개변수
- 랜덤 포레스트 성능 높이기 - 사례 연구

3.1 배깅 앙상블

이 절에서 앙상블 모델이 개별 머신러닝 모델보다 일반적으로 더 뛰어난 이유를 배우겠습니다. 또한 배깅 기법에 대해 배우겠습니다. 둘 모두 랜덤 포레스트의 핵심 특징입니다.

3.1.1 앙상블 방법

머신러닝에서 앙상블 방법은 개별 모델의 예측을 합치는 머신러닝 모델을 말합니다. 앙상블 방법이 여러 모델의 결과를 연결하기 때문에 오차를 줄이고 더 나은 성능을 내는 경향이 있습니다.

어떤 집이 시장에 나온 첫 달만에 팔릴지 예측한다고 상상해보죠. 여러 개의 머신러닝 모델을 실행하여 로지스틱 회귀는 80% 정확도, 결정 트리는 75% 정확도, **k-최근접 이웃**k-nearest neighbors 은 77% 정확도를 얻었습니다.

가장 정확한 모델인 로지스틱 회귀를 최종 모델로 선택할 수 있습니다. 더 나은 방법은 각 모델의 예측을 합치는 것입니다.

분류기의 경우 앙상블하는 대표적인 방법은 **다수결 투표**majority vote입니다. 세 모델 중 적어도 두 개가 첫 번째 달에 집이 팔린다고 예측하면 최종 예측이 Yes 그렇지 않으면 No가 됩니다.

전체적인 정확도는 앙상블 방법을 사용할 때 일반적으로 더 높습니다. 앙상블에서는 예측이 틀리려면 한 모델이 틀리는 것으로는 충분하지 않습니다. 즉 다수의 분류기가 틀려야 합니다.

앙상블 방법은 크게 두 가지로 분류됩니다. 첫 번째는 사이킷런의 **VotingClassifier**처럼 사용자가 선택한 여러 종류의 머신러닝 모델을 연결하는 방식입니다. 두 번째는 XGBoost나 랜덤 포레스트처럼 같은 종류의 모델을 여러 개 합치는 앙상블입니다.

랜덤 포레스트는 모든 앙상블 방법 중에서 가장 인기 있고 널리 사용되는 알고리즘입니다. 랜덤 포레스트의 개별 모델은 2장에서 보았던 결정 트리입니다. 랜덤 포레스트는 최종 예측을 만들기 위해 수백 또는 수천 개의 결정 트리로 구성될 수 있습니다.

랜덤 포레스트는 분류일 경우 다수결 투표를 사용하고 회귀일 경우 모델의 예측을 평균하지만 개별 트리를 만들기 위해 **부트스트랩 애그리게이션**bootstrap aggregation의 약자인 **배깅**이란 특별한 방법을 사용합니다.

3.1.2 배깅

부트스트래핑bootstraping은 중복을 허용한 샘플링을 의미합니다.

20개의 색 구슬이 들어 있는 가방을 생각해보죠. 한 번에 하나씩 10개의 구슬을 선택하려고 합니다. 구슬을 선택할 때마다 이를 가방에 다시 넣습니다. 이는 아주 운이 나쁘면 동일한 구슬을 10번 선택할 수 있다는 의미입니다.

어떤 구슬은 한 번 이상 선택하게 되고 어떤 구슬은 전혀 선택하지 않을 수 있습니다.

다음은 10개의 구슬을 선택하는 예시입니다.

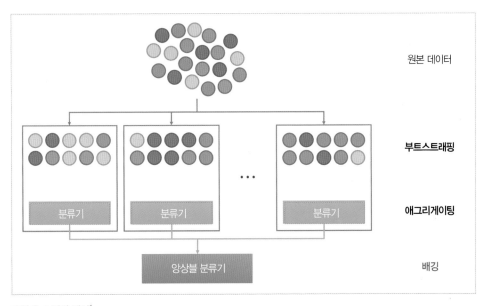

그림 3-1 배깅 예시[1]

앞의 그림에서 볼 수 있듯이 부트스트랩 샘플은 중복을 허용한 샘플링으로 만듭니다. 구슬을 가방에 다시 넣지 않으면 오른쪽 상자에 있는 것처럼 원래 가방에 있는 것보다 더 많은 파란 공을 샘플링할 수 없습니다.

---

1 *https://commons.wikimedia.org/wiki/File:Ensemble_Bagging.svg*에서 가져왔습니다.

랜덤 포레스트는 부트스트래핑을 사용합니다. 개별 결정 트리를 만들 때 부트스트래핑을 수행합니다. 모든 결정 트리가 동일한 샘플로 만들어진다면 모두 비슷한 예측을 만들게 되고 앙상블한 결과도 개별 트리와 비슷해 질 것입니다. 랜덤 포레스트는 원본 데이터셋과 같은 크기의 부트스트래핑 샘플을 사용해 각 트리를 만듭니다. 수학적으로 계산하면 평균적으로 각 트리의 샘플은 전체 샘플의 2/3을 포함하며 1/3은 중복된 샘플입니다.

부트스트래핑 단계 후에 각 결정 트리는 자신만의 예측을 만듭니다. 이 트리의 예측을 모아서 최종 예측을 만듭니다. 분류일 경우 다수결 투표를 사용하고 회귀일 경우 평균을 냅니다.

요약하면 랜덤 포레스트는 부트스트래핑을 사용한 결정 트리의 예측을 합칩니다. 일반적인 이런 앙상블 방법을 머신러닝에서 배깅이라고 합니다.

3.2 랜덤 포레스트 살펴보기

랜덤 포레스트의 작동 방식을 잘 이해하기 위해 사이킷런으로 직접 모델을 만들어보죠.

3.2.1 랜덤 포레스트 분류 모델

1장과 2장에서 보았던 인구 조사 데이터셋으로 연봉이 5만 달러 이상인지 예측하는 랜덤 포레스트 분류기를 만들어보겠습니다. cross_val_score() 함수를 사용해 테스트 결과가 잘 일반화되는지 확인해보겠습니다.

인구 조사 데이터셋에 랜덤 포레스트 분류기를 만들고 평가하는 과정은 다음과 같습니다.

1 pandas, numpy, RandomForestClassifier, cross_val_score()를 임포트하고 경고를 끕니다.

```
import pandas as pd
import numpy as np
from sklearn.ensemble import RandomForestClassifier
from sklearn.model_selection import cross_val_score
import warnings
warnings.filterwarnings('ignore')
```

2 census_cleaned.csv 파일을 로드하고 X(특성)와 y(타깃)으로 나눕니다.

```
df_census = pd.read_csv('census_cleaned.csv')
X_census = df_census.iloc[:,:-1]
y_census = df_census.iloc[:,-1]
```

데이터가 준비되었으므로 모델을 만들어보겠습니다.

3 랜덤 포레스트 분류기를 만듭니다. 실제로 앙상블 알고리즘은 다른 머신러닝 알고리즘과 동일한 방식으로 사용합니다. 모델을 초기화하고, 훈련 데이터에서 훈련하고, 테스트 데이터에서 평가합니다.

다음과 같은 매개변수로 랜덤 포레스트 모델을 초기화합니다.

a) 일관된 결과를 만들기 위해 random_state=2로 설정합니다.

b) 병렬 처리로 계산 속도를 높이기 위해 n_jobs=-1로 설정합니다.

c) n_estimators의 기본값은 100입니다. 계산 속도를 높이기 위해 10으로 지정합니다. 나중에 n_estimators에 대해 자세히 알아보겠습니다.

```
rf = RandomForestClassifier(n_estimators=10, random_state=2, n_jobs=-1)
```

4 cross_val_score() 함수를 사용합니다. cross_val_score()의 입력은 모델, 특성 데이터, 타깃 데이터입니다. cross_val_score() 함수는 데이터를 k 개의 폴드로 분할하여 훈련 폴드에서 모델을 훈련하고 테스트 폴드에서 모델을 평가합니다.

```
scores = cross_val_score(rf, X_census, y_census, cv=5)
```

5 결과를 출력합니다.

```
print('정확도:', np.round(scores, 3))
print('정확도 평균: %0.3f' % (scores.mean()))
```

```
정확도: [0.851 0.844 0.851 0.852 0.851]
정확도 평균: 0.850
```

기본 랜덤 포레스트 분류기가 2장의 결정 트리(81%)보다 인구 조사 데이터셋에서 더 나은 점수를 만듭니다. 하지만 1장의 XGBoost만큼(86%)은 아닙니다. 개별 트리보다 성능이 좋은 이유가 무엇일까요?

성능이 향상된 것은 앞 절에서 설명한 배깅 때문일 것입니다. 이 랜덤 포레스트는 10개의 트리(n_estimators=10)를 사용하기 때문에 한 개가 아니라 10개의 결정 트리를 기반으로 예측을 만듭니다. 각 트리는 부트스트래핑 샘플을 사용하므로 다양성이 높아지고 이를 집계하면 분산이 줄어듭니다.

기본적으로 랜덤 포레스트 분류기는 노드를 분할할 때 특성 개수의 제곱근을 사용합니다. 예를 들어 100개의 특성이 있다면 랜덤 포레스트의 각 결정 트리는 분할할 때 10개의 특성만 사용합니다. 따라서 중복 샘플을 가진 두 트리의 분할이 달라지기 때문에 매우 다른 예측을 만들 수 있습니다. 이것이 랜덤 포레스트가 분산을 줄이는 또 다른 방법입니다.

분류 외에도 회귀에 랜덤 포레스트를 사용할 수 있습니다.

3.2.2 랜덤 포레스트 회귀 모델

랜덤 포레스트 회귀 모델은 분류 모델과 마찬가지로 부트스트랩 샘플을 사용하지만 노드 분할에 특성의 제곱근이 아니라 특성 전체를 사용합니다. 이런 차이는 실험 결과를 바탕으로 합니다.[2]

최종 예측은 다수결 투표가 아니라 모든 트리의 예측을 평균하여 만듭니다.

다음과 같은 단계를 따라 랜덤 포레스트 회귀 모델을 만들어보겠습니다.

1 2장에서 본 자전거 대여 데이터셋을 로드하고 처음 다섯 개 행을 출력합니다.

```
df_bikes = pd.read_csv('bike_rentals_cleaned.csv')
df_bikes.head()
```

	instant	season	yr	mnth	holiday	weekday	workingday	weathersit	temp	atemp	hum	windspeed	cnt
0	1	1.0	0.0	1.0	0.0	6.0	0.0	2	0.344167	0.363625	0.805833	0.160446	985
1	2	1.0	0.0	1.0	0.0	0.0	0.0	2	0.363478	0.353739	0.696087	0.248539	801
2	3	1.0	0.0	1.0	0.0	1.0	1.0	1	0.196364	0.189405	0.437273	0.248309	1349
3	4	1.0	0.0	1.0	0.0	2.0	1.0	1	0.200000	0.212122	0.590435	0.160296	1562
4	5	1.0	0.0	1.0	0.0	3.0	1.0	1	0.226957	0.229270	0.436957	0.186900	1600

그림 3-2 자전거 대여 데이터셋

---

2 *https://orbi.uliege.be/bitstream/2268/9357/1/geurts-mlj-advance.pdf* 참고

2 데이터를 특성 X와 타깃 y로 나눕니다.

```
X_bikes = df_bikes.iloc[:,:-1]
y_bikes = df_bikes.iloc[:,-1]
```

3 RandomForestRegressor를 임포트하고 n_estimators=10, random_state=2, n_jobs=-1과 기본 매개
변수로 모델을 만듭니다.

```
from sklearn.ensemble import RandomForestRegressor
rf = RandomForestRegressor(n_estimators=10, random_state=2, n_jobs=-1)
```

4 cross_val_score() 함수에 회귀 모델 rf, 특성 데이터와 타깃 데이터를 전달합니다. scoring 매개
변수에는 음수 평균 제곱 오차('neg_mean_squared_error')를 지정합니다. 교차 검증 폴드 수는 10개
(cv=10)를 사용합니다.

```
scores = cross_val_score(rf, X_bikes, y_bikes, scoring='neg_mean_squared_error',
                         cv=10)
```

5 평균 제곱근 오차를 계산하여 출력합니다.

```
rmse = np.sqrt(-scores)
print('RMSE:', np.round(rmse, 3))
print('RMSE 평균: %0.3f' % (rmse.mean()))
```

출력은 다음과 같습니다.

```
RMSE: [ 801.486  579.987  551.347  846.698  895.05  1097.522   893.738  809.284
 833.488 2145.046]
RMSE 평균: 945.365
```

이 랜덤 포레스트 모델은 이전에 보았던 다른 모델만큼은 아니지만 잘 수행됩니다. 이에 대한
이유는 이 장 후반에 사례 연구에서 자전거 대여 데이터셋으로 자세히 알아보겠습니다.

이제 랜덤 포레스트의 매개변수를 자세히 알아보겠습니다.

3.3 랜덤 포레스트 매개변수

2장에서 결정 트리 매개변수를 알아보았기 때문에 랜덤 포레스트에서 다룰 매개변수는 아주 많지 않습니다.

이 절에서는 랜덤 포레스트에 추가된 매개변수를 먼저 살펴보고 이전 장에서 보았던 매개변수를 그룹으로 묶어서 소개하겠습니다. 이런 매개변수는 XGBoost에서도 많이 사용됩니다.

3.3.1 oob_score

첫 번째이자 가장 흥미로운 매개변수는 oob_score입니다.

랜덤 포레스트는 중복을 허용한 샘플링인 배깅을 통해 결정 트리를 만듭니다. 모든 샘플 중에 일부 샘플은 선택되지 않고 남아있게 됩니다.[3]

이런 샘플을 테스트 세트로 사용할 수 있습니다. oob_score=True로 설정하면 랜덤 포레스트 모델을 훈련한 후 각 트리에서 사용되지 않은 샘플을 사용해 개별 트리의 예측 점수를 누적하여 평균을 냅니다.[4]

다른 말로 하면 oob_score 매개변수는 테스트 점수의 대안을 제공합니다. 모델을 훈련한 후 OOB 점수를 바로 출력할 수 있습니다.

인구 조사 데이터셋에 oob_score 매개변수를 적용해보겠습니다. oob_score 매개변수를 사용하여 모델을 테스트하기 때문에 여기에서는 편의상 데이터를 훈련 세트와 테스트 세트로 나누지 않겠습니다.

oob_score=True로 지정하여 랜덤 포레스트 모델을 만듭니다.

```
rf = RandomForestClassifier(oob_score=True, n_estimators=10, random_state=2, n_jobs=-1)
```

---

3 옮긴이_ 이런 샘플을 OOB(out of bag) 샘플이라고 부릅니다.

4 옮긴이_ 회귀 모델일 경우 각 트리의 predict() 메서드 출력을 누적하며 분류 모델일 경우 predict_proba() 메서드의 출력을 누적합니다. predict_proba() 메서드는 리프 노드에 있는 클래스 비율을 사용해 예측 확률을 반환합니다. 원문에는 개별 트리를 만들 때마다 OOB 점수를 계산한다고 쓰여 있지만 사실 사이킷런 구현은 앙상블의 모든 트리를 만든 후 OOB 점수를 계산합니다. 랜덤 포레스트는 32비트 정수 범위 안에서 난수를 만들어 개별 트리의 random_state를 지정하여 관리하기 때문에 언제든지 손쉽게 각 트리의 부트스트랩 샘플을 재현할 수 있습니다.

그다음 인구 조사 데이터셋에서 모델을 훈련합니다.

```
rf.fit(X_census, y_census)
```

oob_score=True로 지정했기 때문에 모델을 훈련한 후 OOB 점수를 확인할 수 있습니다. 이 점수는 다음처럼 oob_score_에 저장되어 있습니다.[5]

```
rf.oob_score_
```

출력된 점수는 다음과 같습니다.

```
0.8343109855348423
```

앞에서 언급한 것처럼 모델 훈련이 끝난 후 개별 트리의 OOB 샘플을 사용해 각 트리를 예측 점수를 누적하여 평균을 냅니다. 그다음 이 예측과 타깃을 비교하여 OOB 점수를 계산합니다. 여기에서처럼 랜덤 포레스트의 트리 개수가 작을 경우(n_estimators=10) 정확도를 높이기 위해 수집할 OOB 샘플의 개수가 충분하지 않습니다.

더 많은 트리는 더 많은 OOB 샘플을 의미하고 종종 정확도를 높입니다.

3.3.2 n_estimators

랜덤 포레스트는 많은 트리를 앙상블했을 때 강력한 성능을 발휘합니다. 얼마나 많아야 할까요? 사이킷런 버전 0.22부터 n_estimators 기본값을 10에서 100으로 변경했습니다. 100개의 트리가 분산을 줄이고 좋은 성능을 내는 데 충분할 수 있지만 데이터셋이 크면 500개 이상의 트리가 필요할 수 있습니다.

n_estimators=50으로 지정하고 OOB 점수의 변화를 확인해보죠.

---

5 옮긴이_ 사이킷런 모델의 속성 중에서 훈련 과정에서 만들어진 속성은 사용자가 입력한 매개변수와 구분하기 위해 이름 끝에 _(밑줄 문자)를 붙입니다.

```
rf = RandomForestClassifier(n_estimators=50, oob_score=True, random_state=2, n_jobs=-1)
rf.fit(X_census, y_census)
rf.oob_score_
```

출력은 다음과 같습니다.

```
0.8518780135745216
```

확실히 성능이 올라갔네요. 100개의 트리는 어떨까요?

```
rf = RandomForestClassifier(n_estimators=100, oob_score=True, random_state=2,
                            n_jobs=-1)
rf.fit(X_census, y_census)
rf.oob_score_
```

출력은 다음과 같습니다.

```
0.8551334418476091
```

조금 향상되었습니다. n_estimators를 계속 증가시키면 OOB 점수는 결국 일정한 수준을 유지할 것입니다.

3.3.3 warm_start

warm_start 매개변수는 랜덤 포레스트의 트리 개수(n_estimators)를 결정하는 데 도움이 됩니다. warm_start=True로 지정하면 처음부터 시작하지 않고 트리를 앙상블에 추가할 수 있습니다. n_estimators를 100에서 200으로 바꾸면 200개의 트리를 가진 랜덤 포레스트를 만드는 데 두 배 더 오래 걸립니다. warm_start=True로 지정하면 처음부터 200개의 트리를 다시 만들지 않고 이전 모델에 이어서 트리를 추가합니다.

warm_start 매개변수를 사용해 n_estimators에 따라 OOB 점수의 변화를 그래프로 그릴 수 있습니다.

예를 들어 다음 코드는 50부터 500까지 50개씩 트리를 증가시키면서 OOB 점수를 그래프로 그립니다. 이 코드는 50개씩 새로운 트리를 추가하면서 랜덤 포레스트 모델을 10번 훈련하기 때문에 시간이 좀 걸릴 수 있습니다. 다음과 같은 단계로 코드를 실행합니다.

1 matplotlib과 seaborn을 임포트하고 sns.set()으로 seaborn을 darkgrid로 설정합니다.[6]

```python
import matplotlib.pyplot as plt
import seaborn as sns
sns.set()
```

2 OOB 점수를 담을 빈 리스트를 만들고 n_estimators=50, warm_start=True, oob_score=True로 지정하여 랜덤 포레스트 분류기를 만듭니다.

```python
oob_scores = []
rf = RandomForestClassifier(n_estimators=50, warm_start=True,
                            oob_score=True, n_jobs=-1, random_state=2)
```

3 랜덤 포레스트 모델을 훈련하고 oob_score_ 값을 oob_scores 리스트에 추가합니다.

```python
rf.fit(X_census, y_census)
oob_scores.append(rf.oob_score_)
```

4 50부터 시작해서 트리 개수를 담을 리스트를 만듭니다.

```python
est = 50
estimators=[est]
```

5 50개씩 트리를 추가하는 for 반복문을 만듭니다. 반복마다 est에 50을 더하고 est를 estimators 리스트에 추가하고 rf.set_params(n_estimators=est)로 랜덤 포레스트 모델의 n_estimators를 변경합니다. 그다음 랜덤 포레스트 모델을 훈련하고 새로운 oob_score_ 값을 oob_scores 리스트에 추가합니다.

```python
for i in range(9):
    est += 50
    estimators.append(est)
    rf.set_params(n_estimators=est)
    rf.fit(X_census, y_census)
    oob_scores.append(rf.oob_score_)
```

---

6 옮긴이_ seaborn의 set() 메서드는 set_theme() 메서드의 별칭입니다. style 매개변수의 기본값이 'darkgrid'입니다.

6 그래프 크기를 설정하고 estimators와 oob_scores를 그래프로 그립니다. 레이블을 적절히 지정하고 그 래프를 저장한 다음 출력합니다.

```
plt.figure(figsize=(15,7))
plt.plot(estimators, oob_scores)
plt.xlabel('Number of Trees')
plt.ylabel('oob_score_')
plt.title('Random Forest Warm Start', fontsize=15)
plt.show()
```

만들어진 그래프는 다음과 같습니다.

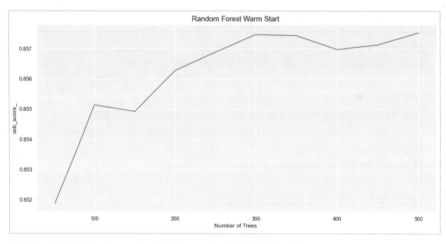

그림 3-3 랜덤 포레스트(warm_start=True) – 트리 개수 대비 OOB 점수

여기서 볼 수 있듯이 트리 개수 300에서 점수가 가장 높습니다. 300개 이상 트리를 사용하는 것은 비용과 시간 낭비이며 얻을 수 있는 이득이 크지 않습니다.

3.3.4 bootstrap

랜덤 포레스트는 일반적으로 부트스트래핑을 사용하지만 bootstrap 매개변수를 False로 지 정할 수도 있습니다. bootstrap=False로 지정하면 oob_score_ 속성이 만들어지지 않습니 다. OOB 점수는 부트스트래핑되지 않은 남은 샘플로 계산되기 때문입니다.

과소적합이 일어나는 경우에 적용해볼 수 있지만 이 책에서는 이 옵션을 사용하지 않습니다.

3.3.5 verbose

verbose 매개변수의 기본값은 0으로 모델 구축 동안에 많은 정보를 출력하도록 높은 숫자를 입력할 수 있습니다. 직접 이 옵션을 실험해보세요. 대규모 모델을 만들 때 verbose=1로 설정하면 유용한 정보를 얻을 수 있습니다.

역자 노트　　**랜덤 포레스트의 class_weight와 max_samples 매개변수**

이 외에도 RandomForestClassifier 클래스는 클래스 별로 가중치를 부여할 수 있는 class_weight 매개변수를 제공합니다. 기본값은 None으로 클래스별 가중치를 부여하지 않습니다. 이 매개변수에 클래스 레이블과 가중치를 딕셔너리로 제공할 수 있습니다. 예를 들어 class_weight={0:1, 1:2}로 지정하면 클래스 0과 클래스 1이 1:2의 가중치를 가지게 됩니다. 클래스 가중치는 fit() 메서드를 호출할 때 sample_weight에 곱해져 사용됩니다.

사이킷런의 RandomForestClassifier와 RandomForestRegressor는 개별 트리를 훈련하는 데 사용할 훈련 세트 크기를 지정할 수 있는 max_samples 매개변수를 제공합니다. 기본값은 None으로 원본 훈련 세트와 동일한 크기의 부트스트랩 샘플을 만듭니다. 샘플 개수를 정수로 지정하거나 0~1 사이의 실수로 원본 훈련 세트 크기의 비율을 지정할 수 있습니다.

3.3.6 결정 트리 매개변수

남은 매개변수는 모두 결정 트리에서 온 것입니다. 랜덤 포레스트 구조 자체가 분산을 줄이도록 고안되었기 때문에 결정 트리 매개변수가 랜덤 포레스트에서 아주 중요하지는 않습니다.

다음은 종류별로 결정 트리 매개변수를 모아 놓았습니다.

트리 깊이

여기에 해당하는 매개변수는 다음과 같습니다.

- max_depth: 언제나 튜닝 대상입니다. 트리의 분할 횟수를 결정합니다. 트리의 깊이라고도 부르며 분산을 줄이는 좋은 방법입니다.

분할

여기에 해당하는 매개변수는 다음과 같습니다.

- max_features: 분할에 사용할 특성 개수를 제한합니다.
- min_samples_split: 분할에 필요한 최소 샘플 개수를 지정합니다.
- min_impurity_decrease: 분할에 필요한 최소 불순도 감소량을 지정합니다.

리프 노드

여기에 해당하는 매개변수는 다음과 같습니다.

- min_samples_leaf: 리프 노드가 되기 위해 필요한 최소 샘플 개수를 지정합니다.
- min_weight_fraction_leaf: 리프 노드가 되기 위한 전체 가중치에 대한 최소 비율을 지정합니다.

앞의 매개변수에 대한 자세한 내용은 사이킷런의 공식 문서를 참고하세요.[7] [8]

역자 노트　　**ExtraTreesClassifier와 ExtraTreesRegressor**

사이킷런에는 랜덤 포레스트와 매우 비슷한 ExtraTreesClassifier와 ExtraTreesRegressor
가 있습니다. 이 두 클래스는 랜덤 포레스트에 있는 모든 매개변수를 동일하게 제공합니다. 랜덤
포레스트와 다른 점은 부트스트래핑을 사용하지 않으며(bootstrap='False') 랜덤하게 노드
를 분할하는 결정 트리(예를 들어 분류일 경우 DecisionTreeClassifier(splitter='rand
om'))를 사용합니다. 각 노드를 분할할 때 랜덤하게 후보 특성을 선택하지만 랜덤 포레스트처럼
특성마다 최선의 분할 기준을 찾는 것이 아니라 랜덤하게 분할한 다음 그중에 최선을 찾습니다.

다음은 인구 조사 데이터셋을 훈련 세트와 테스트 세트로 나눈 다음 훈련 세트에서 cross_
validate() 함수로 교차 검증을 수행하는 코드입니다.

```python
from sklearn.ensemble import ExtraTreesClassifier
from sklearn.model_selection import train_test_split, cross_validate
X_train, X_test, y_train, y_test = train_test_split(X_census, y_census,
                                                    random_state=2)
```

---

7 https://scikit-learn.org/stable/modules/generated/sklearn.ensemble.RandomForestClassifier.html
8 옮긴이_ 이 외에도 결정 트리에서 제공하는 splitter, criterion, max_leaf_nodes, ccp_alpha 매개변수를 동일하게 지원합니다.

```
et = ExtraTreesClassifier(n_estimators=100, random_state=2, n_jobs=-1)
cv_results = cross_validate(et, X_train, y_train)
print('교차 검증 평균 점수:', np.mean(cv_results['test_score']))
```

출력은 다음과 같습니다.

```
교차 검증 평균 점수: 0.8415642915642916
```

3.4 랜덤 포레스트 성능 높이기 – 사례 연구

자전거 대여 회사를 위해 날씨, 시간, 일자를 기반으로 일별 대여 횟수를 예측한다고 가정해보죠.

이 장 초반에 랜덤 포레스트 회귀 모델을 만들어 교차 검증으로 RMSE 점수 945를 얻었습니다. 랜덤 포레스트를 튜닝하여 가능한 더 낮은 점수를 얻는 것이 목표입니다.

3.4.1 데이터셋 준비

이 장을 시작할 때 만든 df_bikes를 X_bikes와 y_bikes로 나누었습니다. 이를 훈련 세트와 테스트 세트로 나누어 RandomizedSearchCV로 하이퍼파라미터 튜닝을 수행해보겠습니다.

```
from sklearn.model_selection import train_test_split
X_train, X_test, y_train, y_test = train_test_split(X_bikes, y_bikes, random_state=2)
```

3.4.2 n_estimators

합리적인 n_estimators를 선택해보죠. n_estimators를 증가시키면 시간과 계산 비용이 늘어나지만 정확도를 향상시킬 수 있습니다.

다음은 이전의 warm_start 절에서 보았던 것과 비슷한 코드로 여러 가지 n_estimators 값을 사용해 만든 RMSE 그래프입니다.

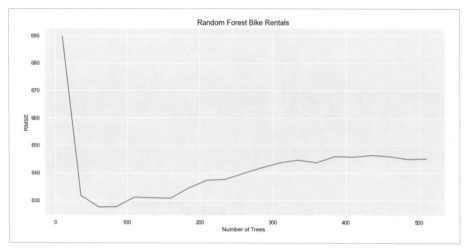

그림 3-4 랜덤 포레스트(자전거 대여 데이터셋) – 트리 개수 대비 RMSE 점수

이 그래프는 매우 흥미롭습니다. 50개의 트리에서 랜덤 포레스트가 가장 좋은 성능을 제공합니다. 100개가 넘어가면 에러가 점진적으로 상승하기 시작합니다. 이에 대해 나중에 다시 살펴보겠습니다.

지금은 n_estimators=50이 합리적인 시작점입니다.

역자 노트　　　　**랜덤 포레스트 트리 대비 RMSE 그래프 그리기**

이 그래프는 다음과 같은 코드로 생성할 수 있습니다. 다시 한 번 언급하지만 이 책은 테스트 세트를 검증 세트처럼 활용하고 있습니다. 마치 캐글 대회처럼 진짜 테스트 세트가 따로 떼어져 있다고 가정하면 이런 방식을 이해할 수 있습니다. 실제 머신러닝 문제를 다룰 때는 테스트 세트로 어떤 매개변수도 튜닝해서는 안됩니다.

```python
from sklearn.metrics import mean_squared_error

# MSE 점수와 트리 개수를 담을 리스트
rmse_scores = []
estimators = []
```

```python
# warm_start=True로 RandomForestRegressor 객체를 만듭니다.
rf = RandomForestRegressor(warm_start=True, n_jobs=-1, random_state=2)

# 시작 트리 개수
est = 10

# 0~19까지 반복합니다.
for i in range(21):

    # n_estimators를 est로 설정합니다.
    rf.set_params(n_estimators=est)

    # 인구 조사 데이터셋으로 훈련합니다.
    rf.fit(X_train, y_train)

    # RMSE 값을 계산합니다.
    rmse = mean_squared_error(y_test, rf.predict(X_test), squared=False)

    # rmse와 est를 리스트에 추가합니다.
    rmse_scores.append(rmse)
    estimators.append(est)

    # 트리를 25개씩 늘립니다.
    est += 25

# 그래프 크기를 설정합니다.
plt.figure(figsize=(15,7))

# estimators와 oob_scores를 그래프로 그립니다.
plt.plot(estimators, rmse_scores)

# 축 레이블을 설정합니다.
plt.xlabel('Number of Trees')
plt.ylabel('RMSE')

# 제목을 출력합니다.
plt.title('Random Forest Bike Rentals', fontsize=15)

# 그래프를 출력합니다.
plt.show()
```

3.4.3 cross_val_score

이전 그래프를 보면 RMSE 범위가 620에서 690 사이입니다. **cross_val_score()** 함수로 이 데이터셋에 대해 교차 검증을 수행해보겠습니다. 교차 검증은 훈련 데이터를 k 개의 폴드로 나누고 반복마다 번갈아 가며 하나의 폴드를 테스트 세트로 사용합니다. 교차 검증 함수는 훈련된 모델을 반환하지 않기 때문에 **oob_score_** 속성을 사용할 수 없습니다.

다음 코드는 이 장의 서두에서 사용했던 것과 같은 단계를 포함합니다.

1 모델을 초기화합니다.

2 모델, 특성, 타깃, 측정 지표, 폴드 개수로 cross_val_score() 함수를 호출합니다.

3 RMSE를 계산합니다.

4 교차 검증 점수와 평균을 출력합니다.

코드는 다음과 같습니다.

```
rf = RandomForestRegressor(n_estimators=50, warm_start=True,
                           n_jobs=-1, random_state=2)
scores = cross_val_score(rf, X_bikes, y_bikes,
                         scoring='neg_mean_squared_error', cv=10)
rmse = np.sqrt(-scores)
print('RMSE:', np.round(rmse, 3))
print('RMSE 평균: %0.3f' % (rmse.mean()))
```

출력은 다음과 같습니다.

```
RMSE: [ 836.482  541.898  533.086  812.782  894.877  881.117   794.103  828.968
772.517 2128.148]
RMSE 평균: 902.398
```

이 점수는 이전보다 더 좋습니다. RMSE 결과 중 마지막 폴드의 에러가 매우 높습니다. 이는 데이터에 있는 오류나 이상치 때문일 수 있습니다.

3.4.4 하이퍼파라미터 튜닝

이제 RandomizedSearchCV로 하이퍼파라미터 튜닝을 수행해보겠습니다. 다음은 RandomizedSearchCV를 사용해 최상의 매개변수와 RMSE, 평균 점수를 출력하는 함수입니다.

```python
from sklearn.model_selection import RandomizedSearchCV
def randomized_search_reg(params, runs=16,
                          reg=RandomForestRegressor(random_state=2, n_jobs=-1)):
    rand_reg = RandomizedSearchCV(reg, params, n_iter=runs,
                                  scoring='neg_mean_squared_error', cv=10,
                                  n_jobs=-1, random_state=2)
    rand_reg.fit(X_train, y_train)
    best_model = rand_reg.best_estimator_
    best_params = rand_reg.best_params_
    print("최상의 매개변수:", best_params)
    best_score = np.sqrt(-rand_reg.best_score_)
    print("훈련 점수: {:.3f}".format(best_score))
    y_pred = best_model.predict(X_test)
    from sklearn.metrics import mean_squared_error as MSE
    rmse_test = MSE(y_test, y_pred)**0.5
    print('테스트 세트 점수: {:.3f}'.format(rmse_test))
```

초기 매개변수 그리드로 randomized_search_reg() 함수를 호출해서 첫 번째 결과를 만들어 보겠습니다.

```python
randomized_search_reg(
    params={'min_weight_fraction_leaf':[0.0, 0.0025, 0.005, 0.0075, 0.01, 0.05],
            'min_samples_split':[2, 0.01, 0.02, 0.03, 0.04, 0.06, 0.08, 0.1],
            'min_samples_leaf':[1,2,4,6,8,10,20,30],
            'min_impurity_decrease':[0.0, 0.01, 0.05, 0.10, 0.15, 0.2],
            'max_leaf_nodes':[10, 15, 20, 25, 30, 35, 40, 45, 50, None],
            'max_features':['auto', 0.8, 0.7, 0.6, 0.5, 0.4],
            'max_depth':[None,2,4,6,8,10,20]})
```

출력은 다음과 같습니다.

```
최상의 매개변수: {'min_weight_fraction_leaf': 0.0, 'min_samples_split': 0.03,
'min_samples_leaf': 6, 'min_impurity_decrease': 0.05, 'max_leaf_nodes': 25, 'max_
features': 0.7, 'max_depth': None}
```

```
훈련 점수: 759.076
테스트 세트 점수: 701.802
```

상당히 성능이 향상되었습니다. 탐색 범위를 좁혀서 더 나아지는지 확인해보죠.

```
randomized_search_reg(
    params={'min_samples_leaf':[1,2,4,6,8,10,20,30],
            'min_impurity_decrease':[0.0, 0.01, 0.05, 0.10, 0.15, 0.2],
            'max_features':['auto', 0.8, 0.7, 0.6, 0.5, 0.4],
            'max_depth':[None,2,4,6,8,10,20]})
```

출력은 다음과 같습니다.

```
최상의 매개변수: {'min_samples_leaf': 1, 'min_impurity_decrease': 0.1,
'max_features': 0.6, 'max_depth': 10}
훈련 점수: 679.052
테스트 세트 점수: 626.541
```

점수가 다시 향상되었습니다.

탐색 횟수를 늘리고 max_depth 옵션을 더 추가해보겠습니다.

```
randomized_search_reg(
    params={'min_samples_leaf':[1,2,4,6,8,10,20,30],
            'min_impurity_decrease':[0.0, 0.01, 0.05, 0.10, 0.15, 0.2],
            'max_features':['auto', 0.8, 0.7, 0.6, 0.5, 0.4],
            'max_depth':[None,4,6,8,10,12,15,20]},
    runs=20)
```

출력은 다음과 같습니다.

```
최상의 매개변수: {'min_samples_leaf': 1, 'min_impurity_decrease': 0.1,
'max_features': 0.6, 'max_depth': 12}
훈련 점수: 675.128
테스트 세트 점수: 619.014
```

점수가 다시 더 좋아졌습니다. 이전 결과를 바탕으로 범위를 더 좁혀 보겠습니다.

```
randomized_search_reg(
    params={'min_samples_leaf':[1,2,3,4,5,6],
            'min_impurity_decrease':[0.0, 0.01, 0.05, 0.08, 0.10, 0.12, 0.15],
            'max_features':['auto', 0.8, 0.7, 0.6, 0.5, 0.4],
            'max_depth':[None,8,10,12,14,16,18,20]})
```

출력은 다음과 같습니다.

```
최상의 매개변수: {'min_samples_leaf': 1, 'min_impurity_decrease': 0.05,
'max_features': 0.7, 'max_depth': 18}
훈련 점수: 679.595
테스트 세트 점수: 630.954
```

테스트 점수가 다시 상승했습니다. n_estimators를 증가시키는 것이 좋을 것 같습니다. 랜덤 포레스트에 트리를 더 추가할수록 성능이 조금 향상될 가능성이 높아집니다.

최상의 매개변수 조합을 탐색하기 위해 runs 매개변수를 20으로 증가시킬 수 있습니다. 전체 그리드 서치가 아니라 랜덤 서치의 결과라는 점을 기억하세요.

```
randomized_search_reg(
    params={'min_samples_leaf':[1,2,4,6,8,10,20,30],
            'min_impurity_decrease':[0.0, 0.01, 0.05, 0.10, 0.15, 0.2],
            'max_features':['auto', 0.8, 0.7, 0.6, 0.5, 0.4],
            'max_depth':[None,4,6,8,10,12,15,20],
            'n_estimators':[100]},
    runs=20)
```

출력은 다음과 같습니다.

```
최상의 매개변수: {'n_estimators': 100, 'min_samples_leaf': 1,
'min_impurity_decrease': 0.1, 'max_features': 0.6, 'max_depth': 12}
훈련 점수: 675.128
테스트 세트 점수: 619.014
```

이 점수는 지금까지 달성한 최고의 점수입니다. 계속 매개변수를 실험해볼 수 있습니다. 충분히 실험해보면 테스트 점수가 600 이하로 떨어질 수 있습니다. 하지만 600 근처에서 최상의 점수를 달성할 것 같습니다.

마지막으로 cross_val_score() 함수로 최상의 모델의 결과를 확인해보겠습니다.

```
rf = RandomForestRegressor(n_estimators=100, min_impurity_decrease=0.1,
                           max_features=0.6, max_depth=12, n_jobs=-1,
                           random_state=2)
scores = cross_val_score(rf, X_bikes, y_bikes,
                         scoring='neg_mean_squared_error', cv=10)
rmse = np.sqrt(-scores)
print('RMSE:', np.round(rmse, 3))
print('RMSE 평균: %0.3f' % (rmse.mean()))
```

출력은 다음과 같습니다.

```
RMSE: [ 818.354  514.173  547.392  814.059  769.54   730.025  831.376  794.634
 756.83  1595.237]
RMSE 평균: 817.162
```

RMSE가 817로 다시 올라갔습니다. 903보다는 훨씬 좋은 점수지만 619보다는 훨씬 나쁩니다. 무슨 일이 일어난 걸까요?

cross_val_score()의 마지막 마지막 점수가 다른 것보다 두 배나 높기 때문에 마지막 분할에 문제가 있습니다. 데이터를 섞어서 도움이 되는지 확인해보겠습니다. 사이킷런은 sklearn.utils 모듈 아래 shuffle() 함수를 제공합니다.

```
from sklearn.utils import shuffle
```

이제 다음처럼 데이터를 섞습니다.

```
df_shuffle_bikes = shuffle(df_bikes, random_state=2)
```

데이터를 새로운 X와 y로 나누고 cross_val_score() 함수에 RandomForestRegressor를 다시 적용해보겠습니다.

```
X_shuffle_bikes = df_shuffle_bikes.iloc[:,:-1]
y_shuffle_bikes = df_shuffle_bikes.iloc[:,-1]
```

```
rf = RandomForestRegressor(n_estimators=100, min_impurity_decrease=0.1,
                           max_features=0.6, max_depth=12, n_jobs=-1,
                           random_state=2)
scores = cross_val_score(rf, X_shuffle_bikes, y_shuffle_bikes,
                         scoring='neg_mean_squared_error', cv=10)
rmse = np.sqrt(-scores)
print('RMSE:', np.round(rmse, 3))
print('RMSE 평균: %0.3f' % (rmse.mean()))
```

출력은 다음과 같습니다.

```
RMSE: [630.093 686.673 468.159 526.676 593.033 724.575 774.402 672.63  760.253
616.797]
RMSE 평균: 645.329
```

데이터를 섞으면 마지막 교차 검증 점수에 문제가 없어졌고 기대한 대로 점수가 훨씬 좋아졌습니다.

3.4.5 랜덤 포레스트의 단점

결국 랜덤 포레스트는 개별 트리에 제약이 됩니다. 모든 트리가 동일한 실수를 저지르면 랜덤 포레스트도 실수를 합니다. 앞의 사례 연구에서 데이터를 섞기 전에 이런 경우가 나타났습니다. 개별 트리가 해결할 수 없는 데이터 내의 문제 때문에 랜덤 포레스트의 성능이 향상될 수 없었습니다.

트리의 실수로부터 배워서 초반의 단점을 개선할 수 있는 앙상블 방법이 도움이 될 수 있습니다. 부스팅은 트리가 저지른 실수에서 배우도록 설계되었습니다. 다음 장의 주제인 그레이디언트 부스팅이 이 주제를 다룹니다.

마지막으로 다음 그래프는 데이터를 섞지 않은 자전거 대여 데이터셋에서 트리를 증가시켰을 때 튜닝한 랜덤 포레스트 회귀 모델과 기본 XGBoost 회귀 모델의 결과입니다.

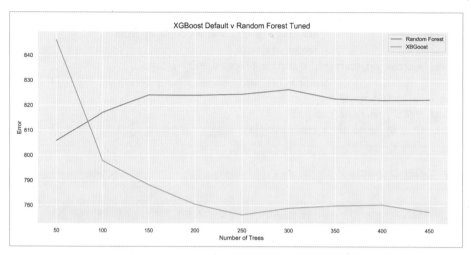

그림 3-5 XGBoost 기본 모델과 튜닝한 랜덤 포레스트 모델 비교

여기서 볼 수 있듯이 XGBoost는 트리가 늘어날수록 훨씬 더 좋은 성능을 냅니다. 심지어 XGBoost 모델은 튜닝을 하지도 않았습니다!

3.5 마치며

이 장에서 앙상블 방법의 중요성에 대해 배웠습니다. 특히 부트스트래핑, 중복을 허용한 샘플링을 사용해 여러 모델을 연결하여 하나의 모델을 만드는 배깅에 대해 배웠습니다. 랜덤 포레스트 분류 모델과 회귀 모델을 만들어보았습니다. warm_start 매개변수로 n_estimators를 조절하고 oob_score_ 점수를 사용해 오차를 측정했습니다. 그다음 랜덤 포레스트 매개변수를 튜닝해보았습니다. 마지막으로 랜덤 포레스트는 데이터를 섞은 후 훌륭한 결과를 냈지만 데이터를 섞지 않으면 XGBoost만큼 좋은 결과를 얻지 못하는 것을 보았습니다.

다음 장에서 트리를 추가함에 따라 실수에 대해 학습하여 정확도를 향상시키는 앙상블 방법인 부스팅 알고리즘을 배우겠습니다. 그레이디언트 부스팅 모델을 구현하여 예측을 만들어 봄으로써 익스트림 그레이디언트 부스팅의 약자인 XGBoost의 기초를 마련하겠습니다.

## CHAPTER 4

그레이디언트 부스팅에서 XGBoost까지

XGBoost는 5장에서 설명할 몇 가지 확실한 장점이 있는 독특한 형태의 그레이디언트 부스팅 구현입니다. 일반적인 그레이디언트 부스팅에 비해 XGBoost의 장점을 이해하려면 먼저 기존 그레이디언트 부스팅의 작동 방식을 알아야 합니다. 기존 그레이디언트 부스팅의 구조와 매개 변수는 XGBoost에서도 제공합니다. 이 장에서 XGBoost의 핵심인 강력한 그레이디언트 부 스팅 대해 알아보겠습니다.

이 장에서 그레이디언트 부스팅 모델을 만들고 이전 결과와 비교해보겠습니다. 특히 **학습 률**learning rate 매개변수에 초점을 맞추어 XGBoost와 같은 강력한 그레이디언트 부스팅 모델을 만들어보겠습니다. 마지막으로 빠른 알고리즘이 필요한 외계 행성 데이터셋 문제를 다루어보 겠습니다. 속도는 빅 데이터 세계에서 핵심적인 요구사항이며 XGBoost는 이를 만족합니다.

이 장의 구성은 다음과 같습니다.

- 배깅에서 부스팅까지
- 그레이디언트 부스팅 작동 방식
- 그레이디언트 부스팅 매개변수 튜닝
- 빅 데이터 다루기 - 그레이디언트 부스팅 vs XGBoost

4.1 배깅에서 부스팅까지

3장에서 랜덤 포레스트 같은 앙상블 머신러닝 알고리즘이 많은 모델을 하나로 연결하여 더 나은 예측을 만드는 이유를 배웠습니다. **랜덤 포레스트**는 (결정 트리에서) 부트스트랩 샘플을 사용하기 때문에 **배깅** 알고리즘으로 분류됩니다.

이와 달리 **부스팅**은 개별 트리의 실수로부터 학습합니다. 이전 트리의 오차를 기반으로 새로운 트리를 훈련하는 것이 기본적이 아이디어입니다.

부스팅에서 새로운 트리에 대한 오차를 수정하는 것은 배깅과 다른 접근 방법입니다. 배깅 모델에서는 새로운 트리가 이전 트리에 주의를 기울이지 않습니다. 또한 새로운 트리는 부트스트래핑을 사용해 처음부터 훈련되며 최종 모델은 모든 개별 트리의 결과를 합칩니다. 하지만 부스팅에서는 개별 트리가 이전 트리를 기반으로 만들어집니다. 독립적으로 트리가 동작하지 않으며 다른 트리 위에 만들어집니다.

4.1.1 에이다부스트 소개

에이다부스트는 인기 있는 초기 부스팅 모델 중 하나입니다. 에이다부스트에서는 새로운 트리가 이전 트리의 오차를 기반으로 가중치를 조정합니다. 오류 샘플의 가중치를 높여 잘못된 예측에 더 많은 주의를 기울입니다. 에이다부스트는 이렇게 실수에서 학습하기 때문에 **약한 학습기**를 강력한 학습기로 만들 수 있습니다. 약한 학습기는 우연보다 조금 나은 성능을 내는 머신러닝 모델을 말합니다. 강한 학습기는 많은 양의 데이터에서 학습하여 매우 잘 수행되는 모델입니다.

약한 학습기를 강력한 학습기로 변환하는 것이 부스팅 알고리즘의 일반적인 아이디어입니다. 약한 학습기는 무작위 예측보다 조금 낮습니다. 하지만 약한 학습기로 시작하는 데는 목적이 있습니다. 일반적으로 부스팅은 강력한 기반 모델을 만드는 것이 아니라 반복적으로 오류를 고치는 데 초점을 맞춥니다. 기반 모델이 너무 강력하면 학습 과정이 제한되어 부스팅 모델의 전략을 약화시킵니다.

수백 번의 반복을 통해 약한 학습기가 강력한 학습기로 바뀝니다. 즉, 작은 성능 개선을 오래 지속합니다. 사실 부스팅은 지난 수십년 동안 최적의 결과를 만드는 점에서 가장 뛰어난 머신러닝 전략 중 하나입니다.

에이다부스트에 대한 자세한 설명은 이 책의 범위를 넘어섭니다.[1] 다른 사이킷런 모델과 마찬가지로 실제 에이다부스트 모델을 만드는 것은 쉽습니다. `sklearn.ensemble` 모듈 아래에 있는 `AdaBoostRegressor`와 `AdaBoostClassifier` 클래스를 임포트하고 훈련 세트에 `fit()` 메서드를 적용하면 됩니다. 가장 중요한 에이다부스트 매개변수는 강력한 학습기를 만들기 위해 필요한 트리 개수(반복 횟수)인 `n_estimators`입니다.

> NOTE_ 에이다부스트에 대한 더 자세한 내용은 공식 온라인 문서를 참고하세요.[2]

이제 성능면에서 약간 더 뛰어난 에이다부스트의 강력한 대안인 그레이디언트 부스팅으로 넘어가보겠습니다.

4.1.2 그레이디언트 부스팅의 특징

그레이디언트 부스팅은 에이다부스트와 다른 전략을 사용합니다. 그레이디언트 부스팅도 잘못된 예측을 기반으로 조정되지만 한 단계 더 나아갑니다. 그레이디언트 부스팅은 이전 트리의 예측 오차를 기반으로 완전히 새로운 트리를 훈련합니다. 즉, 그레이디언트 부스팅은 각 트리의 실수를 살펴보고 이런 실수에 대한 완전한 새로운 트리를 만듭니다. 새로운 트리는 올바르게 예측된 값에는 영향을 받지 않습니다.

오차에만 초점을 맞추는 머신러닝 알고리즘을 만들려면 정확한 최종 예측을 만들기 위해 오차를 계산하는 방법이 필요합니다. 이런 방법은 모델의 예측과 실제 값 사이의 차이인 **잔차**residual를 활용합니다. 일반적인 방법은 다음과 같습니다.

그레이디언트 부스팅은 각 트리 예측 값을 더해 더해 모델 평가에 사용합니다.

이 아이디어는 그레이디언트 부스팅의 고급 버전인 XGBoost의 핵심이므로 트리의 예측을 계산하고 더하는 것을 이해하는 것이 중요합니다. 그레이디언트 부스팅 모델을 직접 만들어보면

---

1   옮긴이_ 사이킷런의 에이다부스트 구현에 대한 자세한 설명은 『파이썬 라이브러리를 활용한 머신러닝(번역개정2판)』(한빛미디어, 2022)의 2장을 참고하세요. 에이다부스트의 이론에 대한 설명은 『핸즈온 머신러닝 2판』(한빛미디어, 2020)의 7장을 참고하세요.
2   AdaBoostClassifier: *https://scikit-learn.org/stable/modules/generated/sklearn.ensemble.AdaBoostClassifier.html*
    AdaBoostRegressor: *https://scikit-learn.org/stable/modules/generated/sklearn.ensemble.AdaBoostRegressor.html*

예측을 계산하고 더하는 과정을 잘 볼 수 있습니다. 다음 절에서 직접 그레이디언트 부스팅 모델을 만들어보겠습니다. 먼저 그레이디언트 부스팅의 작동 방식에 대해 배워 보겠습니다.

4.2 그레이디언트 부스팅 작동 방식

이 절에서 그레이디언트 부스팅의 작동 방식을 살펴보고 이전 트리의 오차에 새로운 트리를 훈련하는 식으로 그레이디언트 부스팅 모델을 직접 만들어보겠습니다. 여기서 수학적인 핵심 요소는 잔차입니다. 그다음 사이킷런의 그레이디언트 부스팅 모델을 사용해 동일한 결과를 구해 보겠습니다.

4.2.1 잔차

잔차는 타깃과 모델의 예측 사이의 차이입니다. 통계학에서는 일반적으로 선형 회귀 모델이 데이터에 얼마나 잘 맞는지 평가하기 위해 잔차를 사용합니다.

다음과 같은 예를 생각해보죠.

1 자전거 대여
   a) 예측: 759
   b) 타깃: 799
   c) 잔차: 799 - 759 = 40
2 소득
   a) 예측: 100,000
   b) 타깃: 88,000
   c) 잔차: 88,000 - 100,000 = -12,000

여기서 보듯이 잔차는 모델 예측이 정답에서 얼마나 떨어져 있는지 알려주며 양수 또는 음수일 수 있습니다.

다음은 선형 회귀의 잔차를 보여주는 그림입니다.

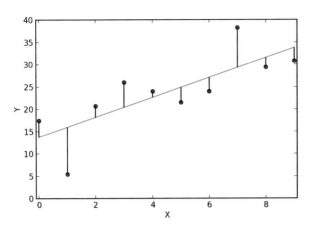

그림 4-1 선형 회귀의 잔차

선형 회귀의 목적은 잔차의 제곱을 최소화하는 것입니다. 그림에 나와 있듯이 잔차는 선형 회귀 직선이 데이터에 얼마나 잘 맞는지 보여줍니다. 통계학에서 종종 데이터에 대한 통찰을 얻기 위해 잔차를 그래프로 시각화하여 선형 회귀 분석을 수행합니다.

그레이디언트 부스팅 알고리즘을 직접 구현해보기 위해 각 트리의 잔차를 계산하고 이 잔차에 새로운 모델을 훈련해보겠습니다. 그럼 시작해보죠.

4.2.2 그레이디언트 부스팅 모델 구축 방법 배우기

그레이디언트 부스팅 모델을 직접 만들어보면 그레이디언트 부스팅의 작동 방식을 잘 이해할 수 있습니다. 모델을 만들기 전에 데이터를 준비하고 모델에 주입할 수 있도록 나누겠습니다.

자전거 대여 데이터셋 로드하기

이전 장에서 만든 모델과 새로운 모델을 비교해보기 위해 여기에서도 자전거 대여 데이터셋을 사용하겠습니다.

1 먼저 pandas와 numpy를 임포트하고 경고를 끕니다.

```
import pandas as pd
import numpy as np
import warnings
```

```
warnings.filterwarnings('ignore')
import xgboost as xgb
xgb.set_config(verbosity=0)
```

2 이제 bike_rentals_cleaned.csv 파일을 로드하고 처음 다섯 개 행을 출력합니다.

```
df_bikes = pd.read_csv('bike_rentals_cleaned.csv')
df_bikes.head()
```

출력은 다음과 같습니다.

	instant	season	yr	mnth	holiday	weekday	workingday	weathersit	temp	atemp	hum	windspeed	cnt
0	1	1.0	0.0	1.0	0.0	6.0	0.0	2	0.344167	0.363625	0.805833	0.160446	985
1	2	1.0	0.0	1.0	0.0	0.0	0.0	2	0.363478	0.353739	0.696087	0.248539	801
2	3	1.0	0.0	1.0	0.0	1.0	1.0	1	0.196364	0.189405	0.437273	0.248309	1349
3	4	1.0	0.0	1.0	0.0	2.0	1.0	1	0.200000	0.212122	0.590435	0.160296	1562
4	5	1.0	0.0	1.0	0.0	3.0	1.0	1	0.226957	0.229270	0.436957	0.186900	1600

그림 4-2 자전거 대여 데이터셋의 처음 다섯 개 행

3 이제 데이터를 X와 y로 나누고 그다음 X와 y를 훈련 세트와 테스트 세트로 나눕니다.

```
X_bikes = df_bikes.iloc[:,:-1]
y_bikes = df_bikes.iloc[:,-1]
from sklearn.model_selection import train_test_split
X_train, X_test, y_train, y_test = train_test_split(X_bikes, y_bikes,
                                                    random_state=2)
```

이제 그레이디언트 부스팅 모델을 만들어보죠!

4.2.3 그레이디언트 부스팅 모델 만들기

그레이디언트 부스팅 모델을 만드는 과정은 다음과 같습니다.

1 **결정 트리**를 훈련합니다. max_depth가 1인 결정 트리 **스텀프**를 사용하거나 max_depth가 2나 3인 결정 트리를 사용할 수 있습니다. **기본 학습기**라 부르는 결정 트리는 높은 정확도를 위해 튜닝하지 않습니다. 기본 학습기에 크게 의존하는 모델이 아니라 오차에서 학습하는 모델을 원하기 때문입니다. 앙상블의 첫 번째 트리인 tree_1을 max_depth=2로 결정 트리를 초기화하고 훈련 세트에서 훈련합니다.

```
from sklearn.tree import DecisionTreeRegressor
tree_1 = DecisionTreeRegressor(max_depth=2, random_state=2)
tree_1.fit(X_train, y_train)
```

2 테스트 세트가 아니라 훈련 세트에 대한 예측을 만듭니다. 잔차를 계산하기 위해서 훈련 단계에서 예측과 타깃을 비교해야 하기 때문입니다. 모델의 테스트 단계는 모든 트리를 구성한 후 마지막에 옵니다. tree_1의 predict() 메서드에 X_train을 입력하여 첫 번째 반복에 대한 훈련 세트 예측을 만듭니다.

```
y_train_pred = tree_1.predict(X_train)
```

3 잔차를 계산합니다. 잔차는 예측과 타깃 사이의 차이입니다. X_train의 예측인 y_train_pred를 타깃 y_train에서 빼어 잔차를 구합니다.

```
y2_train = y_train - y_train_pred
```

NOTE_ 잔차는 다음 트리의 타깃이 되기 때문에 **y2_train**이라고 이름을 지었습니다.

4 새로운 트리를 이 잔차에서 훈련합니다. 잔차에서 트리를 훈련하는 것은 훈련 세트에서 훈련하는 것과 다릅니다. 주요한 차이는 예측 값입니다. 자전거 대여 데이터셋에서 잔차에 새로운 트리를 훈련할 때 점점 더 작은 값을 얻을 것입니다. 새로운 트리를 초기화하고 X_train과 잔차인 y2_train에서 훈련합니다.

```
tree_2 = DecisionTreeRegressor(max_depth=2, random_state=2)
tree_2.fit(X_train, y2_train)
```

5 2~4 단계를 반복합니다. 이 과정이 계속되면서 잔차는 양수나 음수 방향으로 0에 가까워집니다. 앙상블에 추가할 트리 개수[3] 만큼 반복이 계속됩니다. 세 번째 트리에서 이 과정을 반복해보겠습니다.

```
y2_train_pred = tree_2.predict(X_train)
y3_train = y2_train - y2_train_pred
tree_3 = DecisionTreeRegressor(max_depth=2, random_state=2)
tree_3.fit(X_train, y3_train)
```

이 과정이 수십, 수백, 수천 개의 트리까지 계속될 수 있습니다. 일반적인 상황이라면 계속 진행할 것입니다. 약한 학습기를 강력한 학습기로 만들려면 몇 개 트리로는 부족합니다. 여기서 목적은 그레이디언트 부스팅의 작동 방식을 이해하는 것이기 때문에 일반적인 개념을 다룬 것에 만족하고 다음으로 넘어가겠습니다.

----

3 사이킷런의 그레이디언트 부스팅 모델과 XGBoost에서 트리 개수는 n_estimators로 설정합니다.

6 결과를 더합니다. 다음처럼 최종 결과를 위해 테스트 세트에 대한 각 트리의 예측을 만듭니다.

```
y1_pred = tree_1.predict(X_test)
y2_pred = tree_2.predict(X_test)
y3_pred = tree_3.predict(X_test)
```

각 예측은 양수와 음수가 섞여 있기 때문에 다음처럼 이 예측을 모두 더하면 타깃에 더 가까운 결과를 만듭니다.

```
y_pred = y1_pred + y2_pred + y3_pred
```

7 마지막으로 다음처럼 평균 제곱근 오차를 계산합니다.

```
from sklearn.metrics import mean_squared_error as MSE
MSE(y_test, y_pred)**0.5
```

출력은 다음과 같습니다.

```
911.0479538776444
```

강력하지 않은 약한 학습기를 사용한 것치고는 나쁘지 않습니다! 이제 사이킷런을 사용해 동일한 결과를 만들어보겠습니다.

역자 노트　　　　　**사이킷런의 그레이디언트 부스팅 알고리즘**

그레이디언트 부스팅 알고리즘은 타깃과 앙상블 모델의 예측 사이에 **손실 함수**를 정의하고 이 손실을 최소하도록 트리를 추가합니다. 이를 위해 손실 함수의 그레이디언트를 계산합니다. 사이킷런의 그레이디언트 부스팅 회귀 모델의 기본 손실 함수는 제곱 오차이고 분류 모델의 기본 손실 함수는 로지스틱 손실 함수입니다. **경사 하강법**으로 두 함수를 미분하면 모두 y - y_pred 꼴을 얻을 수 있습니다.

맨 처음에는 잔차를 계산하기 위한 앙상블 모델이 없기 때문에 합리적인 초기 모델을 만들어야 합니다. 사이킷런의 GradientBoostingRegressor와 GradientBoostingClassifier는 init 매개변수에서 초기 모델을 지정할 수 있습니다. 기본값은 None이며 각각 타깃의 평균과 다수인 클래스 레이블을 사용합니다. 이런 점을 고려하여 그레이디언트 부스팅 모델을 다시 구현하면 다음과 같습니다.

타깃과 평균 사이의 잔차를 구합니다.

```
res_1 = y_train - np.mean(y_train)
```

res_1 잔차로 첫 번째 트리를 훈련하고 두 번째 잔차 res_2를 구합니다.

```
tree_1.fit(X_train, res_1)
pred_1 = tree_1.predict(X_train)
res_2 = y_train - pred_1
```

res_2 잔차로 두 번째 트리를 훈련하고 세 번째 잔차 res_3를 구합니다.

```
tree_2.fit(X_train, res_2)
pred_2 = tree_2.predict(X_train)
res_3 = y_train - (pred_1 + pred_2)
```

res_3 잔차로 두 번째 트리를 훈련합니다.

```
tree_3.fit(X_train, res_3)
```

앙상블에 추가된 세 개의 트리로 테스트 세트에 대한 예측을 만들어 모두 더하고 타깃과의 오차를 계산합니다.

```
from sklearn.metrics import mean_squared_error

pred_all = tree_1.predict(X_test) + tree_2.predict(X_test) + tree_3.predict(X_
test)
mean_squared_error(y_test, pred_all, squared=False)
```

출력은 다음과 같습니다.

```
911.0479538776432
```

GradientBoostingClassifier의 경우 클래스별로 각 트리의 예측을 더한 후 **시그모이드 함수**를 적용하여 예측 확률을 계산합니다.

> init 매개변수를 'zero'라고 지정하면 초기 모델의 예측 값으로 0을 사용합니다. 이 경우 본문에서와 같이 타깃 값이 그대로 첫 번째 잔차(res_1)가 됩니다.

4.2.4 사이킷런으로 그레이디언트 부스팅 모델 만들기

사이킷런의 GradientBoostingRegressor를 사용해 이전 절과 동일한 결과를 얻을 수 있는지 확인해보겠습니다. 이를 위해 몇 개의 매개변수를 조정하겠습니다. GradientBoosting Regressor를 사용하면 그레이디언트 부스팅 알고리즘을 훨씬 빠르고 쉽게 구현할 수 있습니다.

1 먼저 sklearn.ensemble 모듈에서 GradientBoostingRegressor 클래스를 임포트합니다.

```
from sklearn.ensemble import GradientBoostingRegressor
```

2 GradientBoostingRegressor를 초기화할 때 중요한 매개변수가 몇 개 있습니다. 이전 절과 동일한 결과를 얻기 위해 max_depth=2와 random_state=2로 지정하는 것이 중요합니다. 또한 세 개의 트리만 사용하기 때문에 n_estimators=3으로 지정합니다. 마지막으로 learning_rate=3으로 설정합니다. learning_rate 매개변수는 잠시 후에 자세히 설명하겠습니다.

```
gbr = GradientBoostingRegressor(max_depth=2, n_estimators=3,
                                random_state=2, learning_rate=1.0)
```

3 이제 모델을 초기화했으므로 훈련 데이터에서 훈련하고 테스트 데이터에서 모델을 평가해보겠습니다.

```
gbr.fit(X_train, y_train)
y_pred = gbr.predict(X_test)
MSE(y_test, y_pred)**0.5
```

결과는 다음과 같습니다.

```
911.0479538776439
```

이 결과는 소수점 11자리까지 모두 같습니다! 그레이디언트 부스팅에서 약한 학습기를 강력한 학습기로 만들려면 충분히 많은 트리로 모델을 만들어야 한다는 점을 기억하세요. 반복 횟수에 해당하는 n_estimators 매개변수를 증가시키면 이렇듯 쉽게 만들 수 있습니다.

4 30개의 트리로 그레이디언트 부스팅 회귀 모델을 만들고 평가해보겠습니다.

```
gbr = GradientBoostingRegressor(max_depth=2, n_estimators=30,
                                random_state=2, learning_rate=1.0)
gbr.fit(X_train, y_train)
y_pred = gbr.predict(X_test)
MSE(y_test, y_pred)**0.5
```

5 결과는 다음과 같습니다.

```
857.1072323426944
```

점수가 향상되었습니다. 이번에는 300개로 늘려보겠습니다.

```
gbr = GradientBoostingRegressor(max_depth=2, n_estimators=300,
                                random_state=2, learning_rate=1.0)
gbr.fit(X_train, y_train)
y_pred = gbr.predict(X_test)
MSE(y_test, y_pred)**0.5
```

결과는 다음과 같습니다.

```
936.3617413678853
```

놀랍군요! 점수가 더 나빠졌습니다! 무언가 잘못한 걸까요? 그레이디언트 부스팅이 최고가 아니었나요?

놀라운 결과를 얻을 때마다 코드를 재차 확인해볼 필요가 있습니다. 아직 자세히 설명하지 않았지만 learning_rate 매개변수를 바꿔보죠. learning_rate=1.0을 제거하고 사이킷런 기본값을 사용하면 어떻게 될까요?

직접 확인해보겠습니다.

```
gbr = GradientBoostingRegressor(max_depth=2, n_estimators=300, random_state=2)
gbr.fit(X_train, y_train)
y_pred = gbr.predict(X_test)
MSE(y_test, y_pred)**0.5
```

결과는 다음과 같습니다.

```
653.7456840231495
```

굉장하군요! 사이킷런의 `learning_rate` 매개변수의 기본값을 사용해 점수를 936에서 654로 낮추었습니다.

다음 절에서 `learning_rate` 매개변수에 초점을 맞추면서 그레이디언트 부스팅의 다른 매개변수에 대해 알아보겠습니다.

4.3 그레이디언트 부스팅 매개변수 튜닝

이 절에서는 가장 중요한 그레이디언트 부스팅의 매개변수인 `learning_rate`와 모델의 트리 개수 또는 반복 횟수인 `n_estimators`에 초점을 맞춰 보겠습니다. 또한 **확률적 그레이디언트 부스팅**stochastic gradient boosting을 만드는 `subsample` 매개변수도 알아보겠습니다. 그리고 RandomizedSearchCV를 사용해 XGBoost와 결과를 비교해보겠습니다.

4.3.1 learning_rate

이전 절에서 GradientBoostingRegressor의 `learning_rate` 매개변수 값을 1.0에서 사이킷런 기본값인 0.1로 바꾸어서 크게 성능을 높였습니다.

`learning_rate`는 모델 구축에 너무 큰 영향을 끼치지 않도록 개별 트리의 기여를 줄입니다. 이를 **축소**shrinkage라고도 부릅니다.[4] 이 매개변수를 주의 깊게 조정하지 않고 기본 학습기의 오차를 기반으로 전체 앙상블을 만들면 모델에 처음 추가된 트리의 영향이 너무 크게 됩니다. `learning_rate`는 개별 트리의 영향을 제한합니다. 일반적으로 트리 개수인 `n_estimators`를 늘리면 `learning_rate`는 줄여야 합니다.

최적의 `learning_rate` 값을 결정하는 것은 `n_estimators`에 따라 다릅니다. 먼저 n_

---

4 옮긴이_ learning_rate와 잠시 후에 나올 subsample 매개변수는 분산을 줄이기 때문에 그레이디언트 부스팅 모델의 규제 방법으로 사용됩니다.

그래프를 보면 learning_rate이 0.1일 때 최소임이 잘 나타납니다.

이제 3,000개의 트리를 사용하는 경우 learning_rate 그래프를 그려보겠습니다.

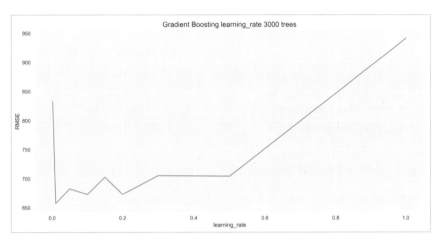

그림 4-5 3,000개 트리에 대한 learning_rate 그래프

3,000개 트리를 사용하는 경우 learning_rate이 0.01일 때 최상의 점수를 냅니다.

이 그래프들은 learning_rate와 n_estimators 매개변수를 함께 튜닝해야 한다는 점을 잘 보여줍니다.

4.3.2 기본 학습기

그레이디언트 부스팅 회귀 모델의 **기본 학습기**는 **결정 트리**입니다. 이 결정 트리를 미세 튜닝할 필요는 없지만 2장에서 소개한 것처럼 정확도를 높이기 위해 기본 학습기의 매개변수를 조정할 수 있습니다.

예를 들어, 다음처럼 max_depth를 1, 2, 3, 4로 바꾸면서 결과를 비교해볼 수 있습니다.

```
depths = [None, 1, 2, 3, 4]
for depth in depths:
    gbr = GradientBoostingRegressor(max_depth=depth, n_estimators=300,
                                    random_state=2)
    gbr.fit(X_train, y_train)
```

```
y_pred = gbr.predict(X_test)
rmse = MSE(y_test, y_pred)**0.5
print('최대 깊이:', depth, ', 점수:', rmse)
```

결과는 다음과 같습니다.

```
최대 깊이: None , 점수: 869.2788645118395
최대 깊이: 1 , 점수: 707.8261886858736
최대 깊이: 2 , 점수: 653.7456840231495
최대 깊이: 3 , 점수: 646.4045923317708
최대 깊이: 4 , 점수: 663.048387855927
```

max_depth 값이 3일 때 최상의 결과를 냅니다.

2장에서 소개한 다른 결정 트리 매개변수도 비슷한 방식으로 조정할 수 있습니다.

역자 노트 **GradientBoostingRegressor의 손실 그래프 그리기**

사이킷런의 GradientBoostingClassifier와 GradientBoostingRegressor는 모두 잔차를 타깃으로 결정 트리를 훈련하기 때문에 약한 학습기로 DecisionTreeRegressor(splitter='best')를 사용합니다. max_depth 매개변수의 기본값은 3입니다.

앞서 언급한 것처럼 첫 번째 잔차를 계산하기 위한 초기 모델은 init_ 속성에 저장되어 있습니다. 회귀일 경우 타깃 평균을 계산하는 DummyRegressor() 객체이고 분류일 경우 다수 클래스를 예측하는 DummyClassifier() 객체입니다.

```
gbr.init_
```

출력은 다음과 같습니다.

```
DummyRegressor()
```

앙상블에 추가된 트리는 estimators_ 속성에 저장되어 있습니다. 이 배열의 길이를 확인하면 앙상블에 추가된 트리의 개수를 알 수 있습니다.

```
len(gbr.estimators_)
```

출력은 다음과 같습니다.

```
300
```

그레이디언트 부스팅 모델에 트리를 추가하면서 줄어드는 손실 함수 값은 **train_score_** 속성에 저장되어 있습니다. 이 속성을 사용해 트리가 추가되면서 줄어드는 손실 값을 그래프로 출력해보겠습니다.

```
plt.figure(figsize=(15,7))
plt.plot(range(1, 301), gbr.train_score_)
plt.xlabel('n_estimators')
plt.ylabel('train_score_')
plt.title('Train Score')
plt.show()
```

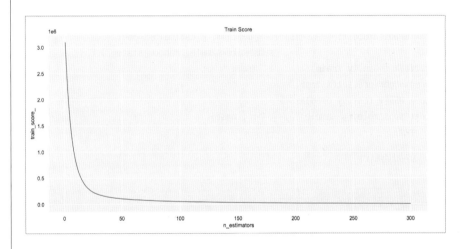

초기에 손실이 크게 줄어들지만 트리 개수가 30개 정도를 넘어가면서 완만해지는 것을 볼 수 있습니다.

사이킷런의 그레이디언트 부스팅 클래스는 일정한 수준 이상 향상되지 않으면 훈련을 종료할 수 있는 **조기 종료**early stopping 기법을 제공합니다.

validation_fraction(기본값 0.1)만큼 훈련 세트에서 검증 데이터를 덜어낸 다음 n_iter_no_change 반복 횟수 동안 검증 점수가 tol(기본값 1e-4) 만큼 향상되지 않으면 훈련을 종료합니다. n_iter_no_change의 기본값은 None으로 조기 종료를 수행하지 않습니다.

4.3.3 subsample

subsample 매개변수는 기본 학습기에 사용될 샘플의 비율을 지정합니다. subsample을 (기본값인) 1.0보다 작게 설정하면 트리를 훈련할 때 샘플의 일부만 사용하게 됩니다. 예를 들어 subsample=0.8은 80%의 훈련 세트만 사용하여 각 트리를 훈련합니다.

max_depth=3으로 지정하고 subsample에 따라 점수 변화를 확인해보겠습니다.

```
samples = [1, 0.9, 0.8, 0.7, 0.6, 0.5]
for sample in samples:
    gbr = GradientBoostingRegressor(max_depth=3, n_estimators=300,
                                    subsample=sample, random_state=2)
    gbr.fit(X_train, y_train)
    y_pred = gbr.predict(X_test)
    rmse = MSE(y_test, y_pred)**0.5
    print('subsample:', sample, ', 점수:', rmse)
```

결과는 다음과 같습니다.

```
subsample: 1 , 점수: 646.4045923317708
subsample: 0.9 , 점수: 620.1819001443569
subsample: 0.8 , 점수: 617.2355650565677
subsample: 0.7 , 점수: 612.9879156983139
subsample: 0.6 , 점수: 622.6385116402317
subsample: 0.5 , 점수: 626.9974073227554
```

300개 트리를 사용하고 max_depth가 3일 때 subsample 0.7에서 가장 좋은 점수를 냈습니다.

subsample이 1보다 작을 때 이런 모델을 **확률적 그레이디언트 부스팅**이라고 부릅니다. 확률적이란 말은 모델에 무작위성이 주입된다는 뜻입니다.

subsample이 1보다 작으면 트리 훈련에 사용되지 않은 샘플을 사용해 **OOB 점수**를 계산할 수 있습니다. 사이킷런의 그레이디언트 부스팅 모델은 subsample 매개변수가 1.0보다 작을 때 이런 샘플을 사용해 이전 트리에 비해 얼마나 손실이 향상되었는지 계산하여 oob_improvement_ 속성에 기록합니다. 이 속성을 그래프로 그리면 부스팅 모델에 추가할 적절한 트리 개수를 산정하는 데 도움이 됩니다.

```
plt.figure(figsize=(15,7))
plt.plot(range(1, 301), gbr.oob_improvement_)
plt.xlabel('n_estimators')
plt.ylabel('oob_improvement_')
plt.title('OOB Improvement')
plt.show()
```

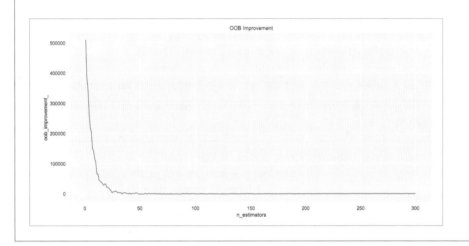

4.3.4 RandomizedSearchCV

잘 동작하는 모델을 얻었지만 아직 2장에서 소개한 그리드 서치를 수행하지 않았습니다. 앞선 모델을 참고했을 때 max_depth=3, subsample=0.7, n_estimators=300, learning_rate=0.1 근처가 그리드 서치로 탐색하기 좋은 출발점입니다. n_estimators는 높이고 learning_rate는 낮추는 것이 좋을 것 같습니다.

1 탐색할 매개변수 리스트를 지정합니다.

```
params = {'subsample':[0.65, 0.7, 0.75],
          'n_estimators':[300, 500, 1000],
          'learning_rate':[0.05, 0.075, 0.1]}
```

n_estimators는 300에서 시작해서 증가시키고, learning_rate는 0.1에서 시작해서 줄입니다. 분산을 줄이기 위해 max_depth=3으로 유지하겠습니다.

가능한 하이퍼파라미터 조합이 27개이므로 RandomizedSearchCV를 사용해 이 조합에서 10번을 시도해 좋은 모델을 찾아보겠습니다.

> **NOTE_** GridSearchCV로도 27번의 조합을 탐색할 수 있지만 어느 순간 조합이 많아지면 RandomizedSearchCV가 필요할 것입니다. 여기서는 속도를 높이고 연습하기 위해서 RandomizedSearchCV 를 사용합니다.

2 RandomizedSearchCV를 임포트하고 그레이디언트 부스팅 모델을 초기화합니다.

```
from sklearn.model_selection import RandomizedSearchCV
gbr = GradientBoostingRegressor(max_depth=3, random_state=2)
```

3 그 다음 gbr과 params, 반복 횟수, 측정 지표, 폴드 개수를 입력으로 사용해 RandomizedSearchCV 객체를 초기화합니다. 속도를 높이기 위해 n_jobs=-1로 지정하고 동일한 결과를 얻기 위해 random_state=2 로 지정합니다.

```
rand_reg = RandomizedSearchCV(gbr, params, n_iter=10,
                              scoring='neg_mean_squared_error',
                              cv=5, n_jobs=-1, random_state=2)
```

4 이제 모델을 훈련 세트에 훈련하고 최상의 매개변수와 점수를 출력합니다.

```
rand_reg.fit(X_train, y_train)
best_model = rand_reg.best_estimator_
best_params = rand_reg.best_params_
print("최상의 매개변수:", best_params)
best_score = np.sqrt(-rand_reg.best_score_)
print("훈련 점수: {:.3f}".format(best_score))
y_pred = best_model.predict(X_test)
rmse_test = MSE(y_test, y_pred)**0.5
print('테스트 세트 점수: {:.3f}'.format(rmse_test))
```

출력은 다음과 같습니다.

```
최상의 매개변수: {'subsample': 0.65, 'n_estimators': 300, 'learning_rate': 0.05}
훈련 점수: 636.200
테스트 세트 점수: 625.985
```

이 매개변수에서 한 개씩 또는 여러 개의 매개변수를 바꿔서 실험해볼 수 있습니다. n_estimators=300이 최상의 모델이지만 learning_rate를 조정하고 n_estimators를 증가시켜 더 좋은 결과를 얻을 수 있습니다. subsample 매개변수도 실험해볼 수 있습니다.

5 몇 번의 실험을 반복한 후에 다음 모델을 얻었습니다.

```
gbr = GradientBoostingRegressor(max_depth=3, n_estimators=1600,
                                subsample=0.75, learning_rate=0.02,
                                random_state=2)
gbr.fit(X_train, y_train)
y_pred = gbr.predict(X_test)
MSE(y_test, y_pred)**0.5
```

출력은 다음과 같습니다.

```
596.9544588974487
```

n_estimators를 1600으로 크게 늘리고, learning_rate를 0.02로 줄였습니다. 그다음 이전과 비슷한 subsample=0.75와 max_depth=3으로 지정하여 597의 **RMSE**를 얻었습니다.

더 좋아질 수도 있습니다. 도전해보세요!

이제 XGBoost가 앞서 언급한 동일한 매개변수에서 그레이디언트 부스팅과 어떻게 다른지 확인해보겠습니다.

4.3.5 XGBoost

XGBoost는 일반적인 구조는 동일한 그레이디언트 부스팅의 고급 버전입니다. 즉 잔차로부터 훈련한 트리를 추가하여 약한 학습기를 강력한 학습기로 바꿉니다.

이전 절에서 소개한 매개변수와 다른 것은 learning_rate으로 XGBoost에서는 eta입니다.

동일한 매개변수로 XGBoost 회귀 모델을 만들어보고 결과를 비교해보겠습니다.

다음처럼 xgboost 패키지에서 **XGBRegressor**를 임포트하고, 모델을 초기화하고 훈련한 다음 점수를 계산합니다.[6]

```
from xgboost import XGBRegressor
xg_reg = XGBRegressor(max_depth=3, n_estimators=1600, eta=0.02,
                      subsample=0.75, random_state=2)
xg_reg.fit(X_train, y_train)
y_pred = xg_reg.predict(X_test)
MSE(y_test, y_pred)**0.5
```

결과는 다음과 같습니다.

```
584.3395337495713
```

점수가 더 좋군요. 더 좋은 점수가 나온 이유는 5장에서 설명하겠습니다.

머신러닝 모델을 만들 때 성능과 속도는 가장 중요한 두 가지 요소입니다. XGBoost가 매우 성능이 높다는 것을 여러 번 보았습니다. XGBoost가 일반적으로 그레이디언트 부스팅보다 선호되는 이유는 더 좋은 성능을 내고 다음 절에서 보듯이 더 빠르기 때문입니다.

4.4 빅 데이터 다루기 – 그레이디언트 부스팅 vs XGBoost

현실 세계의 데이터셋은 거대하며 수조 개의 데이터 포인트로 이루어질 수 있습니다. 컴퓨터 한 대의 자원은 제약되어 있기 때문에 한 대의 컴퓨터로만 작업하는 것은 단점이 될 수 있습니다. 빅 데이터를 다룰 때 종종 병렬 컴퓨팅을 활용하기 위해 클라우드를 사용합니다.

대용량 데이터셋은 계산의 한계를 넘어설 때가 있습니다. 이 책에서 지금까지 사용한 데이터셋은 수만 개의 행과 수 백개 이하의 열로 이루어져 있습니다. 실행 시간이 오래 걸리지 않아 (대부분) 오류가 발생하지 않을 것입니다.

---

6   옮긴이_ subsample 매개변수 때문에 동일한 결과를 재현하기 위해 random_state를 지정합니다.

이 절에서는 외계 행성 데이터셋을 살펴보겠습니다. 이 데이터셋은 5,087개의 행과 3,189개의 열로 구성됩니다. 별의 생명 주기 동안에 빛의 밝기를 기록한 것입니다. 행과 열의 개수를 곱하면 1500만 데이터 포인트가 됩니다. 100개의 트리를 사용한다면 모델을 구축하기 위해 15억개 데이터 포인트를 처리해야 합니다.

이 절의 코드를 실행하는 데 2013년형 맥북 에어로 약 5분이 걸렸습니다. 최신 컴퓨터는 더 빠를 것입니다. 외계 행성 데이터셋을 선택한 이유는 실행시간이 중요하지만 컴퓨터로 실행하는 데 너무 오래 걸리지 않기 때문입니다.

4.4.1 외계 행성 데이터셋 소개

외계 행성 데이터셋은 2017년 **캐글**에 소개된 데이터셋입니다.[7] 이 데이터셋에는 별의 밝기에 대한 정보가 포함되어 있습니다. 각 행은 하나의 별에 대한 정보를 나타내며 각 열은 시간에 따라 밝기의 변화를 저장하고 있습니다. 밝기 외에도 LABEL 열에는 별이 외계 행성을 가지고 있으면 2 아니면 1로 레이블되어 있습니다.

이 데이터셋은 수천 개의 별의 밝기를 담고 있습니다. 별의 밝기[light flux]는 종종 광속[luminous flux]이라고도 부르며 감지된 별의 밝기입니다.

> NOTE_ 감지된 밝기는 실제 밝기와 다릅니다. 예를 들어 멀리 떨어진 매우 밝은 별의 광속은 작을 수 있습니다(흐리게 보입니다). 이에 반해 매우 가까운 거리에 있는 중간 밝기의 별이 높은 광속을 가질 수 있습니다(밝게 보입니다).

별의 밝기가 주기적으로 달라질 때 외계 행성이 이 별을 공전하고 있을 가능성이 있습니다. 외계 행성이 별의 앞을 지나갈 때 빛의 일부분을 가리고 이로 인해 별의 밝기가 약간 감소된다고 가정한 것입니다.

> TIP 외계 행성을 찾는 일은 드뭅니다. 별이 외계 행성을 가지고 있는지 아닌지 나타내는 LABEL 열을 보면 외계 행성이 있는 경우가 많지 않습니다.[8] 따라서 이 데이터셋은 불균형합니다. 7장에서 이 데이터셋을 더 자세하게 살펴보면서 불균형한 데이터셋에 대해 자세히 다루겠습니다.

7　https://www.kaggle.com/keplersmachines/kepler-labelled-time-series-data
8　옮긴이_ 5,087개 샘플 중에서 37개만 외계 행성을 가진 별입니다.

외계 행성 데이터셋을 로드하고 머신러닝 작업을 위해 전처리해보겠습니다.

4.4.2 외계 행성 데이터셋 전처리

외계 행성 데이터셋도 깃허브에 저장되어 있습니다.[9]

다음은 이 데이터셋을 로드하고 머신러닝 작업을 위해 전처리하는 단계입니다.

1 주피터 노트북에서 exoplanets.csv 파일을 로드하고 처음 다섯 개 행을 출력합니다.

```
df = pd.read_csv('exoplanets.csv')
df.head()
```

출력 결과는 다음과 같습니다.

	LABEL	FLUX.1	FLUX.2	FLUX.3	FLUX.4	FLUX.5	FLUX.6	FLUX.7	FLUX.8	FLUX.9
0	2	93.85	83.81	20.10	-26.98	-39.56	-124.71	-135.18	-96.27	-79.89
1	2	-38.88	-33.83	-58.54	-40.09	-79.31	-72.81	-86.55	-85.33	-83.97
2	2	532.64	535.92	513.73	496.92	456.45	466.00	464.50	486.39	436.56
3	2	326.52	347.39	302.35	298.13	317.74	312.70	322.33	311.31	312.42
4	2	-1107.21	-1112.59	-1118.95	-1095.10	-1057.55	-1034.48	-998.34	-1022.71	-989.57

5 rows × 3198 columns

그림 4-5 외계 행성 데이터프레임

전체 열은 주피터 노트북을 참고해주세요. FLUX 열은 실수 값을 가지고 LABEL 열은 외계 행성을 가진 별이면 2 그렇지 않으면 1입니다.

2 모든 열이 수치형인지 info() 메서드로 확인해보겠습니다.

```
df.info()
```

결과는 다음과 같습니다.

```
<class 'pandas.core.frame.DataFrame'>
RangeIndex: 5087 entries, 0 to 5086
Columns: 3198 entries, LABEL to FLUX.3197
```

---

9 https://github.com/rickiepark/handson-gb/tree/main/Chapter04/

```
dtypes: float64(3197), int64(1)
memory usage: 124.1 MB
```

출력 결과에서 볼 수 있듯이 3,197개 열이 실수형이고 1개의 열이 정수형입니다. 따라서 모든 열이 수치형입니다.

3 이제 누락된 값이 있는지 확인해보겠습니다.

```
df.isnull().sum().sum()
```

출력은 다음과 같습니다.

```
0
```

누락된 값이 없습니다.

4 모든 열이 수치형이고 누락된 값이 없으므로 이 데이터를 훈련 세트와 테스트 세트로 나눌 수 있습니다. 첫 번째 열이 타깃 y에 해당하고 다른 열은 모두 특성 X에 해당합니다.

```
X = df.iloc[:,1:]
y = df.iloc[:,0]
X_train, X_test, y_train, y_test = train_test_split(X, y, random_state=2)
```

이제 외계 행성을 가진 별을 찾는 그레이디언트 부스팅 분류 모델을 만들어보죠.

4.4.3 그레이디언트 부스팅 분류 모델 만들기

그레이디언트 부스팅 모델은 그레이디언트 부스팅 회귀 모델과 같은 방식으로 동작합니다. 측정 지표가 주요한 차이점입니다.

GradientBoostingClassifer와 XGBClassifier, accuracy_score를 임포트하여 두 모델을 비교해보겠습니다.

```
from sklearn.ensemble import GradientBoostingClassifier
from xgboost import XGBClassifier
from sklearn.metrics import accuracy_score
```

이제 두 모델의 속도를 비교하는 방법을 준비합니다.

4.4.4 시간 측정

파이썬은 시간을 측정하는 데 사용할 수 있는 time 패키지를 제공합니다. 모델을 훈련하고 평가하기 전후의 시간을 기록하는 것이 일반적인 방법입니다. 두 시간의 차이가 모델을 훈련하고 평가하는 데 걸리는 시간입니다.

다음처럼 time 패키지를 임포트합니다.

```
import time
```

time.time() 함수는 초단위로 시간을 반환합니다.

예를 들어 time.time()으로 df.info() 실행 전후의 시간을 기록해 계산 시간이 얼마나 오래 걸리는지 확인해보죠.

```
import time
start = time.time()
df.info()
end = time.time()
elapsed = end - start
print('\n실행 시간: ' + str(elapsed) + ' 초')
```

출력은 다음과 같습니다.

```
<class 'pandas.core.frame.DataFrame'>
RangeIndex: 5087 entries, 0 to 5086
Columns: 3198 entries, LABEL to FLUX.3197
dtypes: float64(3197), int64(1)
memory usage: 124.1 MB
```

실행 시간은 다음과 같습니다.

```
Run Time: 0.0525362491607666 초
```

사용하는 컴퓨터에 따라 출력 시간이 조금씩 다르겠지만 비슷한 값일 것입니다.

이제 외계 행성 데이터셋에서 앞의 방식대로 GradientBoostingClassifier와 XGBoost Classifier의 속도를 비교해보겠습니다.

TIP 주피터 노트북은 %로 시작하는 **매직 함수**^{magic function}를 제공합니다. %timeit도 매직 함수 중 하나입니다. 코드를 한 번 실행하여 시간을 재는 대신 %timeit은 여러 번 실행하여 코드의 실행 속도를 계산합니다. 매직 함수에 대한 자세한 내용은 *https://ipython.readthedocs.io/en/stable/interactive/magics.html*를 참고하세요.

역자 노트   **%timeit과 %%timeit을 사용해 시간 측정하기**

%timeit은 코드를 여러 번 반복하여 실행 속도의 평균과 표준 편차를 계산합니다. 각 반복마다 다시 여러 번 코드를 실행하여 최상의 결과를 뽑습니다. 반복 횟수는 -r 옵션에서 지정하며 기본값은 7입니다. 반복마다 실행 횟수는 -n에서 지정합니다. -n 옵션을 지정하지 않으면 충분히 정확한 값을 얻을 수 있도록 자동으로 결정됩니다. 예를 들어 10,000까지 제곱 합을 계산하는 코드의 수행 시간은 다음과 같이 측정할 수 있습니다.

```
%timeit -n 100 -r 3 sum(np.square(range(10000)))
```

```
1.36 ms ± 29.1 µs per loop (mean ± std. dev. of 3 runs, 100 loops each)
```

주피터 노트북에서 % 기호가 하나 있으면 **라인 매직**^{line magic}이라고 부르고 %%와 같이 두 개의 기호를 사용하면 **셀 매직**^{cell magic}이라고 부릅니다. 후자는 여러 줄의 코드에 대해 동작합니다. timeit도 셀 매직을 지원합니다. 예를 들면 다음과 같이 for 문의 실행 속도를 측정할 수 있습니다.

```
%%timeit -n 100 -r 3
summing = 0
for i in range(10000):
    summing += i**2
```

```
2.6 ms ± 123 µs per loop (mean ± std. dev. of 3 runs, 100 loops each)
```

> timeit 이외에도 코드를 한 번만 실행하여 시간을 측정하는 %time과 %%time 매직 명령도 있습니다. 하지만 일반적으로 동일한 코드를 측정했을 때 timeit이 더 빠르고 정확하기 때문에 권장됩니다.

4.4.5 속도 비교

이제 외계 행성 데이터셋을 사용해 GradientBoostingClassifier와 XGBoostClassifier의 속도를 비교해볼 차례입니다. 모델의 크기를 제한하기 위해 max_depth=2와 n_estimators=100으로 설정하겠습니다. GradientBoostingClassifier부터 시작해보죠.

1 먼저 시작 시간을 저장합니다. 모델을 만들고 평가한 다음 종료 시간을 저장합니다. 다음 코드는 컴퓨터의 성능에 따라 약 5분이 걸릴 수 있습니다.

```
start = time.time()
gbr = GradientBoostingClassifier(n_estimators=100, max_depth=2, random_state=2)
gbr.fit(X_train, y_train)
y_pred = gbr.predict(X_test)
score = accuracy_score(y_pred, y_test)
print('점수: ' + str(score))
end = time.time()
elapsed = end - start
print('실행 시간: ' + str(elapsed) + ' 초')
```

결과는 다음과 같습니다.

```
점수: 0.9874213836477987
실행 시간: 317.6318619251251 초
```

GradientBoostingRegressor는 2013년형 맥북 에어에서 5분이 걸립니다. 구형 컴퓨터에서 15억개 데이터 포인트를 처리하는 데 걸리는 시간으로는 나쁘지 않습니다.

> NOTE_ 98.7%의 정확도는 일반적으로 놀라운 성능이지만 불균형한 데이터셋에서는 그렇지 않습니다.[10] 7장에서 이에 대해 알아보겠습니다.

----

10 옮긴이_ 5,087개 샘플 중에 37개만 외계 행성을 가진 샘플이기 때문에 무조건 외계 행성이 없는 별이라고 예측해도 99%가 넘는 정확도를 달성할 수 있습니다.

2 그다음 동일한 매개변수로 XGBClassifier 모델을 만들고 시간을 측정해보겠습니다.

```
start = time.time()
xg_reg = XGBClassifier(n_estimators=100, max_depth=2)
xg_reg.fit(X_train, y_train)
y_pred = xg_reg.predict(X_test)
score = accuracy_score(y_pred, y_test)
print('점수: ' + str(score))
end = time.time()
elapsed = end - start
print('실행 시간: ' + str(elapsed) + ' 초')
```

결과는 다음과 같습니다.

```
점수: 0.9913522012578616
실행 시간: 118.90568995475769 초
```

2013년형 맥북 에어에서 XGBoost는 2분이 걸리지 않아 두 배나 더 빠릅니다. 또한 0.5% 포인트 정도가 더 정확합니다.

빅 데이터를 처리할 때 두 배 빠른 알고리즘은 수 주 혹은 수 개월의 시간과 자원을 절약할 수 있습니다. 이는 빅 데이터 분야에서 큰 장점입니다.

부스팅 분야에서 XGBoost는 타의 추종을 불허하는 속도와 놀라운 정확도를 내는 모델입니다.

불균형한 데이터셋의 도전과제와 이런 문제를 해결하는 다양한 솔루션을 소개하는 7장에서 외계 행성 데이터셋을 다시 살펴보겠습니다.

> **NOTE_** 최근에 2020년형 맥북 프로에서 동일한 코드를 사용해 측정한 시간 차이는 매우 큽니다.
>
> ```
> 그레이디언트 부스팅 실행 시간: 197.38초
> XGBoost 실행 시간: 8.66초
> ```
>
> 10배 이상 차이가 납니다!

4.5 마치며

이 장에서 배깅과 부스팅의 차이에 대해 배웠습니다. 직접 그레이디언트 부스팅 회귀 모델을 만들면서 작동 방식을 배웠습니다. learning_rate, n_estimators, max_depth와 확률적 그레이디언트 부스팅을 만드는 subsample 매개변수 등 다양한 그레이디언트 부스팅 매개변수로 모델을 만들어보았습니다. 마지막으로 외계 행성을 가진 별인지 예측하기 위한 대용량 데이터셋으로 GradientBoostingClassifier와 XGBoostClassifier를 비교해보았습니다. XGBoostClassifier가 2배에서 10배까지 빠르고 더 정확합니다.

이런 기술을 배움으로써 그레이디언트 부스팅 같이 비슷한 머신러닝 알고리즘 대신 XGBoost를 적용해야 할 시기를 이해할 수 있습니다. 이제 n_estimators와 learning_rate 같은 핵심 매개변수를 적절히 활용하여 강력한 XGBoost 모델과 그레이디언트 부스팅 모델을 만들 수 있습니다. 또한 직관에 의존하는 대신 계산 시간을 측정할 수 있는 방법을 배웠습니다.

축하합니다! XGBoost를 위한 사전 학습을 모두 마쳤습니다. 지금까지는 XGBoost의 거시적 측면에서 머신러닝과 데이터 분석에 대해 소개하는 것이 목적이었습니다. 앙상블 모델, 부스팅, 그레이디언트 부스팅, 빅 데이터로부터 XGBoost의 필요성이 어떻게 탄생했는지 보여 주었습니다.

다음 장은 XGBoost에 대한 자세한 소개와 함께 새로운 여정을 시작합니다. XGBoost 알고리즘의 상세한 수학 이론과 속도를 높이기 위한 하드웨어 변경 사항에 대해 알아보겠습니다. 힉스 보손 발견에 대한 사례 연구에서 원본 파이썬 API를 사용해 XGBoost 모델을 만들어보겠습니다. 이어지는 장에서는 흥미로운 세부 사항, 장점 등을 설명하고 빠르고, 효율적이고, 강력하며, 제품 수준의 XGBoost 모델을 만들기 위한 기술과 팁을 소개합니다.

XGBoost

기본 모델, 속도 향상, 수학 이론, 원본 파이썬 API를 포함해 일반적인 프레임워크로써 XGBoost를 다시 소개하고 자세히 알아봅니다. XGBoost 하이퍼파라미터를 분석, 요약하고 상세하게 튜닝합니다. 과학에 관련된 사례 연구를 통해 강력한 XGBoost 모델을 만들고 튜닝하여 가중치 불균형과 충분하지 않은 성능을 극복합니다.

Part II

XGBoost

## CHAPTER 5

XGBoost 소개

이 장에서 **익스트림 그레이디언트 부스팅** 또는 **XGBoost**를 알아보겠습니다. 결정 트리에서 그레이디언트 부스팅까지 다루면서 구축한 머신러닝 개념의 범위 안에서 XGBoost를 소개합니다. 이 장의 처음 절반은 XGBoost가 트리 앙상블 알고리즘을 향상시킨 이론에 초점을 맞춥니다. 나머지 절반은 XGBoost를 세상에 알리게 된 힉스 보손Higgs boson 캐글 대회를 위한 XGBoost 모델을 만들어보겠습니다.

XGBoost의 속도 향상, 누락된 값 처리 방법, 규제 매개변수의 수학 이론에 대해 알아보겠습니다. XGBoost 분류 모델과 회귀 모델을 단계적으로 만들어 봅니다. 마지막으로 강입자충돌기Large Hadron Collider에서 발견된 힉스 보손을 찾기 위해 원본 XGBoost 파이썬 API로 데이터에 가중치를 부여하고 예측을 만들어보겠습니다.

이 장의 구성은 다음과 같습니다.

- XGBoost 구조
- XGBoost 매개변수 분석
- XGBoost 모델 만들기
- 힉스 보손 찾기 – 사례 연구

5.1 XGBoost 구조

XGBoost는 그레이디언트 부스팅을 크게 업그레이드한 모델입니다. 이 절에서 그레이디언트 부스팅이나 다른 앙상블 알고리즘과 구별되는 XGBoost의 주요 기능을 알아보겠습니다.

5.1.1 역사

빅 데이터 관리가 가속화되면서 정확하고 최적의 예측을 만드는 최고의 머신러닝 알고리즘을 찾는 일이 시작되었습니다. **결정 트리**는 너무 정확해서 새로운 데이터에 잘 일반화되지 못하는 머신러닝 모델을 만듭니다.[1] 앙상블 방법은 **배깅**과 **부스팅**을 통해 많은 결정 트리를 연결하기 때문에 더 효과적이라고 입증되었습니다. 트리 앙상블 중에서 선두에 있는 알고리즘은 **그레이디언트 부스팅**입니다.

워싱턴 대학교의 티엔치 첸^{Tianqi Chen}은 그레이디언트 부스팅의 일관성, 성능, 뛰어난 결과를 더 향상시켰습니다. 새로운 이 알고리즘의 이름을 **익스트림 그레이디언트 부스팅**의 줄임말인 **XGBoost**라고 불렀습니다. 첸의 그레이디언트 부스팅 방식에는 내장된 규제와 속도 향상이 포함되어 있습니다.

2016년 캐글 대회에서 성공을 거둔 후 티엔치 첸과 카를로스 게스트린^{Carlos Guestrin}은 「XGBoost: A Scalable Tree Boosting System」 논문[2]으로 머신러닝 커뮤니티에 이 알고리즘을 소개했습니다. 이어지는 절에서 핵심적인 내용을 요약하겠습니다.

5.1.2 주요 기능

4장에서 언급했듯이 빅 데이터를 다룰 때 빠른 알고리즘의 필요성이 확실히 드러납니다. 익스트림 그레이디언트 부스팅의 익스트림은 계산 능력을 극대화한다는 의미입니다. 이렇게 하려면 모델 구축뿐만 아니라 디스크 입출력, 압축, 캐싱, CPU에 대한 지식이 필요합니다.

이 책의 초점은 XGBoost 모델을 만드는 것이지만 XGBoost를 더 빠르고, 정확하고, 멋지게

---

[1] 옮긴이_ 가지치기가 적용되지 않아 모든 리프 노드가 순수 노드가 될 때까지 성장하는 트리일 경우입니다.

[2] https://arxiv.org/pdf/1603.02754.pdf

만드는 주요 발전을 알아보기 위해 XGBoost의 내부를 살짝 들여다 보겠습니다. 그럼 주요 발전 사항을 알아보겠습니다.

누락된 값 처리

1장에서 누락된 값을 처리하는 다양한 방법을 익히는 데 많은 시간을 들였습니다. 모든 머신러닝 기술자에게 필수적인 기술입니다.

하지만 XGBoost는 자체적으로 누락된 값을 처리할 수 있습니다. missing 매개변수에 어떤 값을 지정할 수 있습니다. 누락된 값이 있을 때 XGBoost는 가능한 노드 분할마다 점수를 매겨서 최상의 결과를 내는 분할을 선택합니다.[3]

속도 향상

XGBoost는 특히 속도에 주안점을 두어 설계되었습니다. 속도가 향상되면 더 빨리 머신러닝 모델을 만들 수 있고 특히 수백만, 수십억, 수조 개의 행을 가진 데이터를 처리할 때 중요합니다. 이런 경우는 빅 데이터 분야에서 흔합니다. 산업계와 학계는 과거 어느때보다 더 많은 데이터를 매일 쌓고 있습니다. 다음과 같은 새로운 기능 덕분에 XGBoost는 다른 앙상블 알고리즘에 비해 속도에서 큰 장점을 가집니다.

- 근사 분할 탐색 알고리즘
- 희소성 고려 분할 탐색
- 병렬 컴퓨팅
- 캐시 고려 접근
- 블록block 압축과 샤딩sharding

이런 기능에 대해 조금 더 자세히 알아보죠.

근사 분할 탐색 알고리즘

결정 트리는 최적의 결과를 달성하기 위해 최적의 분할을 찾아야 합니다. **그리디 알고리즘**greedy algorithm은 매 단계에서 최상의 분할을 선택하고 이전 노드를 돌아보지 않습니다. 결정 트리의

---

3 옮긴이_ 간단히 설명하면 누락된 값을 왼쪽 자식 노드나 오른쪽 자식 노드로 보냈을 경우 중에서 더 좋은 결과를 선택합니다.

분할은 일반적으로 그리디 알고리즘으로 수행됩니다.

XGBoost는 그리디 알고리즘 외에 새로운 근사 분할 탐색 알고리즘을 제공합니다. 분할 탐색 알고리즘은 데이터를 나누는 퍼센트인 분위수^{quantile}를 사용하여 후보 분할을 제안합니다. 전역 제안$^{global\ proposal}$에서는 동일한 분위수가 전체 훈련에 사용됩니다. 지역 제안$^{local\ proposal}$에서는 각 분할마다 새로운 분위수를 제안합니다.

콴타일 스케치 알고리즘$^{quantile\ sketch\ algorithm}$은 가중치가 균일한 데이터셋에서 잘 동작합니다. XGBoost는 이론적으로 보장된 병합과 가지치기를 기반으로 한 새로운 가중 콴타일 스케치를 사용합니다. 이 알고리즘의 자세한 수학 이론은 이 책의 범위를 넘어섭니다. XGBoost 논문의 부록을 참고하세요.[4]

희소성 고려 분할 탐색

희소한 데이터는 대부분의 원소가 0이거나 널^{null}인 데이터입니다. 데이터셋이 주로 누락된 값으로 구성되거나 **원-핫 인코딩**$^{one-hot\ encoding}$되어 있는 경우입니다. 1장에서 `pd.get_dummies()` 함수로 범주형 특성을 수치형 특성으로 바꾸었습니다. 이는 대부분 0으로 채워진 대용량 데이터셋을 만듭니다. 범주형 특성을 수치형 특성으로 바꾸어 해당 범주는 1이고 그 외에는 0으로 채우는 이 방법을 일반적으로 원-핫 인코딩이라고 부릅니다. 10장에서 원-핫 인코딩에 대해 실습해보겠습니다.

희소 행렬은 0이 아니거나 널이 아닌 데이터 포인트만 저장하여 공간을 절약합니다. 희소성 고려 분할은 분할을 탐색할 때 희소한 행렬에서 XGBoost가 더 빠르다는 것을 의미합니다.

원본 논문에 따르면 희소성 고려 분할 탐색 알고리즘은 Allstate-10K 데이터셋에서 일반적인 방법보다 50배 빠릅니다.

병렬 컴퓨팅

부스팅은 각 트리가 이전 트리의 결과에 의존하기 때문에 병렬 컴퓨팅에 이상적이지 않습니다. 하지만 병렬화가 가능한 요소가 있습니다.

병렬 컴퓨팅은 여러 개의 계산 유닛이 동시에 동일한 문제에 대해 작업하는 것입니다.

---

4 https://arxiv.org/pdf/1603.02754.pdf

XGBoost는 데이터를 블록block이란 단위로 정렬하고 압축합니다. 이런 블록은 여러 대의 머신이나 외부 메모리에 분산될 수 있습니다.

블록을 사용하면 데이터를 더 빠르게 정렬할 수 있습니다. 분할 탐색 알고리즘은 블록의 장점을 사용해 분위수 탐색을 빠르게 수행합니다. 이런 요소에 XGBoost는 병렬 컴퓨팅을 적용하여 모델 구축 과정의 속도를 높입니다.

캐시 고려 접근

컴퓨터의 데이터는 캐시와 메인 메모리에 나뉘어 있습니다. 가장 빈번하게 사용하는 캐시는 고속 메모리를 사용합니다. 자주 사용하지 않는 데이터는 저속 메모리에 저장됩니다. 캐시 수준에 따라 지연 속도의 단위가 달라집니다. *https://gist.github.com/jboner/2841832*을 참고하세요.

그레이디언트 통계의 경우 XGBoost는 캐시를 고려한 **프리페칭**prefetching을 사용합니다. XGBoost는 내부 버퍼를 할당하고 그레이디언트 통계를 가져와 미니배치 방식으로 누적을 수행합니다. 논문에 따르면 프리페칭은 읽기/쓰기 의존성을 느슨하게 만들고 많은 샘플을 가진 데이터셋에서 실행 부하를 약 50%의 절감합니다.

블록 압축과 샤딩

XGBoost **블록 압축**block compression과 **블록 샤딩**block sharding을 통해 추가적인 속도 향상을 제공합니다.

블록 압축은 열을 압축하여 계산 비용이 많이 드는 디스크 읽기에 도움이 됩니다. 블록 샤딩은 번갈아 가며 여러 디스크로 데이터를 샤딩하기 때문에 데이터를 읽는 시간을 줄여줍니다.

정확도 향상

XGBoost는 자체적으로 규제를 추가하여 그레이디언트 부스팅 이상으로 정확도를 높입니다. **규제**regularization는 분산을 줄이고 과대적합을 방지하기 위한 방법입니다.

하이퍼파라미터 튜닝을 통해서 규제를 적용할 수 있지만 규제 알고리즘을 적용할 수도 있습니다. 예를 들어, **릿지**ridge와 **라소**lasso는 선형 회귀에 규제를 추가한 머신러닝 알고리즘입니다.

XGBoost는 그레이디언트 부스팅과 랜덤 포레스트와 달리 학습하려는 목적 함수의 일부로 규제를 포함하고 있습니다. 규제 매개변수는 복잡도를 제어하고 최종 가중치를 완화시켜 과대적합을 막습니다. 즉 XGBoost는 그레이디언트 부스팅의 규제 버전입니다.

다음 절에서 손실 함수와 규제를 연결한 XGBoost의 목적 함수의 밑바탕이 되는 수학을 알아보겠습니다. XGBoost를 실제 사용하기 위해 수학을 알 필요는 없지만 수학 지식이 XGBoost를 이해하는 데 도움이 될 수 있습니다. 원한다면 다음 절은 건너 뛰어도 좋습니다.

5.2 XGBoost 파라미터 최적화

이 절에서 XGBoost가 최상의 머신러닝 모델을 만들기 위해 사용하는 파라미터 최적화와 수학 공식을 알아보겠습니다.

2장에서 파라미터와 하이퍼파라미터의 차이에 대해 설명했습니다. 하이퍼파라미터는 모델을 훈련하기 전에 선택하지만 파라미터는 모델을 훈련하는 동안 선택됩니다. 다른 말로 하면 모델이 데이터에서 학습하는 대상이 파라미터입니다.

다음 공식은 XGBoost 공식 문서 'Introduction to Boosted Trees'[5]를 참고했습니다.

5.2.1 학습 목적

머신러닝 모델의 목적 함수는 모델이 얼마나 데이터에 잘 맞는지를 결정합니다. XGBoost의 목적 함수는 **손실 함수**loss function와 **규제 항**regularization term 두 부분으로 구성되어 있습니다.

수학적으로 표현하면 XGBoost의 목적 함수는 다음과 같이 정의됩니다.

$$obj(\theta) = l(\theta) + \Omega(\theta)$$

여기에서 $l(\theta)$가 손실 함수입니다. 회귀일 경우 **평균 제곱 오차**Mean Square Error, MSE이고 분류일 경우 **로지스틱 손실**입니다. $\Omega(\theta)$는 과대적합을 방지하기 위한 페널티 항인 규제 함수입니다. 목

---

5 https://xgboost.readthedocs.io/en/latest/tutorials/model.html

적 함수에 규제 항이 추가 된 것이 대부분의 트리 앙상블과 XGBoost가 다른 점입니다.

회귀 손실 함수가 제곱 오차일 때 이 목적 함수를 조금 더 자세히 알아보죠.

손실 함수

회귀 손실 함수인 제곱 오차를 시그마 기호로 다음과 같이 쓸 수 있습니다.

$$l(\theta) = \sum_{i=1}^{n} (y_i - \hat{y}_i)^2$$

여기에서 y_i는 i 번째 샘플의 타깃 값입니다. $\hat{y}_i$는 i 번째 샘플에 대해 모델이 예측한 값입니다. 시그마 기호 $\sum$는 i = 1부터 샘플 개수인 i = n까지 모든 샘플을 더한다는 것을 나타냅니다.

주어진 트리에서 예측 $\hat{y}_i$을 만들려면 샘플을 받아 예측을 출력하는 함수가 필요합니다. 수학적으로는 다음과 같이 표현할 수 있습니다.

$$\hat{y}_i = f(x_i), \ f \in F$$

여기에서 x_i는 i 번째 샘플의 특성으로 구성된 벡터입니다. $f \in F$는 함수 f가 모든 가능한 CART 함수인 F의 원소임을 의미합니다. CART는 Classification And Regression Trees의 약자입니다. CART는 분류 알고리즘일 때도 모든 리프 노드의 값이 실수입니다.

그레이디언트 부스팅에서 i 번째 샘플의 예측을 결정하는 함수는 4장에서 소개한 것처럼 모든 이전 함수의 합입니다. 따라서 다음과 같이 쓸 수 있습니다.

$$\hat{y}_i = \sum_{t=1}^{T} f_t(x_i), \ f_t \in F$$

여기에서 T는 부스팅 트리의 개수입니다. 다른 말로 하면 i 번째 샘플에 대한 예측을 얻기 위해 새로운 트리와 모든 이전 트리의 예측을 더합니다. $f_t \in F$는 이 함수가 모든 가능한 CART 함수의 집합 F에 속한다는 것을 나타냅니다.

이제 t 번째 부스팅 트리의 목적 함수는 다음과 같이 쓸 수 있습니다.

$$obj^{(t)} = \sum_{i=1}^{n} l\left(y_i, \widehat{y_i}^t\right) + \sum_{i=1}^{t} \Omega(f_t)$$

여기에서 $l\left(y_i, \widehat{y_i}^t\right)$는 t 번째 부스팅 트리의 일반적인 손실 함수이고 $\Omega(f_t)$는 규제 항입니다.

부스팅 트리가 이전 트리의 예측과 새로운 트리의 예측을 더하기 때문에 $\widehat{y_i}^t = \widehat{y_i}^{t-1} + f_t(x_i)$ 가 됩니다. 이것이 애드티브 학습^{additive learning}의 기본적인 아이디어입니다.

앞의 목적 함수에 이를 대입하면 다음 식을 얻게 됩니다.

$$obj^{(t)} = \sum_{i=1}^{n} l\left(y_i, \widehat{y_i}^{t-1} + f_t(x_i)\right) + \Omega(f_t)$$

제곱 오차를 사용하는 회귀일 경우 다음과 같이 바꿔 쓸 수 있습니다.

$$obj^{(t)} = \sum_{i=1}^{n} \left(y_i - \left(\widehat{y_i}^{t-1} + f_t(x_i)\right)\right)^2 + \Omega(f_t)$$

괄호를 풀어 쓰면 다음과 같습니다.

$$obj^{(t)} = \sum_{i=1}^{n} 2\left(y_i - \widehat{y_i}^{t-1}\right)f_t(x_i) + f_t(x_i)^2 + \Omega(f_t) + C$$

여기서 C는 t의 함수가 아닌 상수항입니다. 다항식 관점에서 보면 이는 변수 $f_t(x_i)$에 대한 이차 방정식입니다. 입력(샘플)을 출력(예측)으로 매핑하는 최적의 함수 $f_t(x_i)$를 찾는 것이 목표라는 것을 기억하세요.

이차 다항식과 같이 충분히 매끈한 함수는 테일러 급수로 근사할 수 있습니다. XGBoost는 이차 테일러 급수와 뉴튼 메서드^{Newton method}를 사용하면 다음을 얻을 수 있습니다.

$$obj^{(t)} = \sum_{i=1}^{n} g_i f_t(x_i) + \frac{1}{2} h_i f_t(x_i)^2 + \Omega(f_t)$$

여기에서 g_i와 h_i는 다음과 같은 편도함수입니다.

$$g_i = \partial_{\widehat{y_i}^{t-1}} l\left(y_i, \widehat{y_i}^{t-1}\right)$$

$$h_i = \partial^2_{\widehat{y_i}^{t-1}} l\left(y_i, \widehat{y_i}^{t-1}\right)$$

XGBoost가 테일러 급수를 사용하는 방법에 대한 설명은 스택오버플로우 답변(*https:// bit.ly/3raQ0eS*)을 참고하세요.

XGBoost는 g_i와 h_i를 입력으로 받는 최적화 기법을 사용해 어떤 목적 함수도 최적화할 수 있습니다. 이 손실 함수는 범용적이기 때문에 회귀와 분류에도 사용할 수 있습니다.

이제 남은 것은 규제 함수 $\Omega(f_t)$입니다.

규제 함수

w를 리프 노드의 점수 벡터라고 해보죠. 그럼 각 샘플을 예측에 매핑하는 함수 f는 w의 함수로 다음과 같이 쓸 수 있습니다.

$$f_t(x) = w_{q(x)}, w \in R^T, q: R^d \rightarrow \{1, 2, \ldots, T\}$$

여기에서 q는 샘플을 리프 노드에 매핑하는 함수이고 T는 리프의 개수입니다.

실험을 통해 XGBoost는 다음과 같은 규제 함수를 정의했습니다. 여기에서 γ와 λ는 과대적합을 줄이기 위한 페널티 상수입니다.

$$\Omega(f) = \gamma T + \frac{1}{2}\lambda \sum_{j=1}^{T} w_j^2$$

목적 함수

손실 함수와 규제 함수를 합치면 목적 함수는 다음과 같아집니다.

$$obj^{(t)} = \sum_{i=1}^{n} \left[g_i w_{q(x_i)} + \frac{1}{2} h_i w_{q(x_i)}^2 \right] + \gamma T + \frac{1}{2} \lambda \sum_{j=1}^{T} w_j^2$$

j 번째 리프 노드에 할당된 샘플 인덱스의 집합을 다음과 같이 정의할 수 있습니다.

$$I_j = \{ i \mid q(x_i) = j \}$$

따라서 목적 함수를 다음과 같이 쓸 수 있습니다.

$$obj^{(t)} = \sum_{j=1}^{T} \left[\left(\sum_{i \in I_j} g_i \right) w_j + \frac{1}{2} \left(\sum_{i \in I_j} h_i + \lambda \right) w_j^2 \right] + \gamma T$$

마지막으로 $G_j = \sum_{i \in I_j} g_i$ 와 $H_j = \sum_{i \in I_j} h_i$ 로 바꾸면 다음과 같은 최종 목적 함수를 얻을 수 있습니다.

$$obj^{(t)} = \sum_{j=1}^{T} \left[G_j w_j + \frac{1}{2} (H_j + \lambda) w_j^2 \right] + \gamma T$$

이 목적 함수를 최소화하기 위해 w_j에 대해 미분하고 왼쪽을 0으로 놓으면 다음을 얻게 됩니다.

$$w_j = -\frac{G_j}{H_j + \lambda}$$

이를 목적 함수에 다시 적용하면 다음을 얻습니다.

$$obj^{(t)} = -\frac{1}{2} \sum_{j=1}^{T} \frac{G_j^2}{H_j + \lambda} + \gamma T$$

이 함수를 사용해 XGBoost가 모델이 데이터에 얼마나 잘 맞는지 측정합니다.

길고 어려운 수식을 마쳤습니다. 축하합니다!

5.3 XGBoost 모델 만들기

처음 두 절에서 파라미터 최적화, 규제, 속도 향상과 같은 XGBoost의 작동 원리를 배웠습니다. 그리고 누락된 값을 처리하기 위한 `missing` 매개변수 같은 새로운 기능도 알아보았습니다.

이 책에서는 주로 사이킷런 API로 XGBoost 모델을 만듭니다. 사이킷런 XGBoost API는 2019년에 릴리스되었습니다. 사이킷런 API가 있기 전에는 XGBoost 모델 구축의 학습 곡선이 가파랐습니다. 예를 들어 XGBoost 프레임워크의 장점을 사용하려면 넘파이 배열을 DMatrix로 바꾸어야 합니다.

하지만 사이킷런 API를 사용하면 이런 변환이 자동으로 처리됩니다. 사이킷런 API로 XGBoost 모델을 만드는 것은 이 책에서 보았던 사이킷런에 있는 다른 머신러닝 모델을 만드는 것과 매우 비슷합니다. 사이킷런의 기본적인 메서드인 `fit()`, `predict()`를 제공하고 `train_test_split()`, `cross_val_score()`, `GridSearchCV`, `RandomizedSearchCV`와 같은 핵심 도구를 사용할 수 있습니다.

이 절에서 XGBoost 모델을 구축하는 표준적인 방식을 배우겠습니다. 앞으로 XGBoost의 분류 모델과 회귀 모델을 만드는 데 참조할 수 있을 것입니다.

두 개의 고전 데이터셋을 사용하겠습니다. 분류에는 붓꽃 데이터셋^{iris dataset}을 사용하고 회귀에는 당뇨병 데이터셋^{diabetes dataset}을 사용합니다. 두 데이터셋은 작고 사이킷런에 포함되어 있어 머신러닝 커뮤니티에서 테스트 용도로 자주 사용됩니다. 모델 구축 과정에서 XGBoost의 매개변수를 명시적으로 지정하여 성능을 높여보겠습니다. 이런 파라미터를 정의해 봄으로써 향후에 튜닝할 대상에 대해 배울 수 있습니다.

5.3.1 붓꽃 데이터셋

머신러닝 커뮤니티에서 감초처럼 사용하는 붓꽃 데이터셋은 1936년 통계학자 로널드 피

셔Ronald Fischer가 소개했습니다. 크기가 작고 정제되어 있으며 클래스별 샘플 개수가 동일해 분류 알고리즘을 테스트하는 데 널리 사용됩니다.

다음처럼 사이킷런의 datasets 모듈 아래 load_iris() 함수를 사용해 붓꽃 데이터셋을 로드해보죠.

```
import pandas as pd
import numpy as np
from sklearn import datasets
iris = datasets.load_iris()
```

다른 머신러닝 라이브러리의 데이터 저장 방식과 마찬가지로 사이킷런의 데이터셋은 넘파이 배열로 저장되어 있습니다. 판다스 데이터프레임을 사용하면 데이터 분석과 시각화에 도움이 됩니다. 판다스 DataFrame 클래스를 사용해 넘파이 배열을 데이터프레임으로 변환해보겠습니다. 사이킷런의 데이터셋은 특성과 타깃이 미리 구분되어 있습니다. 넘파이 np.c_ 함수를 사용해 두 넘파이 배열을 합친 후 데이터프레임으로 변환해보죠. 다음처럼 열 이름도 추가하겠습니다.

```
df = pd.DataFrame(data=np.c_[iris['data'], iris['target']],
                  columns=iris['feature_names'] + ['target'])
```

df.head()를 사용해 이 데이터프레임의 처음 다섯 개 행을 출력해보죠.

```
df.head()
```

출력 결과는 다음과 같습니다.

	sepal length (cm)	sepal width (cm)	petal length (cm)	petal width (cm)	target
0	5.1	3.5	1.4	0.2	0.0
1	4.9	3.0	1.4	0.2	0.0
2	4.7	3.2	1.3	0.2	0.0
3	4.6	3.1	1.5	0.2	0.0
4	5.0	3.6	1.4	0.2	0.0

그림 5-1 붓꽃 데이터셋

특성 열은 어렵지 않게 이해할 수 있습니다. 꽃받침과 꽃잎의 길이와 너비를 측정한 것입니다. 사이킷런 문서에 따르면 타깃 열[6]은 setosa, versicolor, virginica 세 종류의 붓꽃으로 구성되어 있습니다. 전체 샘플 개수는 150개 입니다.

데이터를 준비하기 위해 train_test_split() 함수를 임포트하고 훈련 세트와 테스트 세트로 나눕니다. 원본 넘파이 배열 iris['data']과 iris['target']를 train_test_split() 함수에 전달하겠습니다.

```
from sklearn.model_selection import train_test_split
X_train, X_test, y_train, y_test = train_test_split(iris['data'],

iris['target'], random_state=2)
```

데이터를 나누었으니 분류 모델을 만들어보죠.

XGBoost 분류 모델

다음은 데이터셋을 이미 X_train, X_test, y_train, y_test로 나누었다고 가정하고 XGBoost 분류 모델을 만드는 단계입니다.

1 xgboost 패키지에서 XGBClassifier를 임포트합니다.

```
from xgboost import XGBClassifier
```

2 분류 모델을 평가하기 위한 함수를 임포트합니다. accuracy_score()가 표준이지만 **AUC**Area Under Curve와 같은 다른 지표는 잠시 후에 설명하겠습니다.

```
from sklearn.metrics import accuracy_score
```

3 XGBoost 모델을 초기화합니다. 6장에서 하이퍼파라미터 튜닝을 다룹니다. 이 장에서는 가장 중요한 매개변수만 지정하겠습니다.

```
xgb = XGBClassifier(booster='gbtree', objective='multi:softprob',
                    max_depth=6, learning_rate=0.1, n_estimators=100,
                    n_jobs=-1)
```

6 https://scikit-learn.org/stable/auto_examples/datasets/plot_iris_dataset.html

매개변수에 대한 간략한 설명은 다음과 같습니다.

a) booster='gbtree': **부스터는 기본 학습기를** 의미합니다. 부스팅 단계에서 만들어질 머신러닝 모델입니다. 'gbtree'는 그레이디언트 부스팅 트리를 의미하며 XGBoost의 기본 학습기입니다. 드물지만 다른 학습기를 사용할 수 있으며 8장에서 알아보겠습니다.

b) objective='multi:softprob': XGBoost 공식 문서 *https://xgboost.readthedocs.io/en/latest/parameter.html*에서 Learning Task Parameters 섹션 아래에 볼 수 있는 옵션입니다. 다중 분류일 경우 'multi:softprob' 대신에 'multi:softmax'를 사용할 수 있습니다. 'multi:softmax'는 분류 확률을 계산한 다음 가장 큰 값을 선택합니다. 명시적으로 지정하지 않으면 XGBoost가 자동으로 알맞은 값을 찾습니다.

c) max_depth=6: max_depth 매개변수는 각 트리의 깊이를 결정합니다. 균형있는 예측을 만들기 위해 가장 중요한 매개변수 중 하나입니다. 제한이 없는 랜덤 포레스트와는 달리 XGBoost의 max_depth 기본값은 6입니다.

d) learning_rate=0.1: XGBoost에서 이 매개변수는 eta라고도 부릅니다. 이 매개변수는 지정된 비율로 각 트리의 가중치를 감소시켜 분산을 억제합니다. learning_rate 매개변수는 4장에서 살펴보았습니다.

e) n_estimators=100: n_estimators는 부스팅에 포함할 트리 개수입니다. learning_rate를 줄이고 이 값을 늘리면 더 높은 성능을 얻을 수 있습니다.

4 모델을 데이터로 훈련합니다. 여기에서 놀라운 일이 일어납니다. 근사 분할 탐색 알고리즘과 블록 압축, 샤딩 같은 속도 향상은 물론 이전 두 절에서 보았던 최적의 매개변수 선택, 규제를 포함한 XGBoost 시스템 전체가 이 한 줄의 파이썬 코드로 수행됩니다.

```
xgb.fit(X_train, y_train)
```

5 테스트 데이터에 대한 예측을 만들어 y_pred에 저장합니다.

```
y_pred = xgb.predict(X_test)
```

6 y_pred와 y_test를 비교하여 모델의 성능을 계산합니다.

```
score = accuracy_score(y_pred, y_test)
```

7 결과를 출력합니다.

```
print('점수: ' + str(score))
```

```
점수: 0.9736842105263158
```

아쉽지만 붓꽃 데이터셋에 대한 공식 리더보드는 없습니다. 한 곳에 정리하기에는 너무 많은 예제가 있기 때문입니다. 기본 매개변수로 얻은 97.4%는 매우 좋은 편입니다(*https://www. kaggle.com/c/serpro-iris/leaderboard* 참고).

앞서 소개한 XGBoost 모델 구축 과정은 절대적이지는 않지만 시작 포인트로 사용할 수 있습니다.

역자 노트　　　　　　　**XGBoost 분류 모델 자세히 알아보기**

XGBoost의 사이킷런 API에서도 score() 메서드를 사용할 수 있습니다. 이 메서드는 분류일 경우 정확도, 회귀일 경우 R^2 점수를 반환합니다.

```
xgb.score(X_test, y_test)
```

출력은 다음과 같습니다.

```
0.9736842105263158
```

objective 매개변수의 기본값은 다중 분류일 경우 'multi:softprob', 이진 분류일 경우 'binary:logistic'입니다. 다중 분류일 경우 'multi:softmax'로도 지정할 수 있지만 사이킷런 API에서는 차이가 없습니다.

기본 파이썬 API를 사용하는 경우 부스터 객체의 predict() 메서드는 'multi:softprob'일 때 크래스별 확률을 반환하고 'multi:softmax'일 때 클래스 레이블을 반환합니다.

```python
import xgboost as xgb

dtrain = xgb.DMatrix(X_train, y_train)
dtest = xgb.DMatrix(X_test[:5])

param = {'objective': 'multi:softprob', 'num_class': 3}
bstr = xgb.train(param, dtrain, 10)
bstr.predict(dtest)
```

출력은 다음과 같습니다.

```
array([[0.9486482 , 0.02711029, 0.02424142],
       [0.9486482 , 0.02711029, 0.02424142],
       [0.02841366, 0.05416913, 0.9174172 ],
       [0.9486482 , 0.02711029, 0.02424142],
       [0.9486482 , 0.02711029, 0.02424142]], dtype=float32)
```

'multi:softmax'로 지정해보죠.

```
param = {'objective': 'multi:softmax', 'num_class': 3}
bstr = xgb.train(param, dtrain, 10)
bstr.predict(dtest)
```

출력은 다음과 같습니다.

```
array([0., 0., 2., 0., 0.], dtype=float32)
```

그 외 **XGBClassifier**의 주요 매개변수 기본값은 booster='gbtree', learning_rate=0.3, max_depth=6, n_estimators=100, n_jobs=6 입니다.

5.3.2 당뇨병 데이터셋

이제 사이킷런과 XGBoost에 익숙해졌으므로 XGBoost 모델을 빠르게 만들고 평가할 수 있습니다. 이 절에서 사이킷런의 당뇨병 데이터셋을 사용해 XGBoost 회귀 모델을 **cross_val_ score()** 함수로 교차 검증을 수행해보겠습니다.

모델을 만들기 전에 특성 다음처럼 load_diabetes() 함수에서 X와 타깃 y를 만듭니다.

```
X, y = datasets.load_diabetes(return_X_y=True)
```

특성과 타깃을 준비했으므로 교차 검증을 시작해보죠.

XGBoost 회귀 모델 (교차 검증)

다음은 특성이 X, 타깃이 y일 때 사이킷런 API를 사용해 XGBoost 회귀 모델을 교차 검증하는 단계입니다.

1 XGBRegressor와 cross_val_score()를 임포트합니다.

```
from sklearn.model_selection import cross_val_score
from xgboost import XGBRegressor
```

2 XGBRegressor를 초기화합니다.

여기에서 MSE에 해당하는 objective='reg:squarederror'로 XGBRegressor 객체를 초기화했습니다.[7] 가장 중요한 매개변수를 명시적으로 지정했습니다.

```
xgb = XGBRegressor(booster='gbtree', objective='reg:squarederror',
                   max_depth=6, learning_rate=0.1, n_estimators=100,
                   n_jobs=-1)
```

3 cross_val_score() 함수로 교차 검증을 수행합니다. cross_val_score() 함수에 모델, 특성, 타깃, 측정 지표를 전달하면 폴드를 번갈아 가며 모델 훈련과 평가를 한 번에 처리합니다.

```
scores = cross_val_score(xgb, X, y,
                         scoring='neg_mean_squared_error', cv=5)
```

4 결과를 출력합니다.

타깃과 단위를 맞추기 위해 평균 제곱근 오차(RMSE)로 회귀 점수를 출력합니다.

```
rmse = np.sqrt(-scores)
print('RMSE:', np.round(rmse, 3))
print('RMSE 평균: %0.3f' % (rmse.mean()))
```

출력은 다음과 같습니다.

```
RMSE: [63.033 59.689 64.538 63.699 64.661]
RMSE 평균: 63.124
```

비교 기준이 없으면 이 점수의 의미를 알지 못합니다. 타깃 데이터 y를 판다스 데이터프레임으로 변환하고 describe() 메서드를 호출하여 사분위 값과 일반적인 통계를 확인해보겠습니다.

---

7 옮긴이_ XGBRegressor 클래스의 objective 매개변수 기본값이 'reg:squarederror'입니다.

```
pd.DataFrame(y).describe()
```

출력은 다음과 같습니다.

	0
count	442.000000
mean	152.133484
std	77.093005
min	25.000000
25%	87.000000
50%	140.500000
75%	211.500000
max	346.000000

그림 5-2 당뇨병 데이터셋의 타깃 데이터 통계

63.124는 1 표준 편차 이내이므로 괜찮은 결과입니다.

이제 분류 작업과 회귀 작업을 위해 XGBoost 모델을 만드는 방법을 배웠습니다. 이런 단계를 실전에 응용할 수 있습니다.

사이킷런 API로 XGBoost 모델을 만드는 방법에 익숙해졌으니 힉스 보손 문제를 다루어보죠.

5.4 힉스 보손 찾기 – 사례 연구

이 절에서 XGBoost가 머신러닝 커뮤니티에 널리 알려지게 된 힉스 보손 캐글 대회를 재현해보겠습니다. 모델 개발을 시작하기 전에 역사적인 배경을 잠시 알아보겠습니다. 여기서 개발할 모델은 경연 대회 당시 XGBoost 개발팀에서 제공한 기본 모델입니다.[8] 대회 우승자인 가보 멜리스Gabor Melis도 솔루션을 만들 때 이 모델을 참고했습니다. 이 예제는 캐글 계정이 필요하지 않습니다. 따라서 대회에 참가하는 방법을 설명하지 않지만 관심있는 독자를 위해 참고 자료를 제시하겠습니다.

---

8   옮긴이_ 이 코드는 xgboost 깃허브에 있습니다. *https://github.com/dmlc/xgboost/tree/master/demo/kaggle-higgs*

5.4.1 물리학적 배경

대중 문화에서 힉스 보손은 **신의 입자**God particle로 알려져 있습니다. 피터 힉스Peter Higgs가 1964년 이론화한 힉스 보손은 입자가 질량을 가지는 이유를 설명하기 위해 소개되었습니다.

힉스 보손을 찾기 위한 연구는 2012년 (스위스 제네바에 있는) CERN의 강입자 충돌기에서 발견되면서 정점에 달했습니다. 2013년 피터 힉스에게 노벨상이 수여되었고 중력을 제외한 물리학의 모든 힘을 설명하는 표준 모형의 가능성이 그 어느 때보다 높아졌습니다.[9]

양성자를 매우 빠른 속도로 서로 충돌시키고 그 결과를 관찰함으로써 힉스 보손을 발견했습니다. 관측 데이터는 ATLAS 검출기로 얻습니다. 캐글 대회의 기술 문서[10]에 따르면 이 검출기는 초당 수억 건의 양성자 충돌로 인한 데이터를 기록합니다.

힉스 보손 발견 후 다음 단계는 붕괴의 특성을 정확하게 측정하는 것입니다. 배경 잡음으로 둘러싸인 ATLAS 실험 데이터에서 힉스 보손이 두 개의 **타우**tau 입자로 붕괴하는 것을 발견했습니다. 데이터를 더 잘 이해하기 위해 ATLAS는 머신러닝 커뮤니티에 도움을 요청했습니다.

5.4.2 캐글 대회

캐글 대회는 특정 문제를 풀도록 설계된 머신러닝 경연 대회입니다. 2006년 넷플릭스가 영화 추천 알고리즘의 성능을 10% 향상한 사람에게 1백만 달러를 상금으로 걸면서 머신러닝 경연 대회가 유명해졌습니다. 2009년 BellKor의 Pragmatic Chaos 팀이 1백만 달러 상금을 받았습니다.[11]

많은 비즈니스, 컴퓨터 과학자, 수학자, 학생들이 사회에서 머신러닝의 가치가 증가하는 것을 인지하기 시작습니다. 머신러닝 대회 인기가 높아지면서 대회를 개최하는 회사와 머시러닝 기술자에게 모두 이익이 발생되었습니다. 2010년부터 일찍 이를 느낀 기술자들이 머신러닝 대회에 참가하기 위해 캐글에 가입했습니다.

....

9 옮긴이_ CERN에서 강입자 충돌기를 다루고 있는 제임스 비컴(James Beacham) 박사의 힉스 보손과 물리학에 대한 훌륭한 테드 강의를 꼭 들어보세요(*https://bit.ly/3qsR4qy*).

10 Learning to discover: the Higgs boson machine learning challenge, *https://higgsml.lal.in2p3.fr/files/2014/04/documentation_v1.8.pdf*

11 *https://www.wired.com/2009/09/bellkors-pragmatic-chaos-wins-1-million-netflix-prize/*

2014년 캐글은 ATLAS와 함께 힉스 보손 머신러닝 챌린지(*https://www.kaggle.com/c/higgs-boson*)를 열었습니다. $13,000 상금이 걸린 이 대회에 1,875 팀이 참가했습니다.

캐글 대회에서는 훈련 데이터와 점수 측정 방법이 제공됩니다. 팀은 훈련 데이터에서 머신러닝 모델을 만들고 그 결과를 제출합니다. 테스트 데이터의 타깃은 제공되지 않습니다. 하지만 여러 번 제출할 수 있으며 반환되는 점수를 확인하고 참가자들은 데드라인까지 모델을 개선할 수 있습니다.

캐글 대회는 머신러닝 알고리즘을 테스트하기 위한 좋은 토대를 제공합니다. 산업 분야와 다르게 캐글 대회에서는 수천 명의 경쟁자들이 우승한 머신러닝 모델을 테스트하는 데 매우 열정적입니다.

5.4.3 XGBoost와 힉스 보손 대회

힉스 보손 대회가 열리기 6개월 전인 2014년 3월 27일 XGBoost가 공식적으로 릴리스되었습니다. 대회에서 경쟁자들이 시간을 절약하고 캐글 리더보드leaderboard에 오르는 데 XGBoost가 도움이 되면서 크게 알려졌습니다.

이 대회에서 사용한 데이터를 확인해보겠습니다.

5.4.4 데이터

캐글이 제공한 데이터를 사용하는 대신 CERN의 오픈 데이터 포털에서 제공한 원본 데이터를 사용합니다.[12] CERN 데이터와 캐글 데이터의 차이점은 CERN 데이터가 훨씬 크다는 것입니다. 처음 250,000개 행을 선택하여 캐글 데이터에 맞게 일부 수정을 하겠습니다.

깃허브에서 CERN 힉스 보손 데이터셋을 직접 다운로드할 수 있습니다.[13]

먼저 `atlas-higgs-challenge-2014-v2.csv.gz` 파일을 판다스 데이터프레임으로 읽습니다. 처음 250,000개 행만 선택하고 이 파일은 (확장자가 `csv.gz`라) 압축되어 있기 때문에 `compression=gzip` 매개변수를 지정합니다. 데이터를 읽은 후 다음처럼 처음 다섯 개 행을

---

12 *http://opendata.cern.ch/record/328*

13 *https://github.com/rickiepark/handson-gb/tree/main/Chapter05*

출력합니다.

```
df = pd.read_csv('atlas-higgs-challenge-2014-v2.csv.gz', nrows=250000,
                 compression='gzip')
df.head()
```

출력 결과에서 맨 오른쪽 열은 다음 그림과 같습니다.

PRI_jet_leading_phi	PRI_jet_subleading_pt	PRI_jet_subleading_eta	PRI_jet_subleading_phi	PRI_jet_all_pt	Weight	Label	KaggleSet	KaggleWeight
0.444	46.062	1.24	-2.475	113.497	0.000814	s	t	0.002653
1.158	-999.000	-999.00	-999.000	46.226	0.681042	b	t	2.233584
-2.028	-999.000	-999.00	-999.000	44.251	0.715742	b	t	2.347389
-999.000	-999.000	-999.00	-999.000	-0.000	1.660654	b	t	5.446378
-999.000	-999.000	-999.00	-999.000	0.000	1.904263	b	t	6.245333

그림 5-3 CERN 힉스 보손 데이터 – 캐글 관련 열 포함됨

KaggleSet과 KaggleWeight 열을 볼 수 있습니다. 캐글 데이터셋은 더 작았기 때문에 캐글은 KaggleWeight라는 가중치 열의 숫자가 달랐습니다. KaggleSet 열의 t 값은 캐글 데이터셋의 훈련 세트라는 의미입니다. 즉 KaggleSet과 KaggleWeight 두 열은 캐글 데이터셋에서 사용할 정보를 포함하기 위한 열입니다. 이 장에서는 CERN 데이터에서 캐글 훈련 세트만 사용합니다.

캐글 훈련 데이터와 같게 만들기 위해 KaggleSet과 Weight 열을 삭제하고 KaggleWeight를 Weight로 이름을 바꾸고, Label 열을 마지막으로 옮깁니다.

```
del df['Weight']
del df['KaggleSet']
df = df.rename(columns={"KaggleWeight": "Weight"})
```

Label 열을 마지막으로 옮기는 한 가지 방법은 이 열을 변수에 저장하고 원본 데이터프레임에서 삭제한 다음 다시 새로운 열로 추가하는 것입니다. 데이터프레임에 추가되는 새로운 열은 마지막에 나타납니다.

```
label_col = df['Label']
del df['Label']
df['Label'] = label_col
```

이제 모든 수정이 끝났습니다. CERN 데이터를 캐글 데이터에 맞추었습니다. 처음 다섯 개 행을 출력해보죠.

```
df.head()
```

출력은 다음과 같습니다.

	EventId	DER_mass_MMC	DER_mass_transverse_met_lep	DER_mass_vis	DER_pt_h	DER_deltaeta_jet_jet	DER_mass_jet_jet	DER_prodeta_jet_jet	DER_deltar_
0	100000	138.470	51.655	97.827	27.980	0.91	124.711	2.666	
1	100001	160.937	68.768	103.235	48.146	-999.00	-999.000	-999.000	
2	100002	-999.000	162.172	125.953	35.635	-999.00	-999.000	-999.000	
3	100003	143.905	81.417	80.943	0.414	-999.00	-999.000	-999.000	
4	100004	175.864	16.915	134.805	16.405	-999.00	-999.000	-999.000	

5 rows × 33 columns

그림 5-4 CERN 힉스 보손 데이터 – 캐글 데이터에 맞춤

열이 많아 다 보이지 않습니다. -999.00 같은 이상한 값도 여러 군데 보입니다.

일부 열들은 primitives를 의미하는 PRI 접두사가 붙어 있습니다. 이 값들은 검출기에서 직접 측정한 것입니다. 이와 달리 DER로 시작하는 열은 이런 측정 값을 사용해 수치적으로 유도된 값입니다.

모든 열 이름과 타입을 보기 위해 df.info() 메서드를 호출합니다.

```
df.info()
```

다음은 출력 결과의 일부를 나타냈습니다.

```
<class 'pandas.core.frame.DataFrame'>
RangeIndex: 250000 entries, 0 to 249999
Data columns (total 33 columns):
 #   Column                       Non-Null Count   Dtype
--   ------                       --------------   -----
 0   EventId                      250000 non-null  int64
 1   DER_mass_MMC                 250000 non-null  float64
 2   DER_mass_transverse_met_lep  250000 non-null  float64
 3   DER_mass_vis                 250000 non-null  float64
 4   DER_pt_h                     250000 non-null  float64
 ...
 28  PRI_jet_subleading_eta       250000 non-null  float64
 29  PRI_jet_subleading_phi       250000 non-null  float64
 30  PRI_jet_all_pt               250000 non-null  float64
 31  Weight                       250000 non-null  float64
 32  Label                        250000 non-null  object
dtypes: float64(30), int64(3)
memory usage: 62.9 MB
```

모든 열은 누락된 값이 없으며 마지막 Label 열만 수치형이 아닙니다. 열은 다음처럼 묶을 수 있습니다.

- 열 인덱스 0: EventId - 머신러닝 모델과 관련이 없습니다.
- 열 인덱스 1~30: LHC 충돌에서 얻은 물리량. 이 열에 대한 자세한 내용은 기술 문서[14]를 참고하세요. 머신러닝 모델의 특성에 해당하는 열입니다.

----

14 *http://higgsml.lal.in2p3.fr/documentation*

- 열 인덱스 31: Weight – 이 열은 데이터 스케일 조정에 사용됩니다. 힉스 보손 붕괴는 매우 드문 현상입니다. 따라서 99.9% 정확도를 가진 모델도 이를 찾을 수 없을지 모릅니다. 가중치는 이런 불균형을 보완합니다. 하지만 테스트 데이터에서는 가중치가 없습니다. 가중치를 다루는 방법은 이 장의 후반과 7장에서 소개합니다.
- 열 인덱스 32: Label – 타깃 열입니다. 신호는 s, 배경 잡음은 b로 레이블되어 있습니다. 훈련 데이터는 실제 데이터에서 시뮬레이션으로 생성했기 때문에 원래 보다 더 많은 신호가 있습니다. 이 신호는 힉스 보손 붕괴를 의미합니다.

이 데이터의 유일한 문제는 타깃 열 Label이 수치형이 아니라는 것입니다. 다음처럼 Label 열을 수치형으로 만들기 위해 s를 1, b를 0으로 바꾸겠습니다.

```
df['Label'].replace(('s', 'b'), (1, 0), inplace=True)
```

이제 모든 열이 수치형이고 누락된 값이 없으므로 특성과 타깃으로 나누겠습니다. 특성은 인덱스 1~30인 열이고 타깃은 마지막 열(인덱스 32 또는 -1)입니다. Weight 열은 테스트 데이터에 없기 때문에 포함해서는 안됩니다.[15]

```
X = df.iloc[:,1:31]
y = df.iloc[:,-1]
```

역자 노트   **판다스 loc 메서드로 열 나누기**

본문에서 Label 열을 맨 뒤로 보낸 이유는 앞에서와 같이 iloc 메서드를 사용해 인덱스로 특성과 타깃 열을 쉽게 나누기 위해서입니다. 하지만 loc 메서드를 사용하면 Lebel 열을 옮기지 않고도 열 이름이나 불리언 배열을 사용해 특성과 타깃을 편리하게 나눌 수 있습니다.

```
X_new = df_new.loc[:, ~df_new.columns.isin(['EventId','Weight','Label'])]
y_new = df_new.loc[:, 'Label']
```

df_new.columns 속성에는 데이터프레임의 열 이름이 들어 있습니다.

---

15 옮긴이_ iloc 메서드에서 슬라이싱의 마지막 인덱스는 선택에 포함되지 않습니다. 즉 1:31은 인덱스 0~30까지 열을 선택합니다.

df_new.columns.isin() 메서드는 전달된 열 이름이 있으면 해당 열 위치에 True, 그렇지 않으면 False를 반환합니다. 따라서 df_new.columns.isin(['EventId','Weight','Label'])는 EventId, Weight, Label 세 열이 True이고 나머지는 모두 False인 배열을 반환합니다. 이 불리언 배열을 반대로 뒤집으면(~ 연산자) EventId, Weight, Label 세 열을 제외한 모든 열을 선택하게 됩니다.

타깃은 loc 메서드에 Label 열 이름 하나만 지정하면 얻을 수 있습니다. loc 메서드를 사용하면 열의 위치에 상관없이 원하는 열을 골라서 특성과 타깃 데이터를 구성할 수 있습니다.

사이킷런은 분류 문제의 타깃이 문자열일 경우 자동으로 정수로 변환하지만 XGBoost는 본문에서처럼 명시적으로 변환해야 합니다. 타깃을 수동으로 바꿀 수도 있지만 사이킷런의 LabelEncoder 클래스를 사용하는 것이 편리합니다.

먼저 sklearn.preprocessing 모듈에서 LabelEncoder 클래스를 임포트하고 이 클래스의 객체를 만든 다음 Label 열을 매개변수 값으로 fit_transform() 메서드를 호출합니다.

```
from sklearn.preprocessing import LabelEncoder
le = LabelEncoder()
y_new = le.fit_transform(df_new['Label'])
```

y_new는 Label 열을 정수로 바꾼 배열이 됩니다. LabelEncoder는 알파벳 순서대로 레이블을 할당합니다. 따라서 b가 0이고, s가 1이 됩니다. 이 클래스 객체의 classes_ 속성을 보면 정수 값을 인덱스로 사용해 나열된 배열을 얻을 수 있습니다.

```
print(le.classes_)
```

```
['b' 's']
```

5.4.5 측정 지표

힉스 보손 대회는 평범한 캐글 대회가 아닙니다. (여기서 수행하지는 않지만) **특성 공학**feature engineering을 위해 입자 물리학을 이해하는 어려움 외에도 표준 측정 지표를 사용하지 않습니다.

힉스 보손 대회는 **AMS**Approximate Median Significance를 최적화해야 합니다.

AMS는 다음과 같이 정의됩니다.

$$\sqrt{2((s + b + b_{reg})ln(1 + \frac{s}{b + b_{reg}} - s)}$$

여기에서 s는 진짜 양성true positive 비율이고, b는 가짜 양성 비율입니다.[16] b_{reg}는 규제 상수 항으로 10입니다.

다행히 XGBoost는 이 대회를 위해 AMS 지표를 제공합니다. 따라서 이를 직접 정의할 필요는 없습니다. AMS가 높으면 진짜 양성이 많고 가짜 양성이 드물게 됩니다. 다른 지표 대신에 AMS를 사용한 이유는 기술 문서를 참고하세요.[17]

TIP 자신만의 측정 지표를 만들 수 있지만 일반적으로 드문 경우입니다. 만약 자신만의 측정 지표를 만들어야 한다면 *https://xgboost.readthedocs.io/en/latest/tutorials/custom_metric_obj.html*를 참고하세요.

역자 노트 **XGBoost 사이킷런 API로 모델 평가하기**

XGBoost의 사이킷런 API는 `fit()` 메서드의 `eval_metric` 매개변수에 측정 지표를 지정할 수 있습니다. 이진 분류일 경우 'logloss', 다중 분류일 경우는 'mlogloss'입니다. 전체 목록은 *https://xgboost.readthedocs.io/en/stable/parameter.html* 에 있는 `eval_metric` 항목을 참고하세요. `eval_metric` 매개변수를 지정할 경우 `eval_set` 매개변수에 평가할 데이터셋을 (특성, 타깃) 튜플의 리스트로 전달해야 합니다.

예를 들면 앞서 로드한 붓꽃 데이터셋을 사용해 훈련하는 동안 훈련 세트와 테스트 세트의 로그 손실을 계산하면 다음과 같습니다.

```
xgb = XGBClassifier(n_estimators=5)
xgb.fit(X_train, y_train,
```

---

16 옮긴이_ 진짜 양성과 가짜 양성에 대해서는 7장에서 설명합니다.

17 *http://higgsml.lal.in2p3.fr/documentation*

```
                    eval_set=[(X_train, y_train), (X_test, y_test)],
                    eval_metric='mlogloss')
```

출력은 다음과 같습니다.

```
[0]   validation_0-mlogloss:0.73655        validation_1-mlogloss:0.74850
[1]   validation_0-mlogloss:0.52525        validation_1-mlogloss:0.54465
[2]   validation_0-mlogloss:0.38855        validation_1-mlogloss:0.41754
[3]   validation_0-mlogloss:0.29493        validation_1-mlogloss:0.33279
[4]   validation_0-mlogloss:0.22880        validation_1-mlogloss:0.27454
```

출력 순서대로 훈련 세트의 손실과 테스트 세트의 손실입니다. 이 결과는 evals_results() 메
서드로도 얻을 수 있습니다.

```
xgb.evals_results()
```

5.4.6 가중치

힉스 보손 문제를 위한 모델을 만들기 전에 가중치를 이해하고 활용하는 방법을 아는 것이 중
요합니다.

머신러닝에서 불균형한 데이터셋의 정확도를 향상시키기 위해 **가중치**를 사용할 수 있습니다.
힉스 보손 데이터셋의 타깃인 s(신호)와 b(배경 잡음)에 대해 생각해보죠. 실제로 b가 s 보다
훨씬 많아서 신호는 배경 잡음 사이에서 매우 드물게 나타납니다. 예를 들어 신호가 배경 잡음
보다 1,000배 드물게 나타난다고 가정해보죠. 이런 경우 타깃의 가중치를 s = 1, b = 1/1000
으로 주면 이런 불균형을 보상할 수 있습니다.

대회 기술 문서에 따르면 Weight 열은 스케일 인자입니다. 즉 모두 더하면 2012년 데이터 수
집 당시 기대되는 신호와 배경 잡음의 횟수를 제공합니다. 실제와 같은 예측을 만들기 위해 가
중치가 필요하다는 의미입니다. 그렇지 않으면 모델이 너무 많은 s(신호) 이벤트를 예측할 것

입니다.[18]

먼저 이 가중치를 테스트 세트의 신호와 배경 잡음 수에 맞게 스케일을 조정해야 합니다. 테스트 데이터는 550,000개 샘플을 가지고 있습니다. 훈련 데이터의 길이(len(y)) 250,000보다 두 배나 많습니다. 다음처럼 가중치에 증가된 샘플 비율을 곱하면 테스트 데이터에 맞게 가중치를 조정할 수 있습니다.

```
df['test_Weight'] = df['Weight'] * 550000 / len(y)
```

XGBoost는 스케일 인자를 받을 수 있는 scale_pos_weight 매개변수를 지원합니다. 스케일 인자는 배경 잡음의 가중치 합을 신호의 가중치 합으로 나눈 것입니다. 다음처럼 판다스의 조건 연산을 사용해 스케일 인자를 계산합니다.

```
s = np.sum(df[df['Label']==1]['test_Weight'])
b = np.sum(df[df['Label']==0]['test_Weight'])
```

앞의 코드에서 df[df['Label']==1]는 Label 열이 1인 행을 선택합니다. 그다음 np.sum() 함수가 이 행의 test_Weight 열의 값을 더합니다.

마지막으로 실제 비율을 계산하기 위해 b를 s로 나눕니다.

```
b/s
```

```
593.9401931492318
```

요약하면 가중치는 신호와 배경 잡음의 기대 횟수를 나타냅니다. 테스트 데이터에 맞게 가중치를 조정한 다음 배경 잡음의 가중치 합을 신호의 가중치 합으로 나눕니다. 이 값을 scale_pos_weight=b/s 와 같이 지정합니다.

TIP 가중치에 대한 자세한 설명은 KDnuggets의 글을 참고하세요. *https://www.kdnuggets.com/2019/11/machine-learning-what-why-how-weighting.html*

---

18 옮긴이_ 타깃 데이터의 b와 s의 비율은 약 2:1로 실제보다 신호 이벤트가 많습니다.

5.4.7 모델

이제 모델을 만들어 신호를 예측할 차례입니다. 즉 힉스 보손 붕괴를 발견해보죠.

대회 당시 XGBoost는 나온지 얼마 안되었고 사이킷런 API는 아직 없었습니다. 지금(2020년)까지도 파이썬으로 XGBoost을 구현하는 온라인 자료의 대부분은 사이킷런 API 이전 방식입니다. XGBoost 파이썬 API를 온라인에서 볼 가능성이 높고 힉스 보손 대회 참가자들이 사용한 방식이기 때문에 이 장에서만 원본 파이썬 API를 사용해 코드를 만들어보겠습니다.

힉스 보손 대회를 위한 XGBoost 모델을 만드는 단계는 다음과 같습니다.

1 xgboost를 xgb로 임포트합니다.

```
import xgboost as xgb
```

2 누락된 값과 가중치를 지정한 **DMatrix**로 XGBoost 모델을 초기화합니다. 사이킷런 전에는 모든 XGBoost 모델은 DMatrix로 초기화했습니다. 사이킷런 API는 입력 데이터를 자동으로 DMatrix로 변환합니다. DMatrix는 속도를 위해 XGBoost가 최적화한 희소 행렬입니다. 문서에 따르면 -999.0는 누락된 값을 의미합니다. XGBoost에서 누락된 값을 중간값, 평균, 최빈값 또는 다른 값으로 대체하지 않고 `missing` 매개변수로 누락된 값을 알릴 수 있습니다. 모델 구축 단계에서 XGBoost는 자동으로 최상의 분할을 만들도록 누락된 값을 처리합니다.

3 가중치 절에서 정의한 df['test_Weight']를 weight 매개변수에 지정합니다.

```
xgmat = xgb.DMatrix(X, y, missing = -999.0, weight=df['test_Weight'])
```

4 추가적인 매개변수를 지정합니다.

다음 매개변수는 대회를 위해 XGBoost에서 제공한 기본값입니다.

a) 빈 param 딕셔너리를 초기화합니다.

```
param = {}
```

b) 목적 함수를 'binary:logitraw'로 설정합니다. 이는 모델이 시그모이드 함수를 적용하기 전의 점수(로짓^{logit})를 최적화한다는 의미입니다. 이 목적 함수는 이진 분류 모델에 사용하며 이 대회에서는 확률이 아니라 랭킹을 제출하기 때문에 로짓으로도 충분합니다.[19]

```
param['objective'] = 'binary:logitraw'
```

---

19 옮긴이_ predict() 메서드는 'binary:logitraw'일 때 로짓 값을 출력하고 'binary:logistic'일 때 확률을 출력합니다.

c) 배경 잡음의 가중치 합을 신호의 가중치 합으로 나누어 양성 샘플의 불균형을 보상합니다. 테스트 세트에서 더 나은 성능을 내는 데 도움이 됩니다.

```
param['scale_pos_weight'] = b/s
```

d) 학습률 eta를 0.1로 설정합니다.

```
param['eta'] = 0.1
```

e) max_depth를 6으로 설정합니다.

```
param['max_depth'] = 6
```

f) 측정 지표를 'auc'로 설정합니다.

```
param['eval_metric'] = 'auc'
```

AMS 점수도 출력되지만 **AUC**Area Under Curve도 eval_metric에 지정합니다. AUC는 진짜 양성 대 가짜 양성 곡선 아래 면적으로 1이면 완벽한 값입니다. 정확도와 비슷하게 AUC는 분류 작업에 널리 사용됩니다. 7장에서 보겠지만 정확도는 불균형한 데이터셋에 잘 안맞기 때문에 종종 AUC가 더 낮습니다.

5 이전에 설정한 매개변수로 리스트를 만들고 평가 지표 'ams@0.15'를 추가합니다. 상위 15%를 신호로 판단한다는 의미입니다.

```
plst = list(param.items())+[('eval_metric', 'ams@0.15')]
```

6 트리가 추가됨에 따라 점수를 볼 수 있도록 분류 모델과 'train'을 포함하는 watchlist를 만듭니다.

```
watchlist = [(xgmat,'train')]
```

7 부스팅 횟수를 120으로 설정합니다.

```
num_round = 120
```

8 모델을 훈련하고 저장합니다. 모델을 훈련하려면 매개변수 리스트, 데이터, 부스팅 횟수, watchlist를 입력으로 전달합니다. 매번 모델을 훈련하는 번거로움을 피하기 위해 save_model() 메서드를 사용해 모델을 저장합니다. 그다음 코드를 실행하고 트리가 추가됨에 따라 성능이 얼마나 향상되는지 확인합니다.

```
print('데이터 로딩 완료, 트리 부스팅 시작')
bst = xgb.train(plst, xgmat, num_round, watchlist)
bst.save_model('higgs.model')
print('훈련 종료')
```

마지막 출력 부분은 다음과 같습니다.

```
[110] train-auc:0.94505 train-ams@0.15:5.84830
[111] train-auc:0.94507 train-ams@0.15:5.85186
[112] train-auc:0.94519 train-ams@0.15:5.84451
[113] train-auc:0.94523 train-ams@0.15:5.84007
[114] train-auc:0.94532 train-ams@0.15:5.85800
[115] train-auc:0.94536 train-ams@0.15:5.86228
[116] train-auc:0.94550 train-ams@0.15:5.91160
[117] train-auc:0.94554 train-ams@0.15:5.91842
[118] train-auc:0.94565 train-ams@0.15:5.93729
[119] train-auc:0.94580 train-ams@0.15:5.93562
훈련 종료
```

축하합니다. 힉스 보손 붕괴를 예측하는 XGBoost 분류 모델을 만들었습니다!

이 모델은 AUC 0.946와 AMS 5.9를 얻었습니다. 이 모델로 테스트 데이터에 대한 예측을 만들어 제출하면 AMS 3.6을 얻을 것입니다. AMS로 보면 리더보드의 상위 30% 안에 듭니다.

역자 노트   **힉스 보손 데이터에 XGBoost 사이킷런 API 적용하기**

위 모델을 사이킷런 API로 만들면 다음과 같습니다.

```
clf = XGBClassifier(n_estimators=120, learning_rate=0.1, missing=-999.0,
                    scale_pos_weight=b/s)

clf.fit(X, y, sample_weight=df['test_Weight'],
        eval_set=[(X, y)], eval_metric=['auc', 'ams@0.15'],
        sample_weight_eval_set=[df['test_Weight']])
```

모델을 훈련한 다음 save_model() 메서드로 모델을 저장할 수 있으며 evals_result() 메서드로 eval_metric에 대한 출력을 확인할 수 있습니다.

```
clf.save_model('higgs-sklearn.model')
clf.evals_result()
```

방금 만든 모델은 티엔치 첸이 대회에 참가한 XGBoost 사용자를 위해 벤치마크 모델로 제

공한 것입니다. 대회 우승자인 가보 멜리스는 이 모델을 기준을 삼아 자신의 모델을 만들었습니다. *https://github.com/melisgl/higgsml* 에서 우승 솔루션을 볼 수 있습니다.[20] **xgboost-scripts** 폴더를 클릭하면 벤치마크 스크립트를 볼 수 있습니다. 다른 대부분의 캐글 참가자와 마찬가지로 멜리스도 특성 공학을 수행해 더 많은 특성을 훈련 데이터에 추가했습니다. 특성 공학에 대해서는 9장에서 다루겠습니다.

데드라인[deadline] 이후에도 모델을 만들고 캐글에 제출할 수 있습니다. 캐글 참여자를 위해 제출된 내용은 순위가 매겨지고 적절히 인덱스 되어 캐글 API로 제공됩니다. 이에 대해서는 추가 설명이 필요합니다. 실제로 모델의 결과를 제출하려면 XGBoost에서 제공한 스크립트[21]를 사용하세요.

5.5 마치며

이 장에서 XGBoost를 사용해 그레이디언트 부스팅의 정확도와 속도를 향상하는 방법과 누락된 값 처리, 희소 행렬, 병렬, 샤딩, 블록킹에 대해 알아보았습니다. 경사 하강법과 규제를 사용해 최적의 모델 파라미터를 찾는 XGBoost의 목적 함수의 수학 공식에 대해 배웠습니다. 사이킷런에서 제공하는 고전 데이터셋을 사용해 **XGBClassifier**와 **XGBRegressor** 모델을 만들었고 좋은 성능을 냈습니다. 마지막으로 힉스 보손 대회를 위해 XGBoost 팀에서 제공한 벤치마크 모델을 만들어보았습니다. 이를 통해 XGBoost가 주목을 받게 되었습니다.

이제 XGBoost의 전반적인 역사, 구조, 매개변수 선택, 모델 구축에 대해 이해하였습니다. 다음 장에서는 XGBoost의 하이퍼파라미터를 튜닝하여 최적의 점수를 달성해보겠습니다.

---

20 옮긴이_ 멜리스의 우승 솔루션은 신경망 알고리즘을 사용합니다.
21 *https://github.com/dmlc/xgboost/blob/master/demo/kaggle-higgs/higgs-pred.py*

## CHAPTER 6

XGBoost 하이퍼파라미터

XGBoost는 많은 하이퍼파라미터를 가지고 있습니다. XGBoost의 기본 학습기 파라미터가 시작점이며 결정 트리의 하이퍼파라미터 전체에 해당합니다. XGBoost는 그레이디언트 부스팅을 향상시킨 버전이기 때문에 그레이디언트 부스팅 하이퍼파라미터가 있습니다. XGBoost 고유의 하이퍼파라미터는 정확도와 속도를 향상시키기 위해 고안되었습니다. 모든 XGBoost 하이퍼파라미터를 한 번에 다루려면 현기증이 날 수 있습니다.

2장에서 `max_depth` 같은 기본 학습기 하이퍼파라미터를 알아보고 적용했습니다. 4장에서는 `n_estimators`와 `learning_rate` 같은 중요한 XGBoost 하이퍼파라미터를 적용해보았습니다. 이 장에서는 XGBoost 관점에서 이런 하이퍼파라미터를 다시 살펴보겠습니다. 또한 **조기 종료** 기법과 gamma 같은 새로운 XGBoost 하이퍼파라미터를 배우겠습니다.

XGBoost 하이퍼파라미터 튜닝에 익숙해지기 위해 이 장에서 다음과 같은 내용을 다룹니다.

- 데이터와 기준 모델 준비
- XGBoost 하이퍼파라미터 튜닝
- 조기 종료 적용
- 하이퍼파라미터 결합

6.1 데이터와 기준 모델 준비

XGBoost 하이퍼파라미터를 소개하고 적용하기 전에 다음 항목을 준비하겠습니다.

- 심장 질환 데이터셋 준비
- XGBClassifier 모델 만들기
- StratifiedKFold 구현하기
- XGBoost 모델의 기준 점수 구하기
- GridSearchCV와 RandomizedSearchCV를 사용하는 함수 만들기

하이퍼파라미터 튜닝을 할 때 정확도, 일관성, 속도를 향상시키려면 준비를 잘 하는 것이 필수적입니다.

6.1.1 심장 질환 데이터셋

이 장에서 사용할 데이터셋은 2장에서 보았던 심장 질환 데이터셋입니다. 하이퍼파라미터 튜닝에 중점을 두고 데이터 분석에 시간을 뺏기지 않기 위해 동일한 데이터셋을 선택했습니다. 그럼 시작해보죠.

1 깃허브의 Chapter06 폴더에서 heart_disease.csv 파일을 판다스 데이터프레임으로 로드하고 처음 다섯 개 행을 출력합니다.

```
import pandas as pd
df = pd.read_csv('heart_disease.csv')
df.head()
```

출력은 다음과 같습니다.

	age	sex	cp	trestbps	chol	fbs	restecg	thalach	exang	oldpeak	slope	ca	thal	target
0	63	1	3	145	233	1	0	150	0	2.3	0	0	1	1
1	37	1	2	130	250	0	1	187	0	3.5	0	0	2	1
2	41	0	1	130	204	0	0	172	0	1.4	2	0	2	1
3	56	1	1	120	236	0	1	178	0	0.8	2	0	2	1
4	57	0	0	120	354	0	1	163	1	0.6	2	0	2	1

그림 6-1 심장 질환 데이터셋

마지막 target 열이 타깃입니다. 1은 환자가 심장 질환을 가지고 있다는 것을 나타내고, 2는 없다는 뜻입니다. 다른 열에 대한 자세한 설명은 UCI 머신러닝 저장소[1]나 2장을 참고하세요.

2 이제 df.info()로 데이터가 모두 수치형이고 누락된 값이 없는지 확인해보죠.

```
df.info()
```

출력은 다음과 같습니다.

```
<class 'pandas.core.frame.DataFrame'>
RangeIndex: 303 entries, 0 to 302
Data columns (total 14 columns):
 #   Column    Non-Null Count   Dtype
--   ------    --------------   -----
 0   age       303 non-null     int64
 1   sex       303 non-null     int64
 2   cp        303 non-null     int64
 3   trestbps  303 non-null     int64
 4   chol      303 non-null     int64
 5   fbs       303 non-null     int64
 6   restecg   303 non-null     int64
 7   thalach   303 non-null     int64
 8   exang     303 non-null     int64
 9   oldpeak   303 non-null     float64
 10  slope     303 non-null     int64
 11  ca        303 non-null     int64
 12  thal      303 non-null     int64
 13  target    303 non-null     int64
dtypes: float64(1), int64(13)
memory usage: 33.3 KB
```

데이터에 누락된 값이 없고 모두 수치형이므로 머신러닝을 위해 사용할 수 있습니다. 이제 분류 모델을 만들어보죠.

6.1.2 XGBClassifier

하이퍼파라미터 튜닝을 하기 전에 분류 모델을 만들어 기준 점수를 구해보겠습니다.

---

1 https://archive.ics.uci.edu/ml/datasets/Heart+Disease

XGBoost 분류 모델을 만들려면 다음 단계를 따릅니다.

1 xgboost와 sklearn에서 XGBClassifier와 accuracy_score를 임포트합니다.

```
from xgboost import XGBClassifier
from sklearn.metrics import accuracy_score
```

2 특성 X와 타깃 y를 만듭니다. 데이터프레임의 마지막 열이 타깃입니다.

```
X = df.iloc[:, :-1]
y = df.iloc[:, -1]
```

booster='gbtree', objective='binary:logistic'로 XGBClassifier를 초기화합니다.

```
model = XGBClassifier(booster='gbtree', objective='binary:logistic')
```

'gbtree' 부스터는 그레이디언트 부스팅 트리입니다. 'binary:logistic' 목적 함수는 이진 분류의 기본 손실 함수입니다. XGBClassifier는 이 두 설정이 기본값이지만 이후 장에서 이 값을 바꿀 때 익숙해지도록 명시적으로 썼습니다.

3 기준 모델의 점수를 얻기 위해 cross_val_score() 함수와 넘파이를 임포트합니다. 교차 검증 점수를 계산하고 결과를 출력합니다.

```
from sklearn.model_selection import cross_val_score
import numpy as np
scores = cross_val_score(model, X, y, cv=5)
print('정확도:', np.round(scores, 2))
print('정확도 평균: %0.2f' % (scores.mean()))
```

정확도 점수는 다음과 같습니다.

```
정확도: [0.85 0.85 0.77 0.78 0.77]
정확도 평균: 0.81
```

81% 정확도는 훌륭한 출발선입니다. 2장에서 `DecisionTreeClassifier`로 계산한 교차 검증 점수 76%보다 훨씬 높습니다.

여기서는 `cross_val_score()` 함수를 사용했지만 하이퍼파라미터 튜닝을 위해서 `GridSearchCV`를 사용하겠습니다. 다음으로 `StratifiedKFold`를 사용해 테스트 폴드의 클래스 비율이 균일하도록 만드는 방법을 알아보죠.

6.1.3 StratifiedKFold

하이퍼파라미터 튜닝을 할 때 GridSearchCV와 RandomizedSearchCV가 기본 방법입니다. 2장에서 본 cross_val_score() 함수와 GridSearchCV, RandomizedSearchCV는 데이터를 나누는 방법을 바꿀 수 있습니다.

교차 검증과 그리드 서치에서 분류 모델을 사용할 때 기본적으로 StratifiedKFold를 사용하여 폴드를 나눕니다.[2]

계층별 분할기stratified splitter인 StratifiedKFold는 각 폴드의 타깃 레이블의 비율을 동일하게 만듭니다. 예를 들어 타깃 데이터에 1이 60%, 0이 40%라면, 각 폴드의 1과 0의 비율도 60%와 40%가 됩니다. 타깃 레이블을 고려하지 않고 폴드를 나누면 어떤 폴드는 70:30이 되고 다른 폴드는 50:50이 될 수 있습니다.

StratifiedKFold를 사용하는 방법은 다음과 같습니다.

1 sklearn.model_selection에서 StratifiedKFold를 임포트합니다.

```
from sklearn.model_selection import StratifiedKFold
```

2 그 다음 n_splits=5, shuffle=True, random_state=2로 설정한 StratifiedKFold 객체 kfold를 만듭니다. random_state는 동일한 결과를 만들기 위해 추가하며 shuffle=True는 데이터를 나누기 전에 섞기 위해 지정합니다.

```
kfold = StratifiedKFold(n_splits=5, shuffle=True, random_state=2)
```

이제 kfold 객체를 cross_val_score(), GridSeachCV, RandomizedSearchCV에 전달하여 폴드를 나누는 데 사용할 수 있습니다.

kfold 객체를 사용하여 cross_val_score() 함수로 비교를 위한 기준 점수를 만들어보겠습니다.

---

2   옮긴이_ 회귀 모델을 사용할 때는 KFold 클래스를 사용합니다.

사이킷런의 분할기 클래스 사용 방법

cross_val_score()와 GridSearchCV, RandomizedSearchCV에서 분류 모델을 받으면 기본적으로 StratifiedKFold(n_splits=cv) 객체를 사용하기 때문에 cv 매개변수에 폴드 수만 지정해도 됩니다. 하지만 이 절에서는 폴드를 나누기 전에 데이터를 섞기 위해 StratifiedKFold의 shuffle 매개변수(기본값 False)를 True로 지정하여 직접 StratifiedKFold 객체를 만들어 cv 매개변수에 전달합니다.

책에서는 훈련 세트와 테스트 세트를 나누지 않고 전체 데이터에서 교차 검증이나 하이퍼파라미터 튜닝을 합니다. 이는 바람직하지 않으며 반드시 훈련 세트와 테스트 세트로 나누어 놓고 훈련 세트에서 교차 검증이나 하이퍼파라미터 튜닝을 수행해야 합니다. 테스트 세트는 최종적으로 일반화 성능을 확인할 때 딱 한 번 사용합니다.

훈련 세트와 테스트 세트를 나눌 때 train_test_split() 함수를 사용하면 기본적으로 데이터를 섞어서 나눕니다(이 함수의 shuffle 매개변수의 기본값이 True입니다). 따라서 train_test_split()로 나눈 훈련 세트를 교차 검증이나 하이퍼파라미터 튜닝에 사용할 때는 굳이 StratifiedKFold 객체를 따로 만들어 사용하지 않아도 됩니다.

kfold 객체가 타깃 클래스 비율을 유지하면서 폴드를 나누는지 직접 확인해보는 방법은 다음과 같이 split() 메서드를 호출하여 훈련 폴드와 테스트 폴드로 들어가는 샘플의 인덱스를 사용하는 것입니다.

```
print('전체 데이터의 클래스 분포:', np.bincount(y))
print()
for split_no, (train_idx, test_idx) in enumerate(kfold.split(X, y)):
    print('{}번째 훈련 폴드:'.format(split_no+1), np.bincount(y[train_idx]))
    print('{}번째 검증 폴드:'.format(split_no+1), np.bincount(y[test_idx]))
    print()
```

출력은 다음과 같습니다.

```
전체 데이터의 클래스 분포: [138 165]

1번째 훈련 폴드: [110 132]
1번째 검증 폴드: [28 33]
```

```
2번째 훈련 폴드: [110 132]
2번째 검증 폴드: [28 33]

3번째 훈련 폴드: [110 132]
3번째 검증 폴드: [28 33]

4번째 훈련 폴드: [111 132]
4번째 검증 폴드: [27 33]

5번째 훈련 폴드: [111 132]
5번째 검증 폴드: [27 33]
```

결과에서 알 수 있듯이 훈련 폴드와 검증 폴드에서 양성 샘플과 음성 샘플의 비율이 1.2:1로 전체 데이터의 비율과 비슷하게 나누어졌음을 알 수 있습니다.

6.1.4 기준 모델

kfold 객체를 준비했으므로 cross_val_score() 함수에 cv=kfold로 전달하여 기준 모델의 점수를 계산해보겠습니다. 코드는 다음과 같습니다.

```python
scores = cross_val_score(model, X, y, cv=kfold)
print('정확도:', np.round(scores, 2))
print('정확도 평균: %0.2f' % (scores.mean()))
```

출력되는 정확도는 다음과 같습니다.

```
정확도: [0.72 0.82 0.75 0.8 0.82]
정확도 평균: 0.78
```

점수가 낮아졌군요. 이건 어떤 의미일까요?

가능한 가장 높은 점수를 얻기 위해 시간을 너무 많이 투자하지 않는 것이 중요합니다. 이 경우 동일한 **XGBClassifier** 모델을 다른 폴드 분할 방식을 사용해서 다른 점수를 얻었습니다. 이는 모델을 훈련할 때 폴드의 클래스 레이블 비율을 일정하게 만드는 것의 중요성과 점수가 꼭 가장 중요한 것이 아님을 보여줍니다. 모델을 선택할 때 가낭 높은 점수를 내는 것이 최적이지만 여기서 점수의 차이는 모델이 더 낫다는 것을 의미하지 않습니다. 이 경우에는 두 모델의 하이퍼파라미터가 같으며 점수 차이는 폴드의 차이 때문입니다.

GridSearchCV와 RandomizedSearchCV로 하이퍼파라미터 튜닝을 할 때 공정하게 점수를 비교하기 위해 같은 폴드를 사용하겠습니다.

6.1.5 GridSearchCV와 RandomizedSearchCV 사용하기

GridSearchCV는 하이퍼파라미터 그리드에 있는 가능한 모든 조합을 탐색하여 최상의 결과를 찾습니다. RandomizedSearchCV는 기본적으로 10개의 하이퍼파라미터 조합을 선택합니다. 일반적으로 GridSearchCV가 탐색할 하이퍼파라미터 조합이 너무 많아 적용하기 힘들 때 RandomizedSearchCV를 사용합니다.

GridSearchCV와 RandomizedSearchCV를 위해 별개의 함수를 작성하지 않고 하나의 함수에 두 기능을 포함시켜보겠습니다.

1 sklearn.model_selection 모듈 아래에서 GridSearchCV와 RandomizedSearchCV를 임포트합니다.

```
from sklearn.model_selection import GridSearchCV, RandomizedSearchCV
kfold = StratifiedKFold(n_splits=5, shuffle=True, random_state=2)
```

2 params와 random 매개변수(기본값 False)를 입력으로 받는 grid_search 함수를 정의합니다.

```
def grid_search(params, random=False):
```

3 기본값을 사용해 XGBoost 분류 모델을 초기화합니다.[3]

```
xgb = XGBClassifier(booster='gbtree', objective='binary:logistic',
                    random_state=2, verbosity=0, use_label_encoder=False)
kfold = StratifiedKFold(n_splits=5, shuffle=True, random_state=2)
```

4 random=True이면 xgb와 params 딕셔너리로 RandomizedSearchCV 객체를 초기화합니다. n_iter=20으로 설정하여 랜덤하게 20개의 조합을 탐색합니다. random=False이면 동일한 입력으로 GridSearchCV

---

3 옮긴이_ subsample, colsample* 매개변수를 탐색할 때 동일한 결과를 재현하기 위해 random_state를 지정합니다.

를 초기화합니다. 동일한 분할을 만들기 위해 cv=kfold를 전달합니다.

```python
if random:
        grid = RandomizedSearchCV(xgb, params, cv=kfold, n_iter=20,
                                        n_jobs=-1, random_state=2)
else:
        grid = GridSearchCV(xgb, params, cv=kfold, n_jobs=-1)
```

5 X와 y를 사용해 grid 객체의 fit() 메서드를 호출합니다.

```python
grid.fit(X, y)
```

6 best_params_를 추출하여 출력합니다.

```python
best_params = grid.best_params_
print("최상의 매개변수:", best_params)
```

7 best_score_를 추출하여 출력합니다.

```python
best_score = grid.best_score_
print("최상의 점수: {:.5f}".format(best_score))
```

이제 **grid_search** 함수를 사용해 하이퍼파라미터 튜닝을 해보죠.

6.2 XGBoost 하이퍼파라미터 튜닝

XGBoost 하이퍼파라미터는 많습니다. 일부는 이전 장에서 소개했습니다. 다음 표에서 이 책에서 다루는 핵심적인 XGBoost 하이퍼파라미터를 요약했습니다.

> **NOTE_** 여기에 있는 XGBoost 하이퍼파라미터가 전부는 아닙니다. 전체 하이퍼파라미터 목록은 공식 문서 'XGBoost Parameters'(*https://xgboost.readthedocs.io/en/latest/parameter.html*)를 참고하세요

표에 이어서 설명과 예제를 추가로 제공합니다.

표 6-1 XGBoost 하이퍼파라미터

이름	기본값	범위	효과	노트/팁
n_estimators	100	[1, inf)	값을 늘리면 대용량 데이터에서 성능을 높일 수 있습니다.	앙상블의 트리 개수
learning_rate (별칭: eta)	0.3	[0, 1]	값을 줄이면 과대적합을 방지합니다.	부스팅의 각 단계에서 트리의 기여도를 줄입니다.
max_depth	6	[0, inf)	값을 줄이면 과대적합을 방지합니다.	트리의 깊이. 0은 tree_method='hist', grow_policy='Lossguide'일 때 선택할 수 있으며 깊이에 제한이 없다는 의미입니다.[4]
gamma(별칭: min_split_loss)	0	[0, inf)	값을 늘리면 과대적합을 방지합니다.	보통 10보다 작은 값으로 설정합니다.
min_child_weight	1	[0, inf)	값을 늘리면 과대적합을 방지합니다.	노드 분할을 위해 필요한 최소 가중치 합
subsample	1	(0, 1]	값을 줄이면 과대적합을 방지합니다.	부스팅 단계마다 사용할 훈련 샘플 개수의 비율
colsample_bytree	1	(0, 1]	값을 줄이면 과대적합을 방지합니다.	부스팅 단계마다 사용할 특성 개수의 비율
colsample_bylevel	1	(0, 1]	값을 줄이면 과대적합을 방지합니다.	트리 깊이마다 사용할 특성 개수의 비율
colsample_bynode	1	(0, 1]	값을 줄이면 과대적합을 방지합니다.	각 노드의 분할에 사용할 특성 개수의 비율
scale_pos_weight	1	(0, inf]	sum(음성 샘플)/ sum(양성 샘플). 데이터 불균형을 제어합니다.	불균형한 데이터에 사용합니다. 5장과 7장을 참고하세요.
max_delta_step	0	[0, inf)	값을 늘리면 과대적합을 방지합니다.	불균형이 매우 심한 데이터셋에만 권장됩니다.
lambda	1	[0, inf)	값을 늘리면 과대적합을 방지합니다.	가중치 L2 규제
alpha	0	[0, inf)	값을 늘리면 과대적합을 방지합니다.	가중치 L1 규제
missing	None	(-inf, inf)	누락된 값을 자동으로 처리합니다.	누락된 값을 -999.0과 같은 수치로 대체합니다. 5장 참조.

---

4 옮긴이_ tree_method='hist'는 LightGBM 라이브러리의 히스토그램 기반 그레이디언트 부스팅을 제공합니다. grow_policy 기본값은 'depth_wise'로 루트 노드에 가까운 노드가 분할됩니다. 'Lossguide'는 손실 감소가 가장 큰 노드가 분할되는 방식입니다.

핵심 XGBoost 하이퍼파라미터를 소개했으니 이제 하나씩 튜닝하면서 더 자세히 알아보겠습니다.

6.2.1 XGBoost 하이퍼파라미터 적용하기

이 절에 있는 XGBoost 하이퍼파라미터는 머신러닝 기술자들이 자주 튜닝하는 대상입니다. 각 하이퍼파라미터를 간단히 소개하고 이전 절에서 정의한 grid_search 함수로 튜닝해보겠습니다.[5]

6.2.2 n_estimators

n_estimators는 앙상블의 트리 개수를 결정합니다. XGBoost에서 n_estimators는 잔차에 훈련되는 트리 개수입니다. n_estimators의 기본값 100에서 800까지 두 배씩 늘려 가며 그리드 서치를 수행해보겠습니다.

```
grid_search(params={'n_estimators':[100, 200, 400, 800]})
```

출력은 다음과 같습니다.

```
최상의 매개변수: {'n_estimators': 100}
최상의 점수: 0.78235
```

이 데이터셋은 작기 때문에 n_estimators를 늘려도 더 좋은 결과를 만들지 못합니다. 이상적인 n_estimators를 찾는 한 가지 방법을 '조기 종료 적용' 절에서 설명하겠습니다.

6.2.3 learning_rate

learning_rate는 부스팅 각 단계에서 트리의 기여도를 감소시킵니다. learning_rate를 줄

---

5 옮긴이_ 이 장에서는 편의상 그리드 서치에 매개변수를 하나씩 튜닝하지만 매개변수는 서로 상관관계를 가지고 있기 때문에 실제로는 동시에 매개변수를 튜닝해야 합니다.

이면 좋은 성능을 얻기 위해 더 많은 트리가 필요하지만 과대적합을 방지합니다.

기본값은 0.3입니다. learning_rate의 탐색 범위를 0.01~0.5 사이로 지정하여 grid_search() 함수를 호출합니다.

```
grid_search(params={'learning_rate':[0.01, 0.05, 0.1, 0.2, 0.3, 0.4, 0.5]})
```

출력은 다음과 같습니다.

```
최상의 매개변수: {'learning_rate': 0.05}
최상의 점수: 0.79585
```

학습률을 바꾸어 성능을 조금 높였습니다. 4장에서 언급한 것처럼 n_estimators를 증가시킬 때 learning_rate를 낮추면 도움이 됩니다.

6.2.4 max_depth

max_depth는 분할 횟수에 해당하는 트리의 깊이를 결정합니다. 개별 트리가 max_depth 까지만 성장할 수 있기 때문에 max_depth를 제한하면 과대적합을 방지합니다. XGBoost의 max_depth 기본값은 6입니다.

```
grid_search(params={'max_depth':[2, 3, 5, 6, 8]})
```

출력은 다음과 같습니다.

```
최상의 매개변수: {'max_depth': 2}
최상의 점수: 0.79902
```

max_depth가 2일 때 더 나은 점수를 얻었습니다. max_depth를 낮추는 것은 분산을 줄인다는 의미입니다.

6.2.5 gamma

라그랑주 승수Lagrange multiplier라고도 부르는 gamma는 노드 분할을 위한 최소 손실 감소를 지정합니다. gamma 매개변수에는 상한선이 없습니다. 기본값은 0입니다. 10이상이면 매우 높은 값입니다. gamma를 증가시키면 보수적인 모델이 만들어집니다.

```
grid_search(params={'gamma':[0, 0.01, 0.1, 0.5, 1, 2]})
```

출력은 다음과 같습니다.

```
최상의 매개변수: {'gamma': 0.5}
최상의 점수: 0.79574
```

gamma를 0에서 0.5에서 바꾸어 조금 성능이 향상되었습니다.

6.2.6 min_child_weight

min_child_weight 매개변수는 노드를 분할하기 위해 필요한 최소 가중치 합을 지정합니다. 샘플 가중치 합이 min_child_weight보다 작으면 더이상 분할하지 않습니다. min_child_weight 값을 증가시키면 과대적합을 줄입니다.

```
grid_search(params={'min_child_weight':[1, 2, 3, 4, 5]})
```

출력은 다음과 같습니다.

```
최상의 매개변수: {'min_child_weight': 5}
최상의 점수: 0.81219
```

min_child_weight를 조정하여 최상의 결과를 얻었습니다.

6.2.7 subsample

subsample 매개변수는 각 부스팅 단계에서 사용되는 훈련 샘플의 비율을 제한합니다. subsample을 기본값 1.0에서 줄이면 과대적합이 줄어듭니다.

```
grid_search(params={'subsample':[0.5, 0.7, 0.8, 0.9, 1]})
```

출력은 다음과 같습니다.

```
최상의 매개변수: {'subsample': 0.8}
최상의 점수: 0.79579
```

여기에서도 기준 모델보다 조금 더 성능이 좋아졌습니다. 이는 과대적합이 있었다는 것을 나타냅니다.

6.2.8 colsample_bytree

subsample과 비슷하게 colsample_bytree는 각 부스팅 단계마다 사용할 특성의 비율을 제한합니다. colsample_bytree는 특성의 영향을 제한하고 분산을 줄이는 데 유용합니다. colsample_bytree는 특성 개수가 아니라 비율을 입력으로 받습니다.

```
grid_search(params={'colsample_bytree':[0.5, 0.7, 0.8, 0.9, 1]})
```

출력은 다음과 같습니다.

```
최상의 매개변수: {'colsample_bytree': 0.5}
최상의 점수: 0.80552
```

여기서는 아주 조금 향상되었습니다. colsample_bylevel과 colsample_bynode도 직접 실험해보세요. colsample_bylevel은 트리 깊이마다 사용할 특성 개수를 제한하고 colsample_bynode는 노드를 분할할 때마다 사용할 특성의 개수를 제한합니다. 두 매개변수 모두 전체 특성에 대한 비율로 지정합니다.

하이퍼파라미터 튜닝은 예술이자 과학입니다. 두 분야에 걸쳐 다양한 접근 방식이 가능합니다. 이제 다음으로 n_estimators를 튜닝하기 위한 특별한 전략인 조기 종료에 대해 알아보겠습니다.

6.3 조기 종료 적용

조기 종료는 반복적인 머신러닝 알고리즘에서 훈련 반복 횟수를 제한하는 일반적인 방법입니다. 이 절에서 eval_set, eval_metric, early_stopping_rounds 매개변수를 사용해 조기 종료를 적용해보겠습니다.

6.3.1 조기 종료란?

조기 종료는 반복적인 머신러닝 알고리즘의 훈련 횟수를 제한합니다. 조기 종료는 사전에 정한 훈련 반복 횟수를 채우지 않더라도 연속적인 n 번의 반복횟수 동안에 모델이 향상되지 않으면 훈련을 중지합니다. 여기서 n은 사용자가 지정합니다.

최적의 n_estimators 값을 찾을 때 100의 배수만 선택해서는 안됩니다. 최상의 값이 **700**이 아니라 **737**일 수 있습니다. 수동으로 이렇게 정확한 값을 찾는 것은 피곤한 일입니다. 특히 향후에 매개변수 조정이 필요할 때 그렇습니다.[6]

XGBoost는 부스팅 단계가 끝난 후에 모델의 점수를 계산할 수 있습니다. 검증 점수가 오르거나 내리더라도 최종적으로 이 점수가 크게 벗어나거나 잘못된 방향으로 이동할 수 있습니다.[7]

최상의 점수는 이후 반복에서 더 이상 향상되지 않을 때 도달합니다. 10, 20, 100번의 훈련 반복 후에도 점수가 향상되지 못하면 최상의 점수를 결정할 수 있습니다. 이 반복 횟수는 우리가 결정합니다.

조기 종료에서 모델이 실패할 시간을 충분히 주는 것이 중요합니다. 예를 들어 5번 반복동안

---

6 옮긴이_ 이전 장에서 언급했듯이 연속적인 값을 가진 매개변수 탐색은 RandomizedSearchCV에서 랜덤한 분포를 지정하여 탐색하는 것이 좋습니다.
7 옮긴이_ 모델의 훈련이 계속되어 어느 순간 과대적합되기 시작하면 검증 점수가 상승하기 시작할 수 있습니다.

향상되지 않아 모델이 너무 일찍 종료하면 모델이 나중에 얻을 수 있는 일반적인 패턴을 놓칠 수 있습니다. 조기 종료를 자주 사용하는 딥러닝과 마찬가지로 그레이디언트 부스팅은 데이터에 있는 복잡한 패턴을 찾는 데 충분한 시간이 필요합니다.

XGBoost에서 `early_stopping_rounds`가 조기 종료를 적용하는 데 핵심 매개변수입니다. `early_stopping_rounds=10`이면 연속적으로 10번의 훈련 반복 동안 점수가 향상되지 않으면 훈련을 멈춥니다. 비슷하게 `early_stopping_rounds=100`으로 지정하면 100번의 훈련 반복 동안 점수가 향상되지 않을 때 훈련을 멈춥니다.

조기 종료가 무엇인지 이해했으므로 `eval_set`과 `eval_metric`에 대해 알아보죠.

6.3.2 eval_set과 eval_metric

`early_stopping_rounds`는 하이퍼파라미터라기 보다는 `n_estimators`를 최적화하기 위한 전략에 가깝습니다.

일반적으로 하이퍼파라미터를 선택할 때 모든 부스팅 단계가 완료된 후 모델의 성능을 계산합니다. 조기 종료를 사용하려면 매 반복마다 계산해야 합니다.

`fit()` 메서드에 `eval_metric`과 `eval_set`을 사용하면 훈련 반복마다 검증 점수를 계산합니다. `eval_metric`은 측정 방식을 지정합니다. 일반적으로 분류는 'error', 회귀는 'rmse'입니다.[8] `eval_set`에는 평가할 데이터셋을 지정합니다. 예를 들면 X_test, y_test입니다.

다음 단계는 기본값 `n_estimators=100`에 대해 훈련 반복마다 평가 결과를 출력합니다.

1 데이터를 훈련 세트와 테스트 세트로 분할합니다.

```
from sklearn.model_selection import train_test_split
X_train, X_test, y_train, y_test = train_test_split(X, y, random_state=2)
```

2 모델을 초기화합니다.

```
model = XGBClassifier(booster='gbtree', objective='binary:logistic')
```

----

8 옮긴이_ 분류일 경우 eval_metric의 기본값은 'logloss'입니다.

3 eval_set을 정의합니다.

```
eval_set = [(X_test, y_test)]
```

4 eval_metric을 정의합니다.

```
eval_metric='error'
```

5 eval_metric과 eval_set으로 모델을 훈련합니다.

```
model.fit(X_train, y_train, eval_metric=eval_metric,
          eval_set=eval_set)
```

6 최종 점수를 확인합니다.

```
y_pred = model.predict(X_test)
accuracy = accuracy_score(y_test, y_pred)
print("정확도: %.2f%%" % (accuracy * 100.0))
```

출력은 다음과 같습니다.

```
[0] validation_0-error:0.15790
[1] validation_0-error:0.10526
[2] validation_0-error:0.11842
[3] validation_0-error:0.13158
[4] validation_0-error:0.11842
...
[96] validation_0-error:0.17105
[97] validation_0-error:0.17105
[98] validation_0-error:0.17105
[99] validation_0-error:0.17105
정확도: 82.89%
```

교차 검증을 사용하지 않기 때문에 이 점수에 너무 흥분하지 마세요. 실제로 n_estimators=100에서 StratifiedKFold를 사용한 교차 검증으로 78% 정확도를 얻었습니다. 이런 점수 차이는 테스트 세트 때문입니다.

6.3.3 early_stopping_rounds

early_stopping_rounds는 모델을 훈련할 때 eval_metric, eval_set과 함께 지정하는 선택적인 매개변수입니다.

early_stopping_rounds=10을 시도해보죠.

이전 코드에서 early_stopping_rounds=10을 추가하겠습니다.

```
model = XGBClassifier(booster='gbtree', objective='binary:logistic')
eval_set = [(X_test, y_test)]
eval_metric="error"
model.fit(X_train, y_train, eval_metric=eval_metric, eval_set=eval_set,
          early_stopping_rounds=10, verbose=True)
y_pred = model.predict(X_test)
accuracy = accuracy_score(y_test, y_pred)
print("정확도: %.2f%%" % (accuracy * 100.0))
```

출력은 다음과 같습니다.

```
[0] validation_0-error:0.15790
Will train until validation_0-error hasn't improved in 10 rounds.
[1] validation_0-error:0.10526
[2] validation_0-error:0.11842
[3] validation_0-error:0.13158
[4] validation_0-error:0.11842
[5] validation_0-error:0.14474
[6] validation_0-error:0.14474
[7] validation_0-error:0.14474
[8] validation_0-error:0.14474
[9] validation_0-error:0.14474
[10] validation_0-error:0.14474
[11] validation_0-error:0.15790
Stopping. Best iteration:
[1] validation_0-error:0.10526
정확도: 89.47%
```

이 결과는 좀 놀라울 수 있습니다. 조기 종료는 n_estimators=2가 최상의 결과라고 말하고 있습니다. 이는 아마도 테스트 세트 때문일 것입니다.

왜 부스팅 횟수가 2일까요? 모델이 10번 반복 동안 정확도를 향상하도록 지정했지만 데이터에 있는 패턴을 아직 발견하지 못할 가능성이 있습니다. 하지만 이 데이터셋은 매우 작기 때문에 두 번의 부스팅 횟수에 최상의 결과를 낼 수 있습니다.

조금 더 철저한 접근 방법은 더 큰 값을 사용하는 것입니다. 예를 들면 n_estimators = 5000 와 early_stopping_rounds=100으로 지정합니다.

early_stopping_rounds=100으로 지정하면 적어도 XGBoost가 100개의 트리를 부스팅한 다는 것이 보장됩니다.

다음 코드는 최대 5,000개의 트리를 부스팅하면서 연속적으로 100번의 부스팅 동안 정확도가 향상되지 않으면 중지합니다.

```python
model = XGBClassifier(n_estimators=5000)
eval_set = [(X_test, y_test)]
eval_metric="error"
model.fit(X_train, y_train, eval_metric=eval_metric, eval_set=eval_set,
          early_stopping_rounds=100)
y_pred = model.predict(X_test)
accuracy = accuracy_score(y_test, y_pred)
print("정확도: %.2f%%" % (accuracy * 100.0))
```

출력은 다음과 같습니다.

```
[0] validation_0-error:0.15790
Will train until validation_0-error hasn't improved in 100 rounds.
[1] validation_0-error:0.10526
[2] validation_0-error:0.11842
[3] validation_0-error:0.13158
[4] validation_0-error:0.11842
...
[98] validation_0-error:0.17105
[99] validation_0-error:0.17105
[100] validation_0-error:0.17105
[101] validation_0-error:0.17105
Stopping. Best iteration:
[1] validation_0-error:0.10526
정확도: 89.47%
```

100번의 부스팅 이후에도 2개의 트리가 제공하는 점수가 여전히 최상입니다.

마지막으로 조기 종료는 특히 목표치가 명확하지 않은 대규모 데이터셋에서 유용합니다.

이제 조기 종료 결과를 사용해 전체 하이퍼파라미터를 튜닝하여 최상의 모델을 만들어보겠습니다.

6.4 하이퍼파라미터 결합

이 장에서 배운 모든 내용을 합쳐서 교차 검증으로 얻은 78% 정확도를 향상시켜보겠습니다.

하이퍼파라미터 튜닝에서 모든 상황에 적용할 수 있는 한 가지 법칙은 없습니다. 한 접근 방법은 전체 하이퍼파라미터 범위를 RandomizedSearchCV로 탐색하는 것입니다. 보다 체계적인 방법은 이전 반복에서 얻은 최상의 결과를 사용해 하이퍼파라미터를 한 번에 하나씩 조사하는 것입니다. 모든 접근 방법은 장점과 단점이 있습니다. 전략에 상관없이 데이터가 발생할 때 여러 가지 방법을 시도하고 조정하는 것이 중요합니다.

6.4.1 하나씩 하이퍼파라미터 조사하기

체계적인 방식을 사용해 한 번에 하나의 하이퍼파라미터를 더해 결과를 취합해보겠습니다.

n_estimators

n_estimators=2가 최상의 결과를 내었지만 교차 검증을 사용해 grid_search() 함수로 탐색해볼 필요가 있습니다.

```
grid_search(params={'n_estimators':[2, 25, 50, 75, 100]})
```

출력은 다음과 같습니다.

```
최상의 매개변수: {'n_estimators': 50}
최상의 점수: 0.78907
```

조기 종료를 사용했을 때 2와 기본값 100의 중간인 n_estimators=50에서 최상의 결과가 나온 것은 놀라운 일은 아닙니다. 조기 종료에서는 교차 검증을 사용하지 않았기 때문에 다른 결과가 나왔습니다.

max_depth

max_depth 매개변수는 트리의 깊이를 결정합니다. 다음 범위를 탐색해보죠.

```
grid_search(params={'max_depth':[1, 2, 3, 4, 6, 7, 8],
                    'n_estimators':[50]})
```

출력은 다음과 같습니다.

```
최상의 매개변수: {'max_depth': 1, 'n_estimators': 50}
최상의 점수: 0.83869
```

매우 크게 향상되었습니다. 깊이가 1인 트리를 결정 트리 **스텀프**라고 부릅니다. 두 개의 하이퍼파라미터를 튜닝하여 기준 모델보다 5퍼센트 포인트를 높였습니다.

최상의 결과를 차례대로 채택하는 방식의 단점은 더 나은 조합을 놓칠 수 있다는 것입니다. n_estimators=2나 n_estimators=100에서 max_depth와 연계되어 더 좋은 결과를 만들 수 있습니다. 한 번 확인해보겠습니다.

```
grid_search(params={'max_depth':[1, 2, 3, 4, 6, 7, 8],
                    'n_estimators':[2, 50, 100]})
```

출력은 다음과 같습니다.

```
최상의 매개변수: {'max_depth': 1, 'n_estimators': 50}
최상의 점수: 0.83869
```

n_estimators=50과 max_depth=1이 여전히 최상의 결과를 만들기 때문에 이를 사용해 계속 진행해보겠습니다.

learning_rate

n_esimtators가 상당히 낮기 때문에 learning_rate를 조정하면 결과가 향상될 수 있습니다. 다음 범위를 탐색해보죠.

```
grid_search(params={'learning_rate':[0.01, 0.05, 0.1, 0.2, 0.3, 0.4, 0.5],
                    'max_depth':[1], 'n_estimators':[50]})
```

출력은 다음과 같습니다.

```
최상의 매개변수: {'learning_rate': 0.3, 'max_depth': 1, 'n_estimators': 50}
최상의 점수: 0.83869
```

이전의 점수와 같습니다. learning_rate=0.3은 XGBoost의 기본값입니다.

min_child_weight

자식 노드로 분할하는 데 필요한 가중치 합을 조정하는 것이 점수 향상에 도움이 되는지 확인해보죠.

```
grid_search(params={'min_child_weight':[1, 2, 3, 4, 5],
                    'max_depth':[1], 'n_estimators':[50]})
```

출력은 다음과 같습니다.

```
최상의 매개변수: {'max_depth': 1, 'min_child_weight': 1, 'n_estimators': 50}
최상의 점수: 0.83869
```

이 경우 최상의 점수는 그대로입니다. min_child_weight의 기본값은 1입니다.

subsample

분산을 줄이는 것이 도움이 된다면 subsample로 훈련 샘플 개수를 제한하는 것이 좋습니다. 하지만 이 예제의 샘플 개수는 303개뿐입니다. 샘플 개수가 적으면 높은 성능을 내기 어렵습니다. 코드는 다음과 같습니다.

```
grid_search(params={'subsample':[0.5, 0.6, 0.7, 0.8, 0.9, 1],
                    'max_depth':[1], 'n_estimators':[50]})
```

출력은 다음과 같습니다.

```
최상의 매개변수: {'max_depth': 1, 'n_estimators': 50, 'subsample': 1}
최상의 점수: 0.83869
```

여전히 성능은 그대로입니다. 이 시점에서 n_estimators=2로 점수를 높일 수 있는지 궁금할 수 있습니다.

지금까지 사용한 값을 모두 사용해서 그리드 서치를 수행해보죠.

```
grid_search(params={'subsample':[0.5, 0.6, 0.7, 0.8, 0.9, 1],
                    'min_child_weight':[1, 2, 3, 4, 5],
                    'learning_rate':[0.1, 0.2, 0.3, 0.4, 0.5],
                    'max_depth':[1, 2, 3, 4, 5],
                    'n_estimators':[2]})
```

출력은 다음과 같습니다.

```
최상의 매개변수: {'learning_rate': 0.5, 'max_depth': 2, 'min_child_weight': 4,
'n_estimators': 2, 'subsample': 0.9}
최상의 점수: 0.81224
```

두 개의 트리로 구성된 모델의 성능이 낮은 것이 당연하게 보입니다. 초기 점수가 좋았더라도 하이퍼파라미터를 충분히 조정할 수 있을 만큼 반복하지 않았습니다.

6.5 하이퍼파라미터 조정

하이퍼파라미터 탐색 범위를 바꿀 때 RandomizedSearchCV가 광범위한 범위를 탐색할 수 있기 때문에 유용합니다.

다음은 이전 경험을 바탕으로 새로운 하이퍼파라미터 값의 범위를 탐색합니다. RandomizedSearchCV를 사용할 때 범위를 제한하면 최상의 조합을 찾을 확률이 높아 집니다. 전체 매개변수 조합이 많아 그리드 서치가 너무 오래 걸릴 때 RandomizedSearchCV가 유용하다는 것을 기억하세요. 다음 매개변수 그리드는 4,500개의 가능한 조합이 있습니다.

```
grid_search(params={'subsample':[0.5, 0.6, 0.7, 0.8, 0.9, 1],
                    'min_child_weight':[1, 2, 3, 4, 5],
                    'learning_rate':[0.1, 0.2, 0.3, 0.4, 0.5],
                    'max_depth':[1, 2, 3, 4, 5, None],
                    'n_estimators':[2, 25, 50, 75, 100]}, random=True)
```

출력은 다음과 같습니다.

```
최상의 매개변수: {'subsample': 0.6, 'n_estimators': 25, 'min_child_weight': 4, 'max_
depth': 4, 'learning_rate': 0.5}
최상의 점수: 0.82208
```

흥미로운 결과입니다. 이전과 다른 값이 좋은 결과를 만들었습니다.

최상의 결과를 낸 매개변수를 바탕으로 더 진행해보죠.

6.5.1 colsample

순서대로 colsample_bytree, colsample_bylevel, colsample_bynode를 적용해보겠습니다.

colsample_bytree

먼저 colsample_bytree를 적용합니다.

```
grid_search(params={'colsample_bytree':[0.5, 0.6, 0.7, 0.8, 0.9, 1],
                    'max_depth':[1], 'n_estimators':[50]})
```

출력은 다음과 같습니다.

```
최상의 매개변수: {'colsample_bytree': 1, 'max_depth': 1, 'n_estimators': 50}
최상의 점수: 0.83869
```

점수가 향상되지 않았습니다. 그다음 colsample_bylevel을 시도해보죠.

colsample_bylevel

다음 코드에서 colsample_bylevel을 탐색합니다.

```
grid_search(params={'colsample_bylevel':[0.5, 0.6, 0.7, 0.8, 0.9, 1],
                    'max_depth':[1], 'n_estimators':[50]})
```

출력은 다음과 같습니다.

```
최상의 매개변수: {'colsample_bylevel': 1, 'max_depth': 1, 'n_estimators': 50}
최상의 점수: 0.83869
```

역시 점수가 향상되지 않았습니다.

작은 데이터셋에서 최선의 결과인 것 같습니다. 다른 방식을 시도해보죠. colsample_bynode 하나만 사용하지 않고 colsample 매개변수를 모두 적용해보겠습니다.

colsample_bynode

코드는 다음과 같습니다.

```
grid_search(params={'colsample_bynode':[0.5, 0.6, 0.7, 0.8, 0.9, 1],
                    'colsample_bylevel':[0.5, 0.6, 0.7, 0.8, 0.9, 1],
                    'colsample_bytree':[0.5, 0.6, 0.7, 0.8, 0.9, 1],
                    'max_depth':[1], 'n_estimators':[50]})
```

출력은 다음과 같습니다.

```
최상의 매개변수: {'colsample_bylevel': 0.6, 'colsample_bynode': 0.7,
'colsample_bytree': 0.8, 'max_depth': 1, 'n_estimators': 50}
최상의 점수: 0.84852
```

훌륭하네요. `colsample` 매개변수를 함께 사용하니 지금까지 가장 높은 점수를 냈습니다. 기준 모델 보다 6퍼센트 포인트 높은 점수입니다.

6.5.2 gamma

마지막으로 튜닝해볼 매개변수는 gamma입니다. 다음은 과대적합을 줄이기 위한 gamma의 탐색 범위입니다.

```
grid_search(params={'gamma':[0, 0.01, 0.05, 0.1, 0.5, 1, 2, 3],
                    'colsample_bylevel':[0.9],
                    'colsample_bytree':[0.8],
                    'colsample_bynode':[0.5],
                    'max_depth':[1], 'n_estimators':[50]})
```

출력은 다음과 같습니다.

```
최상의 매개변수: {'colsample_bylevel': 0.9, 'colsample_bynode': 0.5,
'colsample_bytree': 0.8, 'gamma': 0, 'max_depth': 1, 'n_estimators': 50}
최상의 점수: 0.83536
```

gamma는 기본값 0 그대로입니다.

최상의 점수는 기준 모델보다 5퍼센트 포인트 높기 때문에 XGBoost로 충분한 성과를 낸 것 같습니다.

6.6 마치며

이 장에서 하이퍼파라미터 튜닝을 준비하기 위해 **StratifiedKFold**를 사용해 기준 XGBoost 모델을 만들었습니다. 그다음 **GridSearchCV**와 **RandomizedSearchCV**를 사용해 그리드 서치를 수행할 함수를 만들었습니다. XGBoost 핵심 하이퍼파라미터의 정의, 범위, 적용하는 방법을 배웠고 조기 종료라는 새로운 기법을 살펴보았습니다. 모든 기능과 하이퍼파라미터, 기법을 합쳐서 심장 질환 데이터셋에서 모델을 튜닝하였고 기본 XGBoost 분류 모델보다 높은 점수를 얻었습니다.

XGBoost 하이퍼파라미터 튜닝에 익숙하려면 시간이 걸립니다. 하이퍼파라미터 튜닝은 머신러닝 초보자와 전문가를 구별하는 핵심 기술입니다. XGBoost 매개변수에 대한 지식은 유용할 뿐만 아니라 구축하는 머신러닝 모델의 성능을 최대로 끌어내는 데 필수적입니다.

축하합니다. 중요한 장을 마쳤습니다.

다음은 XGBoost 분류 모델을 사용한 사례 연구를 다루어보겠습니다. 이를 통해 **XGBClassifier**의 성능, 범위, 응용 능력을 알아보겠습니다.

## CHAPTER 7

XGBoost로 외계 행성 찾기

이 장에서 **XGBClassifier**로 외계 행성을 찾기 위해 우주로 여행을 떠나보겠습니다.

이 장의 목적은 두 가지입니다. 하나는 일반적으로 XGBoost로 수행하는 실제 작업을 위해 탑다운 방식으로 연습하는 것이 중요합니다. XGBoost로 외계 행성을 찾지 못할 수 있지만 측정 지표 선택, 측정 지표를 유념한 하이퍼파라미터 튜닝을 포함하여 여기서 구현한 전략은 XGBoost 실전 사용에 적용할 수 있습니다. 이 사례 연구의 두 번째 목적은 이 장의 핵심 주제인 불균형한 데이터셋을 다루는 데 익숙해지는 것이 모든 머신러닝 기술자의 필수사항이기 때문입니다.

구체적으로 **오차 행렬**confusion matrix, **분류 리포트**classification report를 사용하고, 정밀도와 재현율을 이해하고, **데이터 리샘플링**resampling, `scale_pos_weight` 적용 등과 같은 새로운 기술을 배우겠습니다. **XGBClassifier**로 최상의 결과를 얻으려면 불균형한 데이터를 세심하게 분석하고 명확한 목표가 있어야 합니다. 이 장에서 우주에서 외계 행성을 찾기 위해 빛 데이터를 분석하는 이 장의 탑다운 연구에서 핵심은 **XGBClassifier**입니다.

이 장에서는 다음과 같은 내용을 다룹니다.

- 외계 행성 찾기
- 오차 행렬 분석
- 불균형 데이터 리샘플링
- XGBClassifier 튜닝

7.1 외계 행성 찾기

이 절에서 외계 행성 데이터셋을 분석하면서 탐험을 시작해보겠습니다. 외계 행성 탐사에 대한 역사를 소개하고 그래프를 그리고 분석하여 외계 행성을 탐지해보겠습니다. 그래프는 **시계열**time series 데이터셋에서 통찰을 얻을 수 있는 중요한 머신러닝 기술입니다. 마지막으로 머신러닝으로 초기 예측을 만들고 단점을 찾아보겠습니다.

7.1.1 역사적 배경

천문학자들은 고대부터 빛에서 정보를 수집해왔습니다. 망원경의 등장으로 17세기에 천문학 지식이 크게 늘어났습니다. 망원경과 수학 모델을 결합하여 18세기 천문학자들은 태양계 내에서 행성의 위치와 일식을 매우 정확하게 예측했습니다.

20세기에는 더 발전된 기술과 복잡한 수학을 활용하여 천문학 연구가 계속되었습니다. 외계 행성이라고 불리는 다른 별들 주위를 도는 행성들이 생명체 거주가능 영역 안에서 발견되었습니다. 거주가능 영역 안에 있는 행성은 외계 행성의 위치와 크기가 지구와 비슷해 액체 상태의 물과 생명체가 있을 가능성이 높다는 뜻입니다.

이 외계 행성들은 망원경으로 직접 볼 수 없으며 별빛의 주기적인 변화를 통해 추론할 수 있습니다. 별 주위를 주기적으로 돌면서 별빛의 감지 가능한 부분을 막을 정도로 충분히 큰 물체는 행성입니다. 별빛으로 외계 행성을 발견하려면 오랜 시간 동안 빛의 변동을 측정해야 합니다. 빛의 변화는 종종 매우 미묘하기 때문에 외계 행성이 실제로 존재하는지 여부를 결정하는 것은 쉽지 않습니다. 이 장에서 XGBoost로 별에 외계 행성이 있는지 예측해보겠습니다.

7.1.2 외계 행성 데이터셋

4장에서 XGBoost가 다른 앙상블 방법에 비해 대규모 데이터셋에서 속도에 장점이 있다는 것을 보이기 위해 외계 행성 데이터셋을 사용했습니다. 이 장에서는 외계 행성 데이터셋에 대해 더 자세히 알아보겠습니다.

외계 행성 데이터셋은 **NASA 케플러 우주망원경**Kepler Space Telescope에서 가져온 것입니다. 데이터셋에 대한 정보는 캐글에서 볼 수 있습니다.[1] 이 데이터셋에 있는 별 중에 5,050개는 외계 행성이 없고 37개는 외계 행성을 가지고 있습니다.

3,000개 이상의 열과 5,000개 이상의 행이 있기 때문에 총 1,500만개 이상의 원소가 있습니다. 100개의 XGBoost 트리와 곱하면 15억개 데이터 포인트를 처리하는 셈이 됩니다. 문제를 간단히 하기 위해 일부 데이터셋으로 시작하겠습니다. 시간을 절약하기 위해 일부 데이터로 시작하는 것은 대규모 데이터셋을 처리할 때 일반적인 방법입니다.

pd.read_csv() 함수에는 행의 개수를 제한할 수 있는 nrows 매개변수가 있습니다. nrows=n 으로 지정하면 파일에서 처음 n 개의 행을 읽습니다. 데이터 구조에 따라 일부 데이터가 전체를 대표하도록 만들기 위해서는 추가적인 코드가 필요할 수 있습니다.

pandas를 임포트하고 nrows=400으로 exoplanets.csv 파일을 로드합니다. 그다음 처음 다섯 개 행을 출력합니다.

```python
import pandas as pd
df = pd.read_csv('exoplanets.csv', nrows=400)
df.head()
```

출력은 다음과 같습니다.

	LABEL	FLUX.1	FLUX.2	FLUX.3	FLUX.4	FLUX.5	FLUX.6	FLUX.7	FLUX.8	FLUX.9	...	FLUX.3188	FLUX.3189	FLUX.3190	FLUX.3191	FLUX.3192
0	2	93.85	83.81	20.10	-26.98	-39.56	-124.71	-135.18	-96.27	-79.89	...	-78.07	-102.15	-102.15	25.13	48.57
1	2	-38.88	-33.83	-58.54	-40.09	-79.31	-72.81	-86.55	-85.33	-83.97	...	-3.28	-32.21	-32.21	-24.89	-4.86
2	2	532.64	535.92	513.73	496.92	456.45	466.00	464.50	486.39	436.56	...	-71.69	13.31	13.31	-29.89	-20.88
3	2	326.52	347.39	302.35	298.13	317.74	312.70	322.33	311.31	312.42	...	5.71	-3.73	-3.73	30.05	20.03
4	2	-1107.21	-1112.59	-1118.95	-1095.10	-1057.55	-1034.48	-998.34	-1022.71	-989.57	...	-594.37	-401.66	-401.66	-357.24	-443.76

5 rows × 3198 columns

그림 7-1 외계 행성 데이터프레임

이 데이터프레임은 많은 열을 가지고 있습니다(3,198개). 빛의 주기적인 변화를 관찰할 때 주기성을 찾으려면 충분한 데이터 포인트가 필요합니다. 태양계 안에 있는 행성의 공전은 88일 (수성)에서 165년(해왕성)까지 다릅니다. 외계 행성이 감지되었다면 행성이 별 앞을 공전할 때 이를 놓치지 않도록 데이터 포인트를 충분히 자주 모아야 합니다.

---

1 https://www.kaggle.com/keplersmachines/kepler-labelled-time-series-data

이 데이터셋에는 외계 행성을 가진 별이 37개뿐이므로 400개의 샘플 중에는 몇 개가 포함되었는지 확인하는 것이 중요합니다.

value_counts() 메서드는 특정 열에 있는 고유 값의 개수를 계산합니다. 다음 코드를 사용해 LABEL 열에서 외계 행성을 가진 별의 개수를 확인할 수 있습니다.

```
df['LABEL'].value_counts()
```

출력은 다음과 같습니다.

```
1    363
2     37
Name: LABEL, dtype: int64
```

이 데이터프레임에 외계 행성을 가진 모든 별이 포함되어 있습니다. head() 출력에서 볼 수 있듯이 외계 행성을 가진 별이 시작 부분에 나타납니다.

7.1.3 그래프 시각화

외계 행성이 별의 빛을 가릴 때 광속이 감소될 것입니다. 광속이 주기적으로 감소된다면 외계 행성이 존재할 가능성이 높습니다. 정의상 행성은 별을 도는 큰 물체이기 때문입니다.

이 데이터를 그래프로 시각화해보죠.

1 matplotlib, numpy, seaborn을 임포트하고 seaborn을 darkgrid로 설정합니다.

```
import matplotlib.pyplot as plt
import numpy as np
import seaborn as sns
sns.set()
```

빛의 변화를 그래프로 그릴 때 LABEL 열은 사용하지 않습니다. 이 열은 머신러닝 모델을 위한 타깃입니다.

TIP matplotlib 보다 나은 그래프를 위해 seaborn을 추천합니다. sns.set()은 밝은 회색 배경에 흰색 그리드를 만듭니다. 또한 plt.hist() 같이 기본적인 그래프는 Seaborn을 사용하면 더 멋지게 출력됩니다. Seaborn에 대한 더 자세한 내용은 *https://seaborn.pydata.org/*을 참고하세요.

2 데이터를 (그래프로 그릴) 특성 X와 타깃 y로 나눕니다. 외계 행성 데이터셋의 타깃은 첫 번째 열입니다.

```
X = df.iloc[:,1:]
y = df.iloc[:,0]
```

3 `light_plot()` 함수를 작성합니다. 이 함수는 데이터 인덱스(행)를 받아 x 축은 관측 횟수, y 축은 빛의 밝기인 그래프를 그리고 그래프에 적절한 레이블을 부여합니다.

```
def light_plot(index):
    y_vals = X.iloc[index]
    x_vals = np.arange(len(y_vals))
    plt.figure(figsize=(15,8))
    plt.xlabel('Number of Observations')
    plt.ylabel('Light Flux')
    plt.title('Light Plot ' + str(index), size=15)
    plt.plot(x_vals, y_vals)
    plt.show()
```

4 인덱스 0으로 함수를 호출해보죠. 이 별은 외계 행성을 가진 별입니다.

```
light_plot(0)
```

출력된 그래프는 다음과 같습니다.

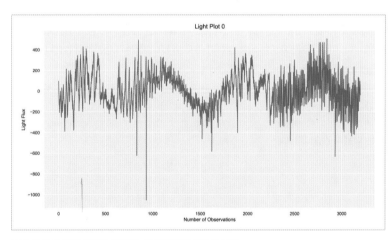

그림 7-2 첫 번째 샘플의 그래프. 주기적인 빛 감소가 있음

데이터에 주기적으로 나타나는 감소가 있습니다. 하지만 이 그래프만으로 외계 행성이 있는지 결론을 내기에는 확실하지 않습니다.

5 비교를 위해 데이터셋에서 외계 행성을 가지지 않은 첫 번째 별인 인덱스 37을 출력해보죠.

```
light_plot(37)
```

출력된 그래프는 다음과 같습니다.

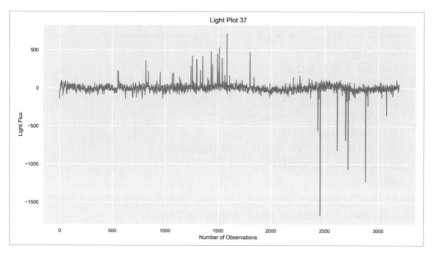

그림 7-3 37번째 샘플의 그래프

빛의 밝기가 증가하거나 감소하지만 전 영역에 걸쳐 있지는 않습니다.

빛 감소가 데이터에 보이지만 그래프 전체에 주기적으로 나타나지는 않습니다. 감소의 빈도가 지속적으로 반복되지 않습니다. 이런 증거만으로는 외계 행성이 존재한다고 결정하기 충분하지 않습니다.

6 두 번째 별의 그래프를 그려보죠.

```
light_plot(1)
```

출력된 그래프는 다음과 같습니다.

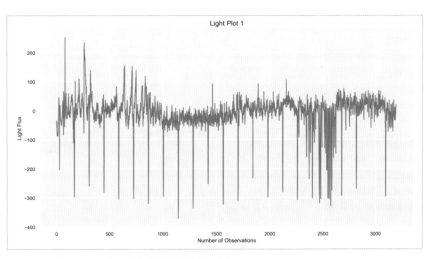

그림 7-4 주기적인 빛 감소는 외계 행성의 존재를 나타냄

이 그래프는 빛 감소가 명확하게 주기적으로 나타나기 때문에 외계 행성이 있을 가능성이 높습니다! 모든 그래프가 이처럼 명확하다면 머신러닝이 필요하지 않을 것입니다. 다른 그래프를 보면 외계 행성의 존재를 결정하기가 보통 이렇게 명확하지 않습니다.

여기서 목적은 그래프만으로는 외계 행성을 구분하기 어렵다는 것을 강조하기 위함입니다. 천문학자들은 여러 가지 방법을 사용해 외계 행성을 구분하며 머신러닝은 그 중에 한 방법입니다.

이 데이터셋은 시계열 데이터이지만 다음 번의 광속을 예측하는 것이 목적이 아닙니다. 전체 데이터를 사용해 외계 행성을 가진 별을 분류하는 것입니다. 이런 점에서 머신러닝 분류기를 사용해 별에 외계 행성이 있는지 예측할 수 있습니다. 주어진 데이터에서 분류기를 훈련하고 이를 사용해 새로운 데이터에서 외계 행성이 있는지 예측합니다. 이 장에서는 XGBClassifier를 사용해 데이터에서 외계 행성을 가진 별을 분류해보겠습니다. 분류 작업으로 들어가기 전에 먼저 데이터를 준비해보죠.

7.1.4 데이터 준비

이전 절에서 그래프만으로는 외계 행성의 존재를 결정하기에 충분하지 않다는 것을 알았습니다. 이런 경우에 머신러닝이 도움이 될 수 있습니다. 먼저 데이터를 준비해보겠습니다.

1 데이터가 모두 수치형이고 누락된 값이 없어야 합니다. df.info()를 사용해 데이터 타입과 누락된 값을 확인해보죠.

```
df.info()
```

출력은 다음과 같습니다.

```
<class 'pandas.core.frame.DataFrame'>
RangeIndex: 400 entries, 0 to 399
Columns: 3198 entries, LABEL to FLUX.3197
dtypes: float64(3197), int64(1)
memory usage: 9.8 MB
```

이 데이터프레임의 열은 3,197개의 실수와 1개의 정수로 이루어져 있습니다. 따라서 모든 열이 수치형입니다. 열 개수가 많기 때문에 누락된 값에 대한 정보가 제공되지 않았습니다.

2 누락된 값의 개수를 세기 위해 isnull() 메서드 다음에 sum() 메서드를 두 번 반복합니다. 첫 번째 sum() 메서드는 각 열의 누락된 값의 개수를 세고, 두 번째 sum() 메서드는 모든 열에 대해 누락된 값을 셉니다.

```
df.isnull().sum().sum()
```

출력은 다음과 같습니다.

```
0
```

누락된 값이 없고 수치형 데이터이므로 머신러닝 모델을 만들어보겠습니다.

7.1.5 초기 XGBClassifier

초기 **XGBClassifier** 모델을 만들기 위해 다음 과정을 따릅니다.

1 XGBClassifier와 accuracy_score() 함수를 임포트합니다.

```
from xgboost import XGBClassifier
from sklearn.metrics import accuracy_score
```

2 데이터를 훈련 세트와 테스트 세트로 나눕니다.

```
from sklearn.model_selection import train_test_split
X_train, X_test, y_train, y_test = train_test_split(X, y, random_state=2)
```

3 booster='gbtree' 매개변수로 모델을 만들고 정확도를 계산합니다.

```
model = XGBClassifier(booster='gbtree')
model.fit(X_train, y_train)
y_pred = model.predict(X_test)
score = accuracy_score(y_pred, y_test)
print('점수: ' + str(score))
```

출력은 다음과 같습니다.

```
점수: 0.89
```

89%의 별을 올바르게 분류했으니 출발이 좋은 것 같습니다. 하지만 여기에는 숨겨진 문제가 있습니다.

어떤 문제인지 눈치채셨나요?

이 모델을 천문학자에게 보여준다고 생각해보죠. 이 천문학자가 데이터 분석을 잘 알고 있다면 다음과 같이 대답할 것입니다. "89% 정확도를 달성했군요. 하지만 이 데이터에서 외계 행성을 가진 별은 10%뿐입니다. 무조건 외계 행성이 없다고 예측하는 모델보다 이 모델이 더 낫다고 말할 수 있나요?"

여기에 문제가 있습니다. 10개의 별 중 9개가 외계 행성을 가지고 있지 않기 때문에 모델이 외계 행성이 없는 별이라고 무조건 예측하면 대략 90% 정확도가 됩니다.[2]

불균형한 데이터에서는 정확도로 충분하지 않습니다.

---

[2] 옮긴이_ 400개의 샘플 중 37개의 레이블이 2이므로 무조건 레이블 1로 예측하면 90% 이상의 정확도를 얻을 수 있습니다.

7.2 오차 행렬 분석하기

오차 행렬은 분류 모델에서 올바른 예측과 잘못된 예측을 요약해 놓은 테이블입니다. 오차 행렬은 어떤 예측이 정확하고 어떤 예측이 틀렸는지 정보를 많이 제공하기 때문에 불균형한 데이터셋을 분석하는 데 이상적입니다.

테스트 세트에 대한 완벽한 오차 행렬은 다음과 같습니다.[3]

```
array([[88, 0],
       [ 0,  12]])
```

모든 샘플이 왼쪽 대각선에 있을 때 모델의 정확도가 100%입니다. 이 오차 행렬은 완벽하게 88개의 외계 행성이 없는 별과 12개의 외계 행성을 가진 별을 예측합니다. 이 오차 행렬은 레이블을 제공하지 않지만 이 경우에는 샘플 개수로 레이블을 유추할 수 있습니다.

조금 더 자세히 알아보기 전에 사이킷런으로 실제 오차 행렬을 확인해보겠습니다.

7.2.1 confusion_matrix

`sklearn.metrics` 모듈에서 `confusion_matrix()`를 임포트합니다.

```
from sklearn.metrics import confusion_matrix
```

순서대로 `y_test`와 (이전 절에서 얻은 예측 값인) `y_pred`를 입력으로 `confusion_matrix()` 함수를 호출합니다.

```
confusion_matrix(y_test, y_pred)
```

출력은 다음과 같습니다.

---

3 옮긴이_ 테스트 세트의 샘플 100개 중에서 12개가 양성 클래스(외계 행성을 가진 별)에 해당합니다. 오차 행렬에서 음성 클래스가 첫 번째 행, 양성 클래스가 두 번째 행에 나타납니다. 모델이 음성으로 예측한 샘플은 첫 번째 열, 양성으로 예측한 샘플은 두 번째 열에 나타납니다. 따라서 이 오차 행렬은 88개의 음성 샘플을 모두 음성으로 예측하고, 12개의 양성 샘플을 모두 양성으로 예측했습니다.

```
array([[86, 2],
       [ 9,  3]])
```

오차 행렬의 대각선에 있는 숫자는 외계 행성이 없는 86개의 별과 외계 행성이 있는 3개의 별을 올바르게 예측했다는 것을 보여줍니다.

이 행렬의 오른쪽 위 코너에 있는 숫자 2는 외계 행성이 없는 2의 별을 외계 행성을 가지고 있다고 잘못 분류했다는 것을 나타냅니다. 비슷하게 왼쪽 아래에 있는 숫자 9는 외계 행성이 있는 9개의 별을 외계 행성이 없다고 잘못 분류한 것을 나타냅니다.

행을 따라 분석하면 외계 행성이 없는 88개의 별 중에 86개가 올바르게 분류되었고, 외계 행성이 있는 12개의 별 중에 3개만 올바르게 분류되었습니다.

여기서 보듯이 오차 행렬은 정확도가 알려주지 않는 모델 예측에 대한 중요한 정보를 제공합니다.

7.2.2 classification_report

분류 리포트는 이전 절의 오차 행렬에 담긴 숫자를 바탕으로 다양한 비율을 제공합니다. 분류 리포트를 확인해보죠.

1 sklearn.metrics 모듈에서 classification_report() 함수를 임포트합니다.

```
from sklearn.metrics import classification_report
```

2 순서대로 y_test와 y_pred를 매개변수로 전달하여 classification_report() 함수를 호출합니다. 그 다음 이 함수의 반환 값을 출력합니다.

```
print(classification_report(y_test, y_pred))
```

출력은 다음과 같습니다.

```
              precision    recall  f1-score   support

           1       0.91      0.98      0.94        88
           2       0.60      0.25      0.35        12
```

accuracy			0.89	100
macro avg	0.75	0.61	0.65	100
weighted avg	0.87	0.89	0.87	100

이 점수가 무엇을 의미하는지 이해하는 것이 중요합니다. 하나씩 알아보겠습니다.

정밀도

정밀도precision는 양성 클래스(레이블 2)를 올바르게 예측한 비율입니다. 이 값은 **진짜 양성**true positive과 **거짓 양성**false positive으로 정의됩니다.[4]

진짜 양성

다음은 진짜 양성의 정의와 예입니다.

- 정의 - 올바르게 양성으로 예측된 양성 샘플의 개수
- 예 - 외계 행성 데이터셋의 경우 레이블 2로 예측된 레이블 2의 개수

거짓 양성

다음은 거짓 양성의 정의와 예입니다.

- 정의 - 올바르지 않게 양성으로 예측된 음성 샘플의 개수
- 예 - 외계 행성 데이터셋의 경우 레이블 2로 잘못 예측된 레이블 1의 개수

정밀도의 정의는 종종 다음과 같은 수식으로 표현됩니다.

$$정밀도 = \frac{TP}{TP + FP}$$

여기서 TP는 진짜 양성이고 FP는 거짓 양성입니다.

외계 행성 데이터셋의 경우 다음과 같이 계산할 수 있습니다.[5]

---

4 옮긴이_ 오차 행렬에서 진짜 양성은 두 번째 행의 두 번째 열의 값이고, 거짓 양성은 첫 번째 행의 두 번째 열의 값입니다.
5 옮긴이_ 외계 행성을 가진 별을 양성 클래스로 두었을 때와 외계 행성이 없는 별을 양성 클래스로 두었을 때 각각 계산한 것입니다.

$$외계\ 행성을\ 가진\ 별의\ 정밀도 = \frac{3}{3 + 2} = 0.6$$

그리고

$$외계\ 행성이\ 없는\ 별의\ 정밀도 = \frac{86}{86 + 9} = 0.91$$

정밀도는 각 타깃 클래스에 대해 올바르게 예측한 비율을 제공합니다. 이제 분류 리포트에 있는 다른 점수를 알아보겠습니다.

재현율

재현율[recall]은 예측하지 못한 양성 클래스의 비율입니다. 재현율은 진짜 양성 개수를 진짜 양성과 거짓 음성을 더한 값으로 나누어 구할 수 있습니다.

거짓 음성

다음은 **거짓 음성**[false negative]의 정의와 예입니다. [6]

- 정의 – 올바르지 않게 음성으로 예측된 양성 샘플의 개수
- 예 – 외계 행성 데이터셋의 경우 레이블 1로 잘못 예측된 레이블 2의 개수

재현율의 공식은 다음과 같습니다.

$$재현율 = \quad recall = \frac{TP}{TP + FN}$$

여기에서 TP는 진짜 양성이고 FN은 거짓 음성입니다.

외계 행성 데이터셋의 경우 다음과 같이 계산할 수 있습니다.

$$외계\ 행성을\ 가진\ 별의\ 재현율 = \frac{3}{3 + 9} = 0.25$$

---

6 옮긴이_ 오차 행렬에서 거짓 음성은 두 번째 행의 첫 번째 열의 값입니다. 비슷하게 진짜 음성은 첫 번째 행의 첫 번째 열의 값입니다.

그리고

$$외계\ 행성을\ 가진\ 별의\ 재현율 = \frac{86}{86 + 2} = 0.98$$

재현율은 얼마나 많은 양성 샘플을 찾았는지 말해줍니다. 외계 행성 데이터셋의 경우 외계 행성을 가진 별의 25%만 찾았습니다.

F1 점수

F1 점수는 정밀도와 재현율의 조화 평균입니다.[7] 정밀도와 재현율의 분모가 다르기 때문에 이를 동일하게 만들기 위해 조화 평균을 사용합니다. 정밀도와 재현율이 모두 중요할 때 F1 점수를 사용하는 것이 좋습니다. F1 점수는 0~1 사이의 값이며 1이 가장 좋은 값입니다.

역자 노트	분류 리포트 자세히 알아보기

분류 리포트에서 support 열의 숫자는 각 행에 해당되는 샘플 개수를 나타냅니다. macro avg 행은 첫 번째 행(음성 클래스)과 두 번째 행(양성 클래스)의 평균입니다. weighted avg는 첫 번째 행과 두 번째 행의 support 값을 곱하고 전체 샘플 개수로 나누어 계산합니다. 예를 들면 정밀도의 weighted avg는 (0.91*88 + 0.60*12) / (88+12) = 0.8728입니다.

7.2.3 다른 평가 방법

정밀도, 재현율, F1 점수는 사이킷런에서 제공하는 평가 방법입니다. 전체 평가 방법은 공식 문서에서 찾을 수 있습니다.[8]

---

7 옮긴이_ F1 점수는 2 x (정밀도 x 재현율) / (정밀도 + 재현율) 로 계산합니다.

8 https://scikit-learn.org/stable/modules/model_evaluation.html

TIP 정확도는 분류 작업에서 종종 최상의 선택이 아닙니다. 또 다른 인기있는 평가 방법은 **ROC**receiving operator characteristic **곡선**[9] 아래의 면적인 roc_auc_score() 함수입니다. 대부분의 분류 작업의 평가 방법과 마찬가지로 1에 가까울수록 좋습니다. 자세한 내용은 공식 문서를 참고하세요.[10]

평가 방법을 선택할 때 목표를 이해하는 것이 중요합니다. 외계 행성 데이터셋의 목표는 외계 행성을 찾는 것입니다. 이는 분명한 목표입니다. 원하는 결과를 얻기 위해 가장 좋은 평가 방법을 선택해야 합니다.

두 개의 시나리오를 생각해보죠.

- 시나리오 1: 머신러닝 모델이 예측한 4개의 외계 행성을 가진 별 중에 3개가 실제로 외계 행성을 가졌다면 정밀도는 3/4 = 75%입니다.
- 시나리오 2: 외계 행성을 가진 12개 별 중에서 모델이 8개의 별을 정확하게 예측했다면 재현율은 8/12 = 66%입니다.

어떤 것이 나은가요?

정답은 상황에 따라 다릅니다. 재현율은 양성 샘플(외계 행성을 가진 별)을 모두 찾는 것이 목표일 때 잘 맞습니다. 정밀도는 양성 샘플로 예측한 것이 모두 맞아야 할 때 이상적입니다.

천문학자들은 머신러닝 모델이 예측했기 때문에 외계 행성을 찾았다고 발표하지 않을 것 같습니다. 외계 행성을 가진 후보 별을 주의 깊게 조사하고 추가적인 증거를 기반으로 예측 결과를 확인하거나 반박할 것입니다.

머신러닝 모델의 목표가 가능한 많은 외계 행성을 찾는 것이라면 재현율이 좋은 선택입니다. 왜일까요? 재현율은 외계 행성을 가진 12개의 별 중 몇 개를 찾았는지 알려주기 때문입니다 (2/12, 5/12, 12/12 등). 이 별들을 모두 찾아보죠.

> NOTE_ **정밀도**
> 높은 정밀도는 외계 행성을 가진 별을 더 많이 찾았다는 것을 의미하지 않습니다. 예를 들어 1/1의 정밀도는 100%이지만 외계 행성을 가진 별 하나만 찾은 것입니다.

---

9 옮긴이_ ROC 곡선은 거짓 양성 비율(FPR) 대비 진짜 양성 비율(TPR)의 그래프입니다. FPR은 FP/(FP+TN)이며 TRP은 재현율의 다른 이름입니다.

10 https://scikit-learn.org/stable/modules/generated/sklearn.metrics.roc_auc_score.html

recall_score

이전 절에서 언급했듯이 가능한 많은 외계 행성을 찾기 위해 재현율을 외계 행성 데이터셋의 평가 방법으로 사용하겠습니다. 시작해보죠.

1 sklearn.metrics 모듈 아래에서 recall_score() 함수를 호출합니다.

```
from sklearn.metrics import recall_score
```

기본적으로 recall_score()는 양성 클래스(일반적으로 레이블 1)의 재현율 점수를 계산합니다. 외계 행성 데이터셋처럼 음성 클래스가 레이블 1이고 양성 클래스가 레이블 2인 경우는 드뭅니다.

2 외계 행성 데이터셋의 예측 결과에서 recall_score() 함수를 호출하려면 y_test, y_pred와 함께 pos_label=2로 지정해야 합니다.

```
recall_score(y_test, y_pred, pos_label=2)
```

출력은 다음과 같습니다.

```
0.25
```

이 값은 분류 리포트에서 레이블 2(외계 행성을 가진 별)에 해당하는 재현율과 같습니다. 앞으로 accuracy_score() 대신에 recall_score()를 평가 방법으로 사용하겠습니다. 다음으로 불균형한 데이터셋에서 성능을 향상시킬 수 있는 중요한 전략인 리샘플링에 대해 배워 보죠.

7.3 불균형 데이터 리샘플링

외계 행성을 찾기 위한 적절한 평가 방법을 선택했습니다. 이제 낮은 재현율 점수를 만드는 데이터 불균형 문제를 고치기 위해 리샘플링, 언더샘플링, 오버샘플링 같은 전략을 알아보겠습니다.

7.3.1 리샘플링

불균형 데이터에 대응하는 한가지 전략은 데이터 리샘플링입니다. 다수 클래스의 샘플을 줄이기 위해 데이터를 **언더샘플링**undersampling하거나 소수 클래스의 샘플을 늘리기 위해 데이터를 **오버샘플링**oversampling할 수 있습니다.

7.3.2 언더샘플링

앞에서 5,807개 샘플 중에서 400개를 선택했습니다. 이 서브셋은 원본 데이터셋의 일부를 포함하고 있기 때문에 언더샘플링의 한 예입니다.

임의의 개수를 지정해 데이터에서 언더샘플링하는 함수를 작성해보죠. 이 함수는 언더샘플링 결과가 어떻게 변하는지 알 수 있도록 재현율 점수를 반환합니다. xgb_clf() 함수를 작성해 보죠.

xgb_clf 함수

다음 함수는 XGBClassifier 모델과 행 개수를 입력으로 받고 오차 행렬, 분류 리포트, 외계 행성을 가진 별의 재현율 점수를 출력합니다.

단계는 다음과 같습니다.

1 머신러닝 모델 model, 행 개수 nrows를 입력으로 받는 xgb_clf() 함수를 정의합니다.

```
def xgb_clf(model, nrows):
```

2 nrows 만큼 데이터프레임으로 로드하고 X와 y를 훈련 세트와 테스트 세트로 나눕니다.

```
df = pd.read_csv('exoplanets.csv', nrows=nrows)
X = df.iloc[:,1:]
y = df.iloc[:,0]
X_train, X_test, y_train, y_test = train_test_split(X, y, random_state=2)
```

3 모델을 초기화하고 훈련 세트로 훈련한 다음 recall_score()의 입력으로 y_test, y_pred, pos_label=2로 지정해 평가합니다.

```
model.fit(X_train, y_train)
y_pred = xg_clf.predict(X_test)
score = recall_score(y_test, y_pred, pos_label=2)
```

4 오차 행렬, 분류 리포트를 출력하고 재현율을 반환합니다.

```
print(confusion_matrix(y_test, y_pred))
print(classification_report(y_test, y_pred))
return score
```

이제 샘플을 언더샘플링하고 점수가 어떻게 변하는지 알아보죠.

언더샘플링 테스트

nrows를 800으로 두 배 늘려보죠. 원래 데이터셋이 5,087개 이므로 여전히 언더샘플링에 해당합니다.

```
xgb_clf(XGBClassifier(), nrows=800)
```

출력은 다음과 같습니다.

```
[[189    1]
 [  9    1]]
                precision    recall  f1-score   support

           1        0.95      0.99      0.97       190
           2        0.50      0.10      0.17        10

    accuracy                            0.95       200
   macro avg        0.73      0.55      0.57       200
weighted avg        0.93      0.95      0.93       200

0.1
```

오차 행렬의 결과를 보면 외계 행성이 없는 별의 재현율은 거의 완벽하지만 외계 행성이 있는 별의 재현율은 10%에 불과합니다.

nrows를 400에서 200으로 줄여보죠.

```
xgb_clf(XGBClassifier(), nrows=200)
```

출력은 다음과 같습니다.

```
[[37  0]
 [ 8  5]]
              precision    recall   f1-score   support

          1       0.82      1.00       0.90        37
          2       1.00      0.38       0.56        13

   accuracy                            0.84        50
  macro avg       0.91      0.69       0.73        50
weighted avg      0.87      0.84       0.81        50
0.38461538461538464
```

조금 나아졌습니다. nrows를 감소시켜 재현율이 올라갔습니다.

클래스 샘플 개수가 동일할 때 어떻게 되는지 알아보죠. 외계 행성을 가진 별의 개수가 37개이므로 외계 행성이 없는 별 37개를 선택하면 균형이 맞습니다.

nrows=74로 xgb_clf() 함수를 호출합니다.

```
xgb_clf(XGBClassifier(), nrows=74)
```

출력은 다음과 같습니다.

```
[[6 2]
 [5 6]]
              precision    recall   f1-score   support

          1       0.55      0.75       0.63         8
          2       0.75      0.55       0.63        11

   accuracy                            0.63        19
  macro avg       0.65      0.65       0.63        19
weighted avg      0.66      0.63       0.63        19

0.5454545454545454
```

샘플 개수가 적지만 이 결과는 괜찮은 편입니다.

그다음에 오버샘플링 전략을 적용하면 어떻게 되는지 알아보죠.

7.3.3 오버샘플링

또 다른 리샘플링 기법은 오버샘플링입니다. 오버샘플링은 샘플 개수를 줄이는 것이 아니라 부족한 클래스의 샘플을 복사하고 추가하여 샘플 수를 늘립니다.

원본 데이터셋이 5,000개 행이 넘지만 간단하게 시작하기 위해 nrows=400을 사용했습니다.

nrows=400일 때 음성 클래스와 양성 클래스의 비율은 약 10대 1입니다. 균형을 맞추려면 양성 클래스 샘플을 10배 늘려야 합니다.

이를 위한 전략은 다음과 같습니다.

- 양성 클래스 샘플을 아홉 번 복사한 새로운 데이터프레임을 만듭니다.
- 새로운 데이터프레임과 원본 데이터프레임을 합쳐서 1:1 비율을 만듭니다.

더 진행하기 전에 주의할 점이 있습니다. 데이터를 훈련 세트와 테스트 세트로 나누기 전에 리샘플링하면 재현율 점수가 부풀려집니다. 이유가 무엇일까요?

리샘플링할 때 양성 클래스 샘플에 대해 아홉 개의 복사본이 만들어집니다. 이 데이터를 훈련 세트와 테스트 세트로 나누면 복사본이 두 세트에 모두 들어갈 가능성이 높습니다. 따라서 테스트 세트는 훈련 세트와 동일한 샘플을 나누어 가지게 됩니다.

적절한 방법은 데이터를 훈련 세트와 테스트 세트로 먼저 나누고 그다음 리샘플링을 수행하는 것입니다. 따라서 앞에서 나누어 놓은 X_train, X_test, y_train, y_test를 사용합니다. 시작해보죠.

1 X_train과 y_train을 pd.merge() 함수를 사용해 양쪽 인덱스를 기준으로 합칩니다.

```
df_train = pd.merge(y_train, X_train, left_index=True, right_index=True)
```

2 다음처럼 np.repeat() 함수를 사용해 새로운 데이터프레임 new_df를 만듭니다.

a) 양성 샘플을 넘파이 배열로 변환합니다.

```
df_train[df_train['LABEL']==2].values
```

b) 복사 횟수를 지정합니다. 여기서는 9입니다.

c) 행을 기준으로 복사하기 위해 axis=0을 지정합니다.

```
new_df = pd.DataFrame(np.repeat(df_train[df_train['LABEL']==2].values, 9,axis=0))
```

3 열 이름을 복사합니다.

```
new_df.columns = df_train.columns
```

4 데이터프레임을 연결합니다.

```
df_train_resample = pd.concat([df_train, new_df])
```

5 value_counts() 메서드 값을 확인합니다.

```
df_train_resample['LABEL'].value_counts()
```

출력은 다음과 같습니다.

```
1.0    275
2.0    250
Name: LABEL, dtype: int64
```

6 리샘플링된 데이터프레임을 X와 y로 나눕니다.

```
X_train_resample = df_train_resample.iloc[:,1:]
y_train_resample = df_train_resample.iloc[:,0]
```

7 리샘플링된 훈련 세트에서 모델을 훈련합니다.

```
model = XGBClassifier()
model.fit(X_train_resample, y_train_resample)
```

8 X_test와 y_test로 모델을 평가합니다. 오차 행렬과 분류 리포트도 출력합니다.

```
y_pred = model.predict(X_test)
score = recall_score(y_test, y_pred, pos_label=2)
```

```
print(confusion_matrix(y_test, y_pred))
print(classification_report(y_test, y_pred))
print(score)
```

출력은 다음과 같습니다.

```
[[86  2]
 [ 8  4]]
              precision    recall  f1-score   support

           1       0.91      0.98      0.95        88
           2       0.67      0.33      0.44        12

    accuracy                           0.90       100
   macro avg       0.79      0.66      0.69       100
weighted avg       0.89      0.90      0.88       100

0.3333333333333333
```

시작할 때 만든 테스트 세트를 사용해 오버샘플링으로 33.3% 재현율을 달성했습니다. 여전히 낮지만 이전에 얻은 17%보다 두 배 높은 점수입니다.

> **TIP** SMOTE는 imblearn에서 임포트할 수 있는 인기있는 리샘플링 방법입니다. 사용하려면 먼저 imblearn을 설치해야 합니다. 앞의 리샘플링 코드를 사용해 SMOTE에서 동일한 결과를 얻을 수 있습니다.

리샘플링으로는 성능이 크게 올라가지 않았으므로 XGBoost의 매개변수를 튜닝해볼 차례입니다.

7.4 XGBClassifier 튜닝

이 절에서 외계 행성 데이터셋에서 가능한 최상의 재현율 점수를 얻도록 **XGBClassifier**를 튜닝해보겠습니다. 먼저 **scale_pos_weight** 매개변수를 사용해 가중치를 조정하고 그리드 서치로 최상의 매개변수 조합을 찾습니다. 또한 다양한 서브셋에서 모델을 평가하고 결과를 통합하고 분석하겠습니다.

7.4.1 가중치 조정하기

5장에서 **scale_pos_weight** 매개변수를 사용해 힉스 보손 데이터셋의 불균형에 대응했습니다. scale_pos_weight는 양성 샘플의 가중치를 조정하기 위해 사용합니다. 여기에서 양성 샘플이란 점이 중요합니다. 사이킷런은 타깃 값 1을 양성으로 타깃 값 0을 음성으로 생각하기 때문입니다.[11]

외계 행성 데이터셋에서는 제공되는 그대로 1이 음성이고 2를 양성으로 사용했습니다. 판다스 replace() 메서드를 사용해 0을 음성으로 1을 양성으로 바꾸겠습니다.

replace 메서드

replace() 메서드를 사용해 열의 값을 재할당할 수 있습니다. 다음 코드는 LABEL 열에서 1을 0으로 바꾸고, 2를 1로 바꿉니다.

```
df['LABEL'] = df['LABEL'].replace(1, 0)
df['LABEL'] = df['LABEL'].replace(2, 1)
```

두 코드의 순서를 바꾸면 2가 먼저 1이 되고 그다음 1이 0으로 바뀌기 때문에 모든 값이 0이 됩니다. 프로그래밍에서는 순서가 중요하죠![12]

value_counts() 메서드로 값을 확인해보겠습니다.

```
df['LABEL'].value_counts()
```

출력은 다음과 같습니다.

```
0    363
1    37
Name: LABEL, dtype: int64
```

---

11 옮긴이_ 앞서 recall_score() 함수를 호출할 때는 pos_label 매개변수로 양성 샘플을 지정했지만 cross_val_score() 함수나 GridSearchCV 클래스를 사용할 때는 재현율 계산을 위해 양성 샘플 레이블을 따로 지정할 수 없기 때문에 0, 1로 바꾸어 주어야 합니다.

12 옮긴이_ replace() 메서드는 리스트를 받아 순서대로 값을 바꿀 수 있으며 순서에 영향을 받지 않습니다. 예를 들면 다음과 같이 쓸 수 있습니다. df['LABEL'] = df['LABEL'].replace([1,2], [0,1])

이제 레이블 1이 양성 샘플이고, 레이블 0이 음성 샘플입니다.

scale_pos_weight

데이터 불균형을 고려하여 scale_pos_weight=10으로 지정하여 새로운 XGBClassifier 모델을 만들어보겠습니다.

1 새로운 데이터프레임을 특성 X, 타깃 y로 나눕니다.

```
X = df.iloc[:,1:]
y = df.iloc[:,0]
```

2 데이터를 훈련 세트와 테스트 세트로 나눕니다.

```
X_train, X_test, y_train, y_test = train_test_split(X, y, random_state=2)
```

3 scale_pos_weight=10 옵션으로 XGBClassifier 모델을 만들고 훈련하고 평가합니다. 전체 결과를 확인하기 위해 오차 행렬, 분류 리포트를 출력합니다.

```
model = XGBClassifier(scale_pos_weight=10)
model.fit(X_train, y_train)
y_pred = model.predict(X_test)
score = recall_score(y_test, y_pred)
print(confusion_matrix(y_test, y_pred))
print(classification_report(y_test, y_pred))
print(score)
```

출력은 다음과 같습니다.

```
[[86  2]
 [ 8  4]]
              precision    recall  f1-score   support

           0       0.91      0.98      0.95        88
           1       0.67      0.33      0.44        12

    accuracy                           0.90       100
   macro avg       0.79      0.66      0.69       100
weighted avg       0.89      0.90      0.88       100

0.3333333333333333
```

이 결과는 이전 절에서 리샘플링 방법으로 얻은 것과 동일합니다.

직접 구현했던 오버샘플링 방법은 `scale_pos_weight` 매개변수를 사용하여 만든 `XGBClassifier`와 동일한 예측을 만듭니다.

7.4.2 XGBClassifier 튜닝

이제 하이퍼파라미터 튜닝이 재현율을 높일 수 있는지 확인해보겠습니다.

하이퍼파라미터 튜닝을 할 때 `GridSearchCV`와 `RandomizedSearchCV`를 사용하는 것이 표준입니다. 두 클래스 모두 두 개 이상의 폴드로 교차 검증을 수행합니다. 초기 모델의 성능이 뛰어나지 않고 대규모 데이터셋에서 여러 폴드를 테스트하는 작업은 오래 걸리기 때문에 아직 교차 검증을 구현하지 않았습니다.

시간을 절약하기 위해 두 개의 폴드로 `GridSearchCV`와 `RandomizedSearchCV`를 사용해보겠습니다. 일관된 결과를 위해 `StratifiedKFold`를 사용하는 것이 권장됩니다(6장 참조). 기준 모델부터 시작해보죠.

기준 모델

다음은 k-폴드 교차 검증으로 기준 모델을 만듭니다.

1 `GridSearchCV`, `RandomizedSearchCV`, `StratifiedKFold`, `cross_val_score()`을 임포트합니다.

```
from sklearn.model_selection import GridSearchCV, RandomizedSearchCV,StratifiedKFo
ld, cross_val_score
```

2 `n_splits=2`와 `shuffle=True`로 `StratifiedKFold`를 초기화합니다.

```
kfold = StratifiedKFold(n_splits=2, shuffle=True, random_state=2)
```

3 음성 샘플이 양성 샘플보다 10배 많기 때문에 `scale_pos_weight=10`으로 `XGBClassifier`를 초기화합니다.

```
model = XGBClassifier(scale_pos_weight=10)
```

4 cv=kfold와 score='recall' 매개변수로 cross_val_score() 함수를 호출하여 모델을 평가하고 반환된 점수를 출력합니다.

```
scores = cross_val_score(model, X, y, cv=kfold, scoring='recall')
print('재현율: ', scores)
print('재현율 평균: ', scores.mean())
```

출력은 다음과 같습니다.

```
재현율:  [0.10526316 0.27777778]
재현율 평균:  0.1915204678362573
```

교차 검증으로 점수가 조금 더 나빠졌습니다. 양성 샘플이 적을 때 어떤 샘플이 훈련 세트와 테스트 세트에 포함되는지가 차이를 만듭니다. StratifiedKFold나 train_test_split()를 다른 식으로 사용하면 결과가 달라질 것입니다.

grid_search

이제 6장과 비슷한 grid_search() 함수를 만들어보겠습니다.

1 새로운 함수는 이전과 동일하게 매개변수 딕셔너리, RandomizedSearchCV를 위한 random 옵션을 받습니다. 또한 서브셋을 사용할 수 있게 X와 y를 기본 매개변수로 제공합니다. 평가 방법은 재현율을 사용합니다.[13]

```
def grid_search(params, random=False, X=X, y=y,
                       model=XGBClassifier(scale_pos_weight=10, random_state=2)):
    xgb = model
    if random:
        grid = RandomizedSearchCV(xgb, params, cv=kfold, n_jobs=-1,
                              random_state=2, scoring='recall')
    else:
        grid = GridSearchCV(xgb, params, cv=kfold, n_jobs=-1, scoring='recall')
    grid.fit(X, y)
    best_params = grid.best_params_
    print("최상의 매개변수:", best_params)
    best_score = grid.best_score_
    print("최상의 점수: {:.5f}".format(best_score))
```

---

13 옮긴이_ subsample, colsample* 매개변수를 탐색할 때 동일한 결과를 재현하기 위해 random_state를 지정합니다.

2 기본값을 제외한 매개변수로 그리드 서치를 실행해서 점수를 높여보겠습니다. 다음은 초기 그리드 서치의 실행과 결과입니다.

a) 그리드 서치 1:

```
grid_search(params={'n_estimators':[50, 200, 400, 800]})
```

출력은 다음과 같습니다.

```
최상의 매개변수: {'n_estimators': 50}
최상의 점수: 0.19152
```

b) 그리드 서치 2:

```
grid_search(params={'learning_rate':[0.01, 0.05, 0.2, 0.3]})
```

출력은 다음과 같습니다.

```
최상의 매개변수: {'learning_rate': 0.01}
최상의 점수: 0.40351
```

c) 그리드 서치 3:

```
grid_search(params={'max_depth':[1, 2, 4, 8]})
```

출력은 다음과 같습니다.

```
최상의 매개변수: {'max_depth': 2}
최상의 점수: 0.24415
```

d) 그리드 서치 4:

```
grid_search(params={'subsample':[0.3, 0.5, 0.7, 0.9]})
```

출력은 다음과 같습니다.

```
최상의 매개변수: {'subsample': 0.3}
최상의 점수: 0.24561
```

e) 그리드 서치 5:

```
grid_search(params={'gamma':[0.05, 0.1, 0.5, 1]})
```

출력은 다음과 같습니다.

```
최상의 매개변수: {'gamma': 0.05}
최상의 점수: 0.24415
```

3 learning_rate, max_depth, gamma를 바꾸어 성능을 높였습니다. 이 매개변수를 범위를 좁혀서 동시에 시도해보죠.

```
grid_search(params={'learning_rate':[0.001, 0.01, 0.03],
                    'max_depth':[1, 2], 'gamma':[0.025, 0.05, 0.5]})
```

출력은 다음과 같습니다.

```
최상의 매개변수: {'gamma': 0.025, 'learning_rate': 0.001, 'max_depth': 2}
최상의 점수: 0.53509
```

4 max_delta_step도 시도해볼 가치가 있습니다. XGBoost는 불균형한 데이터셋에서만 이 매개변수를 권장합니다. 기본값은 0입니다. 이 매개변수 값을 증가시키면 더 보수적인 모델이 만들어집니다.[14]

```
grid_search(params={'max_delta_step':[1, 3, 5, 7]})
```

출력은 다음과 같습니다.

```
최상의 매개변수: {'max_delta_step': 1}
최상의 점수: 0.24415
```

5 마지막으로 랜덤 서치로 subsample 매개변수와 모든 colsample을 탐색해보겠습니다.

```
grid_search(params={'subsample':[0.3, 0.5, 0.7, 0.9, 1],
                    'colsample_bylevel':[0.3, 0.5, 0.7, 0.9, 1],
                    'colsample_bynode':[0.3, 0.5, 0.7, 0.9, 1],
                    'colsample_bytree':[0.3, 0.5, 0.7, 0.9, 1]}, random=True)
```

----

14 옮긴이_ max_delta_step는 노드의 가중치에 대한 절댓값 한계를 설정합니다.

출력은 다음과 같습니다.

```
최상의 매개변수: {'subsample': 0.3, 'colsample_bytree': 0.7, 'colsample_bynode':
0.7, 'colsample_bylevel': 1}
최상의 점수: 0.37865
```

400개의 샘플로 이루어진 서브셋을 계속 사용하지 않고 74개의 샘플로 이루어진 균형잡힌 (언더샘플링된) 서브셋으로 바꾸고 결과를 비교해보죠.

균형잡힌 서브셋

74개 샘플로 이루어진 균형잡힌 서브셋은 최소한 양의 데이터입니다. 또한 테스트하기도 빠릅니다.

다음처럼 균형잡힌 서브셋을 X_short와 y_short로 정의하겠습니다.

```
X_short = X.iloc[:74, :]
y_short = y.iloc[:74]
```

몇 번의 그리드 서치를 수행하여 max_depth와 colsample_bynode를 함께 사용해 다음 결과를 얻었습니다.

```
grid_search(params={'max_depth':[1, 2, 3],
                    'colsample_bynode':[0.5, 0.75, 1]},
            X=X_short, y=y_short,
            model=XGBClassifier(random_state=2))
```

출력은 다음과 같습니다.

```
최상의 매개변수: {'colsample_bynode': 0.5, 'max_depth': 2}
최상의 점수: 0.65205
```

점수가 향상되었습니다.

이제 전체 데이터로 하이퍼파라미터 튜닝을 해보겠습니다.

전체 데이터로 튜닝하기

전체 데이터로 grid_search() 함수를 호출하면 오래 걸립니다. 마지막이므로 코드를 실행하고 컴퓨터가 일하는 동안 휴식을 취할 차례입니다.

1 새로운 데이터프레임 df_all로 전체 데이터를 로드합니다.

```
df_all = pd.read_csv('exoplanets.csv')
```

2 레이블 1을 0으로 바꾸고, 레이블 2를 1로 바꿉니다.

```
df_all['LABEL'] = df_all['LABEL'].replace(1, 0)
df_all['LABEL'] = df_all['LABEL'].replace(2, 1)
```

3 데이터를 X_all과 y_all로 나눕니다.

```
X_all = df_all.iloc[:,1:]
y_all = df_all.iloc[:,0]
```

4 value_counts() 메서드로 LABEL 열을 확인합니다.

```
df_all['LABEL'].value_counts()
```

출력은 다음과 같습니다.

```
0    5050
1      37
Name: LABEL, dtype: int64
```

5 음성 클래스 개수를 양성 클래스 개수로 나누어 가중치를 계산합니다.

```
weight = int(5050/37)
```

6 scale_pos_weight=weight로 설정한 XGBClassifier로 전체 데이터에 대한 기준 모델을 만들고 평가합니다.

```
model = XGBClassifier(scale_pos_weight=weight)
scores = cross_val_score(model, X_all, y_all, cv=kfold, scoring='recall')
print('재현율:', scores)
print('재현율 평균:', scores.mean())
```

출력은 다음과 같습니다.

```
재현율: [0.10526316 0.        ]
재현율 평균: 0.05263157894736842
```

이 점수는 아주 좋지 않군요. 아마도 이 모델은 낮은 재현율에도 불구하고 높은 정확도를 기록하고 있을 것입니다.

7 지금까지 제일 좋았던 매개변수를 기반으로 하이퍼파라미터 튜닝을 해보죠.

```
grid_search(params={'learning_rate':[0.001, 0.01]}, X=X_all, y=y_all,
                    model=XGBClassifier(scale_pos_weight=weight))
```

출력은 다음과 같습니다.

```
최상의 매개변수: {'learning_rate': 0.001}
최상의 점수: 0.26316
```

이 점수는 이전 보다 훨씬 낮습니다. 다른 하이퍼파라미터를 함께 써 보겠습니다.

```
grid_search(params={'max_depth':[1, 2],'learning_rate':[0.001]}, X=X_all, y=y_all,
                    model=XGBClassifier(scale_pos_weight=weight))
```

결과는 다음과 같습니다.

```
최상의 매개변수: {'learning_rate': 0.001, 'max_depth': 2}
최상의 점수: 0.53509
```

앞서 언더샘플링한 데이터셋의 결과만큼 좋지는 않지만 더 나아졌습니다.

전체 데이터를 사용한 점수가 낮고 오랜 시간이 걸린다면 자연스럽게 질문이 생깁니다. 외계 행성 데이터셋의 작은 서브셋에서 머신러닝 모델이 더 잘 동작할까요?

확인해보죠.

7.4.3 결과 통합

데이터셋이 다른 경우 결과를 통합하는 것은 까다롭습니다. 지금까지 다음과 같은 서브셋을 시도해보았습니다.

- 5,050개 샘플 - 약 54% 재현율
- 400개 샘플 - 약 54% 재현율
- 74개 샘플 - 약 68% 재현율

가장 좋은 점수를 낸 매개변수 조합은 `learning_rate=0.001`, `max_depth=2`, `colsample_bynode=0.5`입니다.

외계 행성을 가진 37개의 별을 모두 포함해 모델을 훈련해보죠. 이는 테스트 세트에 모델 훈련에 사용한 샘플이 포함된다는 의미입니다. 일반적으로 이는 좋은 생각이 아닙니다. 하지만 이예제는 양성 클래스가 매우 적기 때문에 이전에 본 적 없는 양성 샘플로 이루어진 더 작은 서브셋을 테스트하는 방법을 알아보는 데 도움이 될 수 있습니다.

다음 함수는 X, y와 모델 객체를 입력으로 받습니다. 전달된 데이터로 모델을 훈련한 다음 전체 데이터셋에서 예측을 만듭니다. 마지막으로 `recall_score()`, `confusion matrix()`, `classification report()` 결과를 출력합니다.

```
def final_model(X, y, model):
    model.fit(X, y)
    y_pred = model.predict(X_all)
    score = recall_score(y_all, y_pred)
    print(score)
    print(confusion_matrix(y_all, y_pred))
    print(classification_report(y_all, y_pred))
```

세 개의 서브셋으로 이 함수를 실행해보겠습니다. 가장 좋았던 세 개의 매개변수 중에서 `colsample_bynode`, `max_depth`가 최상의 결과를 내었습니다.

외계 행성을 가진 별과 그렇지 않은 별의 개수가 동일한 가장 작은 서브셋부터 시작해보죠.

74개 샘플

74개 샘플로 시작해보죠.

```
final_model(X_short, y_short,
            XGBClassifier(max_depth=2, colsample_by_node=0.5,
                          random_state=2))
```

출력은 다음과 같습니다.

```
1.0
[[3588 1462]
 [   0   37]]
              precision    recall  f1-score   support

           0       1.00      0.71      0.83      5050
           1       0.02      1.00      0.05        37

    accuracy                           0.71      5087
   macro avg       0.51      0.86      0.44      5087
weighted avg       0.99      0.71      0.83      5087
```

외계 행성을 가진 37개의 별을 모두 완벽하게 분류했습니다. 하지만 외계 행성이 없는 1,462 개의 별을 잘못 분류했습니다! 재현율 100%지만 정밀도는 2%이며 F1 점수는 5%입니다. 재현율만 튜닝할 때 낮은 정밀도와 F1 점수가 위험 요소입니다. 실제로 천문학자는 외계 행성을 가진 37개 별을 찾기 위해 1,499개의 외계 행성을 가진 별 후보를 자세히 분석할 것입니다. 이는 납득하기 어렵습니다.

400개 샘플로 훈련했을 때는 어떤지 알아보죠.

400 샘플

400개 샘플을 사용하므로 데이터에 균형을 잡기 위해 scale_pos_weight=10으로 지정합니다.

```
final_model(X, y,
            XGBClassifier(max_depth=2, colsample_bynode=0.5,
                          scale_pos_weight=10, random_state=2))
```

출력은 다음과 같습니다.

```
1.0
[[4897  153]
 [   0   37]]
                  precision    recall   f1-score   support

           0         1.00       0.97       0.98       5050
           1         0.19       1.00       0.33         37

    accuracy                               0.97       5087
   macro avg         0.60       0.98       0.66       5087
weighted avg         0.99       0.97       0.98       5087
```

이번에도 외계 행성을 가진 37개 별을 모두 완벽하게 분류해서 재현율 100%를 달성했습니다. 하지만 외계 행성이 없는 149개의 별을 잘못 분류했기 때문에 정밀도는 20%입니다. 이 경우 천문학자는 외계 행성이 있는 별 37개를 찾기 위해 190개 별을 분석해야 합니다.

마지막으로 전체 데이터에서 훈련해보죠.

5,050 샘플

전체 데이터를 사용할 때 scale_pos_weight를 앞서 만들었던 weight 변수로 설정합니다.

```
final_model(X_all, y_all,
            XGBClassifier(max_depth=2, colsample_bynode=0.5,
                          scale_pos_weight=weight, random_state=2))
```

출력은 다음과 같습니다.

```
1.0
[[5050    0]
 [   0   37]]
                  precision    recall   f1-score   support

           0         1.00       1.00       1.00       5050
           1         1.00       1.00       1.00         37
```

accuracy			1.00	5087
macro avg	1.00	1.00	1.00	5087
weighted avg	1.00	1.00	1.00	5087

놀랍네요. 모든 예측, 재현율, 정밀도가 100%로 완벽합니다. 매우 고무적인 이런 상황에서는 천문학자가 잘못된 데이터를 찾을 필요 없이 모든 외계 행성을 가진 별을 찾을 수 있습니다.

하지만 유념해야 할 점이 있습니다. 강력한 모델을 만들기 위해서는 모델이 본 적 없는 테스트 세트를 사용하는 것이 필수적이지만 여기에서는 훈련 데이터에서 이 점수를 얻었다는 것입니다. 다른 말로 하면 모델이 훈련 데이터를 완벽하게 학습했더라도 새로운 데이터에 잘 일반화될 가능성이 낮습니다. 하지만 이 수치는 가치가 있습니다.

이 결과를 보면 이 머신러닝 모델은 훈련 세트에서는 높은 성능을 내고 테스트 세트에서는 그렇지 않기 때문에 분산이 매우 높을 수 있습니다. 또한 데이터에 있는 미묘한 패턴을 잡아내려면 더 많은 트리와 더 많은 튜닝이 필요할 수 있습니다.

7.4.4 결과 분석

훈련 세트에서 평가할 때 튜닝된 모델이 완벽한 재현율을 달성했지만 정밀도는 다양했습니다. 다음은 고려할만한 사항입니다.

- 재현율이나 F1 점수 대신에 정밀도를 사용하면 최적이 아닌 모델이 만들어 질 수 있습니다. 분류 리포트를 확인하면 자세한 내용을 볼 수 있습니다.
- 작은 서브셋에서 얻은 높은 점수를 지나치게 강조하는 것은 추천하지 않습니다.
- 불균형한 데이터셋에서 테스트 세트 점수가 낮지만 훈련 세트 점수가 높을 때 광범위한 하이퍼파라미터 튜닝을 하는 것이 권장됩니다.

캐글 사용자가 공개한 외계 행성 데이터셋에 대한 노트북인 커널을 보면 다음 내용을 알 수 있습니다.[15]

- 많은 사용자가 매우 불균형한 데이터에서 높은 정확도는 얻기 쉽고 사실상 의미 없다는 것을 이해하지 못합니다.

---

15 https://www.kaggle.com/keplersmachines/kepler-labelled-time-series-data/kernels

- 정밀도를 사용한 사용자는 일반적으로 50~70%를 달성했고 재현율을 사용한 사용자는 60~100%를 달성했습니다(100% 재현율을 달성한 경우 55% 정밀도를 얻었습니다). 이로부터 이 데이터셋의 도전 과제와 한계를 알 수 있습니다.

이 결과를 천문학자에게 제시할 때 불균형한 데이터의 한계를 잘 알고 있다면 모델의 성능은 최대 70% 재현율이며 외계 행성을 가진 37개의 별로는 생명체나 다른 행성을 찾기 위해 강력한 머신러닝 모델을 만들기에 충분하지 않다는 결론을 내립니다. 하지만 XGBClassifier를 사용하면 천문학자나 다른 사람들이 데이터 분석에 대해 이해하고 머신러닝으로 새로운 외계 행성을 발견하기 위해 우주에서 어떤 별에 관심을 집중할지 결정할 수 있습니다.

7.5 마치며

이 장에서는 새로운 행성과 잠재적으로 새로운 생명체를 발견하기 위해 외계 행성 데이터셋으로 우주를 조사했습니다. 외계 행성을 가진 별이 주기적으로 빛의 변화가 있는지 예측하기 위해 여러 개의 XGBClassifier 모델을 만들었습니다. 외계 행성을 가진 37개의 별과 외계 행성이 없는 5,050개의 별을 사용하여 언더샘플링, 오버샘플링, scale_pos_weight를 포함한 XGBoost 하이퍼파라미터 튜닝으로 불균형한 데이터를 다루어보았습니다.

오차 행렬과 분류 리포트를 사용하여 결과를 분석했습니다. 다양한 분류 측정 지표 간의 주요 차이점을 배웠고, 외계 행성 데이터셋의 정확도가 사실상 쓸모가 없고 높은 재현율이 이상적인 이유, 특히 우수한 F1 점수를 위한 높은 정밀도가 필요한 이유에 대해 이해했습니다. 마지막으로 데이터가 극도로 다양하고 불균형할 때 머신러닝 모델의 한계를 깨달았습니다.

이 사례 연구를 마치면서 scale_pos_weight, 하이퍼파라미터 튜닝, 여러 가지 분류 측정 지표를 사용하여 XGBoost로 불균형 데이터셋을 분석하는 데 필요한 지식과 기술을 갖게 되었습니다.

다음 장에서는 그레이디언트 부스팅 트리를 넘어 다른 XGBoost 기본 학습기를 적용함으로써 XGBoost에 대한 지식을 크게 확장할 것입니다. 그레이디언트 부스팅 트리가 가장 좋은 옵션인 경우가 많지만 XGBoost에는 선형 기본 학습기, 다트dart 기본 학습기, 심지어 랜덤 포레스트까지 포함되어 있습니다!

Part

III

고급 XGBoost

고급 XGBoost 모델을 구축하려면 연습, 분석 및 실험이 필요합니다. 3부에서는 다른 기본 학습기를 실험하고 튜닝합니다. 또한 스태킹과 특성 공학을 포함하여 캐글 마스터로부터 혁신적인 팁과 기법을 배웁니다. 희소 행렬, 사용자 정의 변환기, 파이프라인^{pipeline}을 사용하여 제품 개발을 위해 준비된 강력한 모델 구축을 연습합니다.

Part III

고급 XGBoost

## CHAPTER 8

XGBoost 기본 학습기

이 장에서는 XGBoost에 있는 다양한 **기본 학습기**를 분석하고 적용합니다. XGBoost에서 기본 학습기는 부스팅 단계마다 반복적으로 사용되는 개별 모델입니다. 가장 많이 사용하는 것은 트리입니다. XGBoost에서 gbtree로 설정할 수 있는 기본 결정 트리 외에도 기본 학습기를 위한 추가 옵션에는 gblinear와 dart가 있습니다. 또한 XGBoost는 기본 학습기와 트리 앙상블 알고리즘으로 랜덤 포레스트를 제공합니다. 이 장에서 실험해보겠습니다.

다른 기본 학습기를 적용하는 방법을 배우면 XGBoost에 대한 지식을 크게 확장할 수 있습니다. 더 많은 모델을 구축할 수 있는 능력을 갖게 될 것이며 선형, 트리 기반, 랜덤 포레스트 머신러닝 알고리즘을 개발하는 새로운 접근 방식을 배우게 될 것입니다. 이 장의 목표는 고급 XGBoost 옵션을 활용하여 다양한 상황에 가장 적합한 모델을 찾을 수 있도록 여러 가지 기본 학습기로 XGBoost 모델을 구축하는 데 능숙해지는 것입니다.

이 장에서는 다음과 같은 내용을 다룹니다.

- 여러 가지 기본 학습기
- gblinear 적용하기
- dart 비교하기
- XGBoost 랜덤 포레스트

8.1 여러 가지 기본 학습기

기본 학습기는 XGBoost가 앙상블 모델을 만드는 데 사용하는 머신러닝 모델입니다. 모델이기 때문에 base라는 단어를 사용하고 모델이 오류로부터 학습하기 때문에 learner라는 단어를 사용합니다.

결정 트리는 부스팅했을 때 우수한 성능을 제공하기 때문에 XGBoost의 기본 학습기로 선호됩니다. 결정 트리의 인기는 XGBoost를 넘어 랜덤 포레스트와 극도로 랜덤화된 트리(사이킷런의 ExtraTreesClassifier와 ExtraTreesRegressor 문서[1]를 참고하세요)와 같은 다른 앙상블 알고리즘으로 확장되었습니다.

XGBoost에서 gbtree로 알려진 기본값은 여러 기본 학습기 중 하나입니다. 그레이디언트 부스팅 선형 모델인 gblinear, 신경망의 드롭아웃 기법을 적용한 결정 트리의 변형인 dart가 있습니다. 게다가 XGBoost 랜덤 포레스트도 있습니다. 다음 절에서 이런 기본 학습기의 차이점을 알아보고 이어지는 절에서 여러 가지 기본 학습기를 적용해보겠습니다.

8.1.1 gblinear

결정 트리는 비선형 데이터에 최적입니다. 데이터를 필요한 만큼 분할하여 샘플에 쉽게 도달할 수 있습니다. 실제 데이터는 일반적으로 비선형이기 때문에 기본 학습기로 결정 트리가 종종 선호됩니다.

하지만 선형 모델이 적합한 경우도 있습니다. 실제 데이터가 선형 관계를 가지고 있다면 결정 트리가 최선의 선택이 아닐 것입니다. 이런 경우를 위해 XGBoost는 선형 기본 학습기인 gblinear를 제공합니다.

선형 부스팅 모델의 일반적인 아이디어는 트리 부스팅 모델과 동일합니다. 기본 모델을 만들고 이어지는 후속 모델이 잔차를 바탕으로 훈련됩니다. 마지막으로 개별 모델을 합해 최종 결과를 만듭니다. 선형 기본 학습기의 주요 차이점은 앙상블되는 각 모델이 선형이라는 것입니다.

라소와 **릿지**가 규제 항(1장 참조)을 추가한 선형 회귀의 변형인 것처럼 gblinear도 선형 회

---

1 *https://scikit-learn.org/stable/modules/ensemble.html#extremely-randomized-trees*

귀에 규제 항을 추가합니다. XGBoost의 창시자이자 개발자인 티엔치 첸은 **gblinear**를 여러 번 부스팅하면 하나의 라소 회귀가 된다고 깃허브에서 언급했습니다.[2]

gblinear는 로지스틱 회귀로 분류 문제에 사용할 수도 있습니다. 로지스틱 회귀도 선형 회귀처럼 최적의 계수(가중치)를 찾기 때문입니다. 로지스틱 회귀는 시그모이드 함수를 통해 회귀의 출력을 확률로 변환합니다(1장 참조).

이 장의 'gblinear 적용하기' 절에서 **gblinear**에 대한 자세한 내용과 적용 예제를 다루어보겠습니다. 이제 **dart**에 대해 알아보죠.

8.1.2 DART

DART는 Dropouts meet Multiple Additive Regression Trees의 약자입니다. 2015년 UC 버클리의 K.V. 라슈미[K. V. Rashmi]와 마이크로소프트의 란 길라드-배크러치[Ran Gilad-Bachrach]가 한 논문[3]에서 소개했습니다.

라슈미와 길라드-배크러치는 MART[Multiple Additive Regression Trees]가 성공적인 모델이지만 이전 트리에 너무 많이 의존하는 문제가 있다고 강조했습니다. DART는 기본 규제 방법인 축소에 초점을 맞추는 대신 **신경망**[neural network]이 사용하는 **드롭아웃**[dropout] 기법을 사용합니다. 간단히 말하면 드롭아웃은 신경망의 각 층에 있는 유닛(수학적 연산 단위)을 훈련할 때 랜덤하게 삭제하여 과대적합을 줄이는 방법입니다. 다른 말로 하면 드롭아웃은 각 층에서 나오는 정보를 제거하여 학습 과정을 늦춥니다.

DART에서는 새로운 부스팅 단계마다 새로운 모델을 만들기 위해 모든 이전 트리의 잔차를 더하지 않고 이전 트리를 랜덤하게 선택하고 1/k 배율로 리프 노드를 정규화합니다. 여기서 k는 드롭아웃된 트리의 개수입니다.

DART는 결정 트리의 변종입니다. XGBoost의 DART 구현은 드롭아웃을 위해 추가적인 매개변수가 있는 **gbtree**와 비슷합니다.

DART의 수학적 상세 내용은 이 절의 서두에서 소개한 원본 논문을 참고하세요.

---

2   https://github.com/dmlc/xgboost/issues/332

3   http://proceedings.mlr.press/v38/korlakaivinayak15.pdf

나중에 'dart 비교하기' 절에서 DART 기본 학습기로 머신러닝 모델을 만드는 연습을 하겠습니다.

8.1.3 XGBoost 랜덤 포레스트

이 절에서 살펴볼 마지막 방법은 XGBoost 랜덤 포레스트입니다. XGBRegressor와 XGBClassifier의 num_parallel_tree를 1보다 큰 값을 설정하여 랜덤 포레스트를 기본 학습기로 사용할 수 있습니다. 또는 XGBoost의 XGBRFRegressor와 XGBRFClassifier 클래스 사용해 랜덤 포레스트를 구현할 수 있습니다.

그레이디언트 부스팅은 랜덤 포레스트 같이 강한 기본 학습기가 아니라 비교적 약한 기본 학습기의 오차를 향상시키기 위해 고안되었다는 점을 기억하세요. 그럼에도 불구하고 랜덤 포레스트 기본 학습기가 도움이 될 수 있는 예외적인 경우가 있을 수 있으므로 좋은 옵션입니다.

보너스로 XGBoost는 랜덤 포레스트 머신러닝 알고리즘을 구현한 XGBRFRegressor와 XGBRFClassifier를 제공합니다. 이 클래스의 구현은 사이킷런의 랜덤 포레스트(3장 참조)와 비슷합니다. 주요한 차이점은 XGBoost는 과대적합을 방지하기 위한 기본 매개변수를 포함하고 있고 개별 트리를 만드는 방법이 다릅니다. XGBoost 랜덤 포레스트는 실험적인 단계입니다. 하지만 2020년 후반부터 사이킷런의 랜덤 포레스트보다 뛰어난 성능을 내기 시작했습니다. 나중에 이 장에서 확인해보겠습니다.

이 장의 마지막 절에서 XGBoost의 랜덤 포레스트를 기본 학습기와 스탠드얼론standalone 방식으로 실험해보겠습니다.

이제 XGBoost 기본 학습기에 대해 알아보았으니 하나씩 이를 적용해보겠습니다.

8.2 gblinear 적용하기

선형 모델에 잘 맞는 실제 데이터셋은 드뭅니다. 실제 데이터셋은 깨끗하지 않고 트리 앙상블과 같은 복잡한 모델이 더 나은 결과를 냅니다. 그렇지 않은 경우에는 선형 모델이 잘 일반화될 수 있습니다.

머신러닝 알고리즘의 성공은 실제 데이터에 얼마나 잘 수행되는지에 달려 있습니다. 다음 절에서 먼저 당뇨병 데이터셋에 gblinear를 적용하고 그다음 합성된 선형 데이터에 적용해보겠습니다.

8.2.1 gblinear를 당뇨병 데이터셋에 적용하기

당뇨병 데이터셋은 당뇨병 환자 442명의 데이터로 구성된 회귀 데이터셋이며 사이킷런에 포함되어 있습니다. 특성은 나이, 성별, BMI(체질량지수), BP(혈압), 여섯 개의 혈청 측정 값 등으로 구성됩니다. 타깃은 1년 후 당뇨병의 진행 상태입니다. 이 데이터셋에 대한 자세한 내용은 원본 논문[4]을 참고하세요.

사이킷런에 포함된 데이터셋은 특성과 타깃으로 이미 나뉘어져 있습니다. 특성은 X, 타깃은 y로 로드하여 사용하겠습니다.

이 데이터셋과 이 장의 나머지 부분을 위해 필요한 것을 모두 임포트합니다.

```
import pandas as pd
import numpy as np
from sklearn.datasets import load_diabetes
from sklearn.model_selection import cross_val_score
from xgboost import XGBRegressor, XGBClassifier, XGBRFRegressor, XGBRFClassifier
from sklearn.ensemble import RandomForestRegressor, RandomForestClassifier
from sklearn.linear_model import LinearRegression, LogisticRegression
from sklearn.linear_model import Lasso, Ridge
from sklearn.model_selection import GridSearchCV
from sklearn.model_selection import KFold, StratifiedKFold
from sklearn.metrics import mean_squared_error as MSE
```

시작해보죠! 당뇨병 데이터셋을 사용해 다음 단계를 수행합니다.

1 load_diabetes() 함수에 return_X_y 매개변수를 True로 설정하여 특성 X와 타깃 y를 정의합니다.[5]

```
X, y = load_diabetes(return_X_y=True)
```

---

4   http://web.stanford.edu/~hastie/Papers/LARS/LeastAngle_2002.pdf

5   옮긴이_ 사이킷런에서 제공하는 데이터셋을 로드하는 함수에서 return_X_y 매개변수 기본값은 False입니다. 이 때는 5장의 load_
    iris() 함수를 사용했을 때처럼 딕셔너리와 유사한 Bunch 클래스 객체가 반환합니다.

cross_val_score()와 GridSearchCV를 사용할 계획이므로 동일하게 폴드를 나누기 위해 분할기 객체를 만들어 사용하겠습니다. 6장에서 훈련 세트와 테스트 세트의 타깃 클래스의 비율을 균등하게 유지하는 StratifiedKFold를 사용했습니다. 이 방법은 분류용이고 회귀에는 맞지 않습니다. 타깃이 연속적인 값이고 클래스가 없기 때문입니다. 대신 KFold 분할기를 사용해 클래스 비율을 고려하지 않고 일정하게 폴드 분할을 수행해보겠습니다.

2 이제 shuffle=True와 n_splits=5 옵션으로 KFold 객체를 만듭니다.

```
kfold = KFold(n_splits=5, shuffle=True, random_state=2)
```

3 모델을 입력 받고 cv=kfold로 설정한 cross_val_score() 함수가 반환한 5 폴드 점수의 평균을 반환하는 함수를 만듭니다.

```
def regression_model(model):
    scores = cross_val_score(model, X, y, scoring='neg_mean_squared_error', cv=kfold)
    rmse = (-scores)**0.5
    return rmse.mean()
```

4 기본 학습기로 gblinear를 사용하기 위해 booster='gblinear'로 설정하여 XGBRegressor 객체를 만들고 regression_function()에 전달합니다.

```
regression_model(XGBRegressor(booster='gblinear'))
```

출력은 다음과 같습니다.[6]

```
55.497120414996004
```

5 LinearRegression, L1 규제를 사용하는 Lasso, L2 규제를 사용하는 Ridge와 같은 다른 선형 모델로 점수를 계산해보겠습니다.

a) LinearRegression

```
regression_model(LinearRegression())
```

출력은 다음과 같습니다.

```
55.50927267834351
```

---

6 옮긴이_ gblinear 부스터에서 updater 매개변수의 기본값인 'shotgun'을 사용할 경우 실행마다 조금씩 결과가 달라질 수 있습니다.

b) Lasso

```
regression_model(Lasso())
```

출력은 다음과 같습니다.

```
62.64900771743497
```

c) Ridge

```
regression_model(Ridge())
```

출력은 다음과 같습니다.

```
58.83525077919004
```

결과에서 보듯이 gblinear를 기본 학습기로 사용한 XGBRegressor가 LinearRegression과 함께 가장 좋은 성능을 냅니다.

6 booster='gbtree'로 설정한 XGBRegressor를 테스트해보죠.

```
regression_model(XGBRegressor(booster='gbtree'))
```

출력은 다음과 같습니다.

```
65.96608449382913
```

여기서 볼 수 있듯이 gbtree 기본 학습기는 gblinear 만큼 성능이 나오지 않습니다. 이런 경우는 선형 모델이 이상적입니다.

gblinear를 기본 학습기로 사용하고 매개변수를 바꿔서 성능을 높일 수 있는지 확인해보죠.

gblinear 매개변수

매개변수를 수정할 때 gblinear와 gbtree의 차이점을 이해하는 것이 중요합니다. 6장에서 소개한 많은 XGBoost 매개변수는 트리 매개변수이고 gblinear에 적용되지 않습니다. 예를 들어 max_depth와 min_child_weight는 트리에 특화된 매개변수입니다.

다음은 선형 모델을 위해 고안된 XGBoost gblinear의 매개변수를 요약한 것입니다.

reg_lambda

lambda는 파이썬 람다 함수의 예약어이기 때문에 사이킷런 API에서는 lambda 대신 reg_lambda를 사용합니다. 이는 Ridge에서 사용하는 **L2 규제**의 크기를 조정합니다. 0에 가까운 값이 잘 동작하는 경향이 있습니다.

- 기본값: 0
- 범위: [0, inf)
- 값을 증가시키면 과대적합을 방지합니다.
- 다른 이름: lambda

reg_alpha

사이킷런 API는 reg_alpha와 alpha 매개변수를 모두 받을 수 있습니다. 이 매개변수는 Lasso에서 사용하는 **L1 규제**의 양을 조절합니다. 0에 가까운 값이 잘 동작하는 경향이 있습니다.

- 기본값: 0
- 범위: [0, inf)
- 값을 증가시키면 과대적합을 방지합니다.
- 다른 이름: alpha

updater

부스팅 단계마다 선형 모델을 훈련하기 위해 XGBoost가 사용하는 알고리즘. shotgun은 Hogwild 병렬화 기반의 **좌표 경사 하강법**coordinate descent으로 비결정적인 솔루션을 만듭니다. 이와 다르게 coord_descent는 일반적인 좌표 경사 하강법을 사용하여 결정적인 솔루션을 만듭니다.

- 기본값: shotgun
- 범위: shotgun, coord_descent

> NOTE_ 좌표 경사 하강법은 한번에 하나의 좌표 그레이디언트를 찾아 오차를 최소화하는 알고리즘입니다.

feature_selector

feature_selector는 좌표 경사 하강법의 가중치 업데이트 단계에서 특성의 순서를 선택하는 방법입니다.

  a) cyclic – 가중치 업데이트 단계에서 특성을 순환하면서 선택합니다.
  b) shuffle – cyclic과 비슷하지만 가중치 업데이트 전에 특성을 랜덤하게 섞습니다.
  c) random – 특성을 랜덤하게 선택합니다.[7]
  d) greedy – 그레이디언트가 가장 큰 특성을 선택합니다. 속도가 느립니다.
  e) thrifty – greedy와 비슷하지만 가중치 업데이트 전에 그레이디언트 크기에 따라 특성을 정렬합니다.
    • 기본값: cyclic

다음과 같이 updater와 함께 사용해야 합니다.

  a) shotgun: cyclic, shuffle
  b) coord_descent: random, greedy, thrifty

> NOTE_ greedy는 대용량 데이터셋일 경우 계산 비용이 비쌉니다. 하지만 (다음에 나오는) **top_k** 매개변수를 바꾸어 **greedy** 방식이 고려할 특성 개수를 줄일 수 있습니다.

top_k

top_k는 greedy와 thrifty 방식에서 좌표 경사 하강법 동안에 선택하는 최상위 특성의 개수입니다.

  • 기본값: 0 (모든 특성)
  • 범위: [0, 전체 특성 개수]

> NOTE_ XGBoost **gblinear** 매개변수에 대한 자세한 내용은 공식 문서를 참고하세요.[8]

---

7 옮긴이_ random은 가중치 업데이트 단계에서 한 특성을 중복하여 선택할 수 있습니다.
8 https://xgboost.readthedocs.io/en/latest/parameter.html#parameters-for-linear-booster-booster-gblinear

gblinear 그리드 서치

gblinear 매개변수 범위에 대해 알아보았으니 GridSearchCV를 사용한 grid_search() 함수로 최상의 모델을 찾아보겠습니다.

1 6장과 비슷한 grid_search() 함수를 만들어보겠습니다.

```python
def grid_search(params, reg=XGBRegressor(booster='gblinear')):
    grid_reg = GridSearchCV(reg, params, scoring='neg_mean_squared_error', cv=kfold)
    grid_reg.fit(X, y)
    best_params = grid_reg.best_params_
    print("최상의 매개변수:", best_params)
    best_score = np.sqrt(-grid_reg.best_score_)
    print("최상의 점수:", best_score)
```

2 alpha 매개변수부터 바꾸어보죠.

```python
grid_search(params={'reg_alpha':[0.001, 0.01, 0.1, 0.5, 1, 5]})
```

출력은 다음과 같습니다.

```
최상의 매개변수: {'reg_alpha': 0.001}
최상의 점수: 55.48332467507895
```

거의 점수가 동일하지만 아주 조금 좋아졌습니다.

3 그 다음 같은 범위에서 reg_lambda를 바꿔 보겠습니다.

```python
grid_search(params={'reg_lambda':[0.001, 0.01, 0.1, 0.5, 1, 5]})
```

출력은 다음과 같습니다.

```
최상의 매개변수: {'reg_lambda': 0.001}
최상의 점수: 56.171635805559575
```

점수가 비슷하지만 조금 나빠졌습니다.

4 그다음 updater와 함께 feature_selector를 탐색해보겠습니다. 기본값은 updater=shotgun와 feature_selector=cyclic입니다. updater=shotgun일 때 feature_selector에 가능한 다른 옵션은 shuffle뿐입니다. shuffle이 cyclic 보다 더 나은 성능을 내는지 확인해보죠.

```python
grid_search(params={'feature_selector':['shuffle']})
```

출력은 다음과 같습니다.

```
최상의 매개변수: {'feature_selector': 'shuffle'}
최상의 점수: 55.53234774246877
```

여기에서는 shuffle이 더 성능이 높지 않습니다.

5 이제 updater를 coord_descent로 바꾸어보겠습니다. feature_selector는 random, greedy, thrifty 가 가능합니다. 다음 코드처럼 grid_search() 함수로 모든 feature_selector를 테스트해보겠습니다.

```
grid_search(params={'feature_selector':['random', 'greedy', 'thrifty'],
                    'updater':['coord_descent'] })
```

출력은 다음과 같습니다.

```
최상의 매개변수: {'feature_selector': 'thrifty', 'updater': 'coord_descent'}
최상의 점수: 55.48798105805444
```

점수가 조금 나아졌습니다.

마지막으로 확인할 매개변수는 top_k입니다. 이 매개변수는 좌표 경사 하강법에서 greedy와 thrifty 방식이 사용할 특성의 개수를 결정합니다. 전체 특성 개수는 10이므로 2~9 사이를 탐색해보겠습니다.

6 feature_selector를 greedy와 thrifty로 설정하고 top_k 범위를 지정하여 grid_search() 함수를 호출합니다.

```
grid_search(params={'feature_selector':['greedy', 'thrifty'],
                    'updater':['coord_descent'], 'top_k':[3, 5, 7, 9]})
```

출력은 다음과 같습니다.

```
최상의 매개변수: {'feature_selector': 'thrifty', 'top_k': 3, 'updater': 'coord_
descent'}
최상의 점수: 55.478623763746256
```

이 점수가 지금까지 최상입니다.

비대칭 그리드 탐색

본문에서는 updater가 shotgun일 때와 coord_descent일 때를 따로 나누어 그리드 서치를 수행했지만 탐색 범위를 지정한 두 딕셔너리를 리스트로 연결하여 동시에 탐색할 수 있습니다. 이런 방식을 **비대칭 그리드 탐색**이라고도 부릅니다. 먼저 매개변수 그리드를 설정합니다.

```
param_grid = [{'updater':['shotgun'],
               'feature_selector':['cyclic', 'shuffle']},
              {'updater':['coord_descent'],
               'feature_selector':['random', 'greedy', 'thrifty']}]
```

updater의 기본값이 shotgun이지만 여기에서는 이해하기 쉽도록 명시적으로 지정했습니다. 이렇게 지정하면 GridSearchCV 클래스는 shotgun일 때 cyclic과 shuffle을 테스트하고 coord_descent일 때 random, greedy, thrifty를 테스트합니다. 이 매개변수 그리드로 grid_search() 함수를 호출해보죠.

```
grid_search(params=param_grid)
```

출력은 다음과 같습니다.

```
최상의 매개변수: {'feature_selector': 'thrifty', 'updater': 'coord_descent'}
최상의 점수: 55.48798105805444
```

다음으로 넘어가기 전에 n_estimators와 learning_rate 같이 트리에만 해당되지 않는 매개변수도 추가로 사용할 수 있습니다.

이제 선형 데이터셋에서 gblinear가 어떻게 동작하는지 알아보겠습니다.

8.2.2 선형 데이터셋

선형 데이터셋을 직접 만들어보겠습니다. X의 범위를 1~99로 선택하고 약간의 무작위성을 추가하여 선형적으로 y 값을 만들겠습니다.

선형 데이터셋을 만드는 과정은 다음과 같습니다.

1 X 범위를 1~99 사이로 지정합니다.

```
X = np.arange(1,100)
```

2 동일한 결과를 만들기 위해 넘파이 랜덤 시드를 설정합니다.

```
np.random.seed(2)
```

3 y를 빈 리스트로 만듭니다.

```
y = []
```

4 X를 순회하면서 -0.2~0.2 사이의 난수를 곱하여 y에 추가합니다.

```
for i in X:
    y.append(i*np.random.uniform(-0.2, 0.2))
```

5 y를 넘파이 배열로 변환합니다.

```
y = np.array(y)
```

6 사이킷런 API는 샘플이 행을 따라 늘어선 2차원 배열을 기대하기 때문에 X와 y를 하나의 열을 가진 2차원 배열로 변환합니다.

```
X = X.reshape(X.shape[0], 1)
y = y.reshape(y.shape[0], 1)
```

이제 무작위성이 포함된 선형 데이터셋 X와 y가 준비되었습니다.

gblinear 부스터가 찾은 모델 파라미터 조사하기

사이킷런은 2차원 배열의 특성과 1차원 배열의 타깃을 기대합니다. 따라서 y를 2차원 배열로 바꿀 필요가 없으며 파이썬 리스트를 사용해도 괜찮습니다. 넘파이 reshape() 메서드에서 -1로 지정하면 결정되지 않은 모든 차원을 사용합니다. 따라서 X.reshape(-1, 1)과 같이 쓸 수 있습니다.

booster가 gblinear일 경우 훈련된 선형 모델의 계수(가중치)와 절편이 coef_, intercept_ 속성에 저장됩니다. 예제 데이터셋이 한 개의 특성을 사용하므로 X-y 2차원 평면에 산점도를 그린 후에 모델이 찾은 직선을 그릴 수 있습니다.

```python
import matplotlib.pyplot as plt

xgbr = XGBRegressor(booster='gblinear')
xgbr.fit(X, y)

plt.scatter(X, y)
plt.plot((0, 99), (xgbr.intercept_, xgbr.coef_*99+xgbr.intercept_))
plt.show()
```

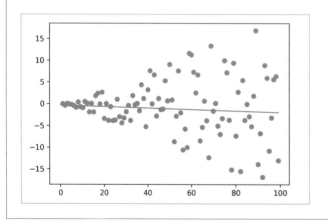

gblinear를 기본 학습기로 사용해 regression_model() 함수를 다시 실행해보죠.

```python
regression_model(XGBRegressor(booster='gblinear'))
```

출력은 다음과 같습니다.

```
6.214946302686011
```

이번에는 gbtree를 기본 학습기로 사용해 regression_model() 함수를 실행해보겠습니다.

```
regression_model(XGBRegressor(booster='gbtree'))
```

출력은 다음과 같습니다.

```
9.372359516507444
```

여기서 볼 수 있듯이 선형 데이터셋에서 gblinear가 훨씬 좋은 성능을 냅니다.

동일한 데이터셋에 사이킷런의 LinearRegression 클래스를 적용하여 비교해보죠.

```
regression_model(LinearRegression())
```

출력은 다음과 같습니다.

```
6.214962315808842
```

여기에서는 LinearRegression 보다 gblinear가 조금 더 좋지만 무시할 수 있는 수준입니다.

8.2.3 gblinear 분석

gblinear는 강력한 옵션이지만 선형 모델이 트리 기반 모델보다 더 높은 성능을 낼 수 있다는 확신이 있을 때만 사용해야 합니다. gblinear는 LinearRegression과 거의 동일한 수준의 성능을 냅니다. XGBoost에서 데이터셋이 크고 선형적일 때 gblinear가 기본 학습기로 좋은 선택입니다. gblinear는 분류에서도 사용할 수 있습니다. 다음 절에서 적용해보겠습니다.

8.3 dart 비교하기

dart 기본 학습기는 둘 다 그레이디언트 부스팅 트리라는 점에서 gbtree와 비슷합니다. dart 는 부스팅 단계마다 트리를 삭제(드롭아웃이라고 부릅니다)하는 것이 주요한 차이점입니다.

이 절에서 회귀와 분류 문제를 사용해 dart와 다른 기본 학습기를 비교해보겠습니다.

8.3.1 dart를 사용한 XGBRegressor

당뇨병 데이터셋에서 dart의 성능을 확인해보죠.

1 먼저 이전처럼 load_diabetes() 함수를 사용해 X와 y를 로드합니다.

```
X, y = load_diabetes(return_X_y=True)
```

2 booster='dart'로 설정해 dart를 기본 학습기로 사용하는 XGBRegressor를 regression_model() 함수에 전달합니다.

```
regression_model(XGBRegressor(booster='dart', rate_drop=0.5))
```

출력은 다음과 같습니다.

```
64.27033739377164
```

booster='dart'일 때 rate_drop 매개변수는 드롭아웃될 확률을 지정합니다. rate_drop=0.5로 지정하여 gbtree보다 좋은 성능을 냈습니다.

분류 데이터셋에서도 dart와 gbtree를 비교해보겠습니다.

8.3.2 dart를 사용한 XGBClassifier

이 책에서 인구 조사 데이터셋을 여러 장에서 사용했습니다. 1장에서 이 데이터셋을 정제한 버전이 8장의 깃허브 폴더에 포함되어 있습니다. 이 데이터셋을 사용해 dart의 성능을 테스트해보죠.

1 인구 조사 데이터셋을 데이터프레임으로 로드하고 마지막 열을 제외한 모든 열을 특성 X로 만들고 마지막 열을 타깃 y로 만듭니다.

```
df_census = pd.read_csv('census_cleaned.csv')
X_census = df_census.iloc[:, :-1]
y_census = df_census.iloc[:, -1]
```

이 장의 서두에서 정의한 regression_model() 함수와 비슷하게 모델을 입력으로 받아 cross_val_score()의 결과 점수를 평균하여 출력하는 함수를 정의합니다.

```
skf = StratifiedKFold(n_splits=5, shuffle=True, random_state=2)

def classification_model(model):
    scores = cross_val_score(model, X_census, y_census,
                             scoring='accuracy', cv=skf)
    return scores.mean()
```

2 이제 booster='gbtree'와 booster='dart'로 설정한 XGBClassifier를 사용해 함수를 호출하고 결과를 비교합니다. 데이터셋이 크기 때문에 실행 시간이 이전 보다 오래 걸릴 것입니다.

a) booster='gbtree'일 때

```
classification_model(XGBClassifier(booster='gbtree'))
```

출력은 다음과 같습니다.

```
0.8711649041738863
```

b) booster='dart'일 때

```
classification_model(XGBClassifier(booster='dart', rate_drop=0.1))
```

출력은 다음과 같습니다.

```
0.8702743586725623
```

드롭아웃 확률을 0.1로 지정하여 아주 조금 정확도를 높였습니다.

그다음 dart와 gblinear를 비교해보겠습니다. gblinear는 분류에도 사용할 수 있습니다. 로지스틱 회귀처럼 가중치 합에 시그모이드 함수를 적용합니다.

1 booster='gblinear'로 지정한 XGBClassifier로 classification_model() 함수를 호출합니다.

```
classification_model(XGBClassifier(booster='gblinear'))
```

출력은 다음과 같습니다.

```
0.8513559207421482
```

선형 기본 학습기의 성능이 트리 기반 기본 학습기보다 낮습니다.

2 gblinear와 로지스틱 회귀를 비교해보죠. 데이터셋이 크기 때문에 LogisticRegression 클래스의 max_iter 매개변수를 기본값 100에서 1000으로 바꿔 수렴하기 위한 반복 횟수를 늘려줍니다. 여기에서는 max_iter를 증가시키면 정확도가 향상됩니다.

```
classification_model(LogisticRegression(max_iter=1000))
```

출력은 다음과 같습니다.

```
0.7959523072547026
```

gblinear가 로지스틱 회귀보다 확실히 더 좋습니다. 분류에서 XGBoost의 gblinear가 로지스틱 회귀의 가능한 대안이라는 점을 꼭 기억하세요.

기본 학습기로써 dart를 gbtree나 gblinear와 비교해보았습니다. 이제 dart 매개변수를 조정해보죠.

8.3.3 dart 매개변수

dart는 gbtree 매개변수를 모두 포함하고 드롭아웃 비율과 같은 매개변수를 추가로 제공합니다. 전체 매개변수에 대한 자세한 정보는 공식 문서를 참고하세요.[9]

다음은 dart에 추가되는 XGBoost 매개변수를 요약한 것입니다.

---

9 https://xgboost.readthedocs.io/en/latest/parameter.html#additional-parameters-for-dart-booster-booster-dart

sample_type

sample_type의 옵션은 균등하게 드롭아웃하는 uniform과 가중치에 비례하여 드롭아웃하는 weighted가 있습니다.

- 기본값: 'uniform'
- 범위: ['uniform', 'weighted']
- 드롭아웃될 트리를 선택하는 방법을 결정합니다.

normalize_type

normalize_type의 옵션은 새로운 트리가 드롭아웃된 트리와 같은 가중치를 가지는 tree와 새로운 트리가 드롭아웃된 트리의 합과 동일한 가중치를 가지는 forest가 있습니다.

- 기본값: 'tree'
- 범위: ['tree', 'forest']
- 트리의 가중치를 정규화합니다.

rate_drop

rate_drop은 드롭아웃될 트리의 비율을 지정합니다.

- 기본값: 0.0
- 범위: [0.0, 1.0]
- 드롭아웃될 트리 비율입니다.

one_drop

one_drop을 1로 지정하면 부스팅 단계에서 적어도 하나의 트리가 항상 드롭아웃됩니다.

- 기본값: 0
- 범위: [0, 1]
- 드롭아웃될 트리가 하나도 선택되지 않을 경우 최소한 하나의 트리를 드롭아웃합니다.

skip_drop

skip_drop은 드롭아웃을 건너 뛸 확률을 지정합니다. 공식 문서에 따르면 skip_drop은

rate_drop이나 one_drop보다 높은 우선순위를 가집니다. 기본적으로 각 트리는 드롭아웃될 확률이 동일합니다. 따라서 한 부스팅 단계에서 어떤 트리도 드롭아웃되지 않을 가능성이 있습니다. skip_drop은 이 확률을 조정하여 드롭아웃 횟수를 조절합니다.

- 기본값: 0.0
- 범위: [0.0, 1.0]
- 드롭아웃을 건너 뛸 확률을 지정합니다.

이제 dart 매개변수를 바꾸고 점수를 비교해보겠습니다.

8.3.4 dart 매개변수 적용

부스팅 단계마다 최소한 하나의 트리를 드롭아웃하기 위해서 one_drop=1로 지정합니다. classification_model() 함수를 사용해 인구 조사 데이터셋에 이를 적용해보죠.

```
classification_model(XGBClassifier(booster='dart', one_drop=1))
```

출력은 다음과 같습니다.

```
0.8728233431077743
```

정확도가 0.1 퍼센트 포인트 높아졌습니다. 이는 부스팅 단계마다 적어도 하나의 트리를 드롭아웃하는 것이 도움이 된다는 뜻입니다.

드롭아웃을 적용해 모델의 성능이 달라졌습니다. 이제 작고 빠른 당뇨병 데이터셋을 사용해 다른 매개변수를 적용해보겠습니다.

1 regression_model() 함수를 사용해 sample_type을 uniform에서 weighted로 바꿉니다.

```
regression_model(XGBRegressor(booster='dart', rate_drop=0.5,
                              sample_type='weighted'))
```

출력은 다음과 같습니다.

```
64.77758988457283
```

앞서 기본값 uniform 보다 오차가 조금 더 커졌습니다.

2 normalize_type을 forest로 바꾸어보겠습니다.

```
regression_model(XGBRegressor(booster='dart', rate_drop=0.5,
                              normalize_type='forest'))
```

출력은 다음과 같습니다.

```
63.35922809798802
```

매개변수 기본값을 사용했을 때 보다 오차가 확실히 낮아졌습니다.

3 one_drop=1로 지정하여 부스팅 단계마다 최소한 하나의 트리를 드롭아웃시켜보겠습니다.

```
regression_model(XGBRegressor(booster='dart', one_drop=1))
```

출력은 다음과 같습니다.

```
62.772860826030296
```

오차가 더 줄어 들었습니다.

드롭아웃할 트리의 확률을 지정하는 **rate_drop**은 다음처럼 **grid_search()** 함수로 최적의 값을 찾을 수 있습니다.

```
grid_search(params={'rate_drop':[0.01, 0.1, 0.2, 0.4]},
            reg=XGBRegressor(booster='dart', one_drop=1))
```

출력은 다음과 같습니다.

```
최상의 매개변수: {'rate_drop': 0.2}
최상의 점수: 61.71159070206184
```

이 점수는 지금까지 가장 좋은 점수입니다.

부스팅 단계에서 드롭아웃하지 않을 확률을 지정하는 **skip_drop**으로도 비슷한 탐색을 수행할 수 있습니다.

```
grid_search(params={'skip_drop': [0.01, 0.1, 0.2, 0.4]},
            reg=XGBRegressor(booster='dart', rate_drop=0.2,
                             one_drop=1))
```

출력은 다음과 같습니다.

```
최상의 매개변수: {'skip_drop': 0.01}
최상의 점수: 62.21768657853914
```

좋은 점수이지만 skip_drop이 오차를 더 낮추지는 못했습니다.

dart 사용 방법을 배웠으므로 결과를 분석해보겠습니다.

8.3.5 dart 분석

dart는 XGBoost 프레임워크의 강력한 옵션입니다. dart는 gbtree의 매개변수를 모두 사용할 수 있기 때문에 매개변수를 튜닝할 때 기본 학습기를 gbtree에서 dart로 쉽게 바꿀 수 있습니다. one_drop, rate_drop, normalize_type 등과 같은 새로운 매개변수를 실험하여 성능을 높일 수 있는 장점이 있습니다. dart는 XGBoost를 사용한 연구와 모델 구축에서 실험해볼 가치가 있는 기본 학습기입니다.

dart에 대해 잘 이해했으므로 랜덤 포레스트로 넘어가 보죠.

8.4 XGBoost 랜덤 포레스트

XGBoost에서 랜덤 포레스트를 구현하는 방법은 두 가지입니다. 첫째는 랜덤 포레스트를 기본 학습기로 사용하는 것입니다. 둘째는 스탠드얼론 방식인 XGBRFRegressor와 XGBRFClassifier를 사용하는 것입니다. 먼저 기본 학습기로 랜덤 포레스트를 사용해보죠.

8.4.1 랜덤 포레스트 기본 학습기

랜덤 포레스트 기본 학습기는 booster 매개변수에서 지정하지 않습니다. num_parallel_tree 매개변수를 기본값 1보다 크게 지정하면 gbtree(또는 dart)를 부스팅 랜덤 포레스트로 바꿉니다. 즉 부스팅 단계마다 하나의 트리가 아니라 여러 개의 트리를 사용하여 앙상블을 구성합니다.

다음은 num_parallel_tree 매개변수를 간략하게 정리한 것입니다.

num_parallel_tree

num_parallel_tree는 부스팅 단계에서 만들 트리 개수를 지정합니다.

- 기본값: 1
- 범위: [1, inf)
- 한 부스팅 단계에서 만들 트리 개수
- 1보다 크게 지정하면 부스팅 랜덤 포레스트가 됩니다.

부스팅 단계마다 여러 개의 트리를 구성하면 기본 학습기는 하나의 트리가 아니라 앙상블이 됩니다. XGBoost 매개변수가 동일하기 때문에 num_parallel_tree가 1보다 크면 기본 학습기를 랜덤 포레스트라고 부릅니다.

XGBoost의 랜덤 포레스트 기본 학습기가 실제 어떻게 동작하는지 알아보죠.

1 booster='gbtree'로 지정한 XGBRegressor로 regression_model() 함수를 호출합니다. 추가적으로 num_parallel_tree=25로 설정하여 부스팅 단계마다 25개의 트리를 구성합니다.

```
regression_model(XGBRegressor(booster='gbtree', num_parallel_tree=25))
```

출력은 다음과 같습니다.

```
66.00488961672875
```

이 경우에 부스팅 단계마다 하나의 트리를 사용하는 gbtree와 거의 동일한 성능을 냅니다. 그레이디언트 부스팅은 이전 트리의 실수로부터 학습하도록 고안되었기 때문입니다. 강력한 랜덤 포레스트로 부스팅을 시작하면 학습할 것이 거의 없거나 아주 적습니다.

랜덤 포레스트를 XGBoost의 기본 학습기로 사용하는 방법을 알아보았으므로 이제 스탠드얼론 방식의 랜덤 포레스트를 만들어보죠.

8.4.2 스탠드얼론 랜덤 포레스트

XGBoost는 XGBRegressor와 XGBClassifier 외에도 랜덤 포레스트를 위한 XGBRFRegressor와 XGBRFClassifier 클래스를 제공합니다.

XGBoost 공식 문서[10]에 따르면 랜덤 포레스트 사이킷런 API는 아직 실험적이며 향후 인터페이스가 바뀔 수 있습니다. 이 글을 쓰는 시점에 XGBRFRegressor와 XGBRFClassifier는 다음 매개변수를 포함하고 있습니다.

n_estimators

XGBRFRegressor나 XGBRFClassifier를 사용하여 랜덤 포레스트를 만들 때는 num_parallel_tree가 아니라 n_estimators를 사용합니다. XGBRFRegressor와 XGBRFClassifier는 그레이디언트 부스팅이 아니라 전통적인 랜덤 포레스트처럼 배깅 방식입니다.

- 기본값: 100
- 범위: [1, inf)
- 랜덤 포레스트를 위해 num_parallel_tree로 사용됩니다.

learning_rate

learning_rate는 일반적으로 한 단계의 부스팅을 사용하는 XGBRFRegressor나 XGBRFClassifier가 아니라 부스터를 포함하는 모델을 위한 것입니다. 그럼에도 불구하고 learning_rate를 기본값 1에서 바꾸면 결과가 달라지기 때문에 일반적으로 이 매개변수를 조정하는 것은 권장되지 않습니다.

- 기본값: 1
- 범위: [0, 1]

---

10 *https://xgboost.readthedocs.io/en/latest/tutorials/rf.html*

subsample, colsample_by_node

두 매개변수의 기본값은 **0.8**이므로 **XGBRFRegressor**와 **XGBRFClassifier**가 기본적으로 과대적합될 가능성이 적습니다. 이것이 XGBoost와 사이킷런의 랜덤 포레스트 구현의 큰 차이 중 하나입니다.

- 기본값: 0.8
- 범위: [0, 1]
- 값을 줄이면 과대적합을 막는 데 도움이 됩니다.

그럼 XGBoost의 랜덤 포레스트가 실제로 어떻게 동작하는지 알아보죠.

1 먼저 regression_model() 함수에 XGBRFRegressor 객체를 전달합니다.

```
regression_model(XGBRFRegressor())
```

출력은 다음과 같습니다.

```
59.506917961367165
```

이 점수는 gbtree 모델보다 조금 더 좋고 이 장에서 구한 가장 좋은 선형 모델 보다는 조금 나쁩니다.

2 비교를 위해 같은 함수에 RandomForestRegressor를 전달하여 성능을 확인해보겠습니다.

```
regression_model(RandomForestRegressor())
```

출력은 다음과 같습니다.

```
59.46563031802505
```

XGBRFRegressor와 거의 비슷한 성능을 냅니다.

이번에는 대용량 분류 데이터인 인구 조사 데이터셋에서 XGBoost의 랜덤 포레스트와 사이킷런의 랜덤 포레스트를 비교해보겠습니다.

1 classification_model() 함수에 XGBRFClassifier 객체를 전달합니다.

```
classification_model(XGBRFClassifier())
```

출력은 다음과 같습니다.

```
0.855563447853867
```

gbtree를 사용했을 때 보다 조금 낮지만 좋은 점수입니다.

2 이번에는 RandomForestClassifier를 사용해서 결과를 비교해보겠습니다.

```
classification_model(RandomForestClassifier())
```

출력은 다음과 같습니다.

```
0.8564232761089048
```

XGBoost 구현보다 성능이 조금 더 좋습니다.

이제 XGBoost 랜덤 포레스트의 결과를 분석해보겠습니다.

역자 노트 **XGBoost의 랜덤 포레스트 구현 비교**

XGBoost의 랜덤 포레스트 구현은 그레이디언트 부스팅 구현을 그대로 사용하면서 한 번의 부스팅 단계에서 여러 개의 트리를 만드는 식입니다. XGBoost의 기본 파이썬 API의 경우 num_boost_round=1, num_parallel_tree를 1보다 크게 설정합니다. 랜덤 포레스트처럼 특성을 랜덤 샘플링하기 위해 colsample_bynode를 1보다 작게 설정합니다. 학습률은 eta는 1로 설정해야 합니다.

XGBRFRegressor와 XGBRFClassifier 클래스는 XGBRegressor와 XGBClassifier를 상속하고 n_estimators 값을 파이썬 API의 num_parallel_tree로 설정하고 num_boost_round를 1로 고정하는 식으로 구현되어 있습니다(XGBRegressor와 XGBClassifier는 n_estimators 값을 num_boost_round로 사용합니다). 또한 기본적으로 subsample=0.8, learning_rate=1.0, colsample_bynode=0.8을 사용합니다. 이런 랜덤 포레스트 구현이 스탠드얼론 방식입니다.

랜덤 포레스트를 기본 학습기로 사용하기 위해서는 num_parallel_tree를 1보다 크게 설정합니다. 이 때 만들어지는 총 트리 개수는 num_boost_round * num_parallel_tree(사이킷런 API의 경우 n_estimators * num_parallel_tree)입니다.

XGBoost 랜덤 포레스트에 대한 더 자세한 내용은 공식 튜토리얼[11]을 참고하세요.

---

11 https://xgboost.readthedocs.io/en/latest/tutorials/rf.html

8.4.3 XGBoost 랜덤 포레스트 분석

num_parallel_tree를 1보다 크게 설정하여 언제든지 랜덤 포레스트를 XGBoost의 기본 학습기로 테스트해볼 수 있습니다. 하지만 부스팅은 강한 모델이 아니라 약한 모델로부터 학습되도록 고안되었기 때문에 num_parallel_tree를 1에 가까운 값으로 설정해야 합니다. 랜덤 포레스트를 기본 학습기로 사용하는 일은 많지 않습니다. 하나의 트리를 부스팅해서 최적의 점수를 얻지 못하면 랜덤 포레스트 기본 학습기가 대안일 수 있습니다.

또한 XGBoost의 랜덤 포레스트 구현인 XGBRFRegressor와 XGBRFClassifier는 사이킷런의 랜덤 포레스트 대신 사용할 수 있습니다. XGBoost의 XGBRFRegressor와 XGBRFClassifier는 사이킷런의 RandomForestRegressor, RandomForestClassifier와 거의 비슷한 성능을 제공합니다. 머신러닝 커뮤니티에서 XGBoost의 전반적인 성공을 감안할 때 앞으로 XGBRFRegressor와 XGBRFClassifier를 사용해볼 가치가 있습니다.

8.5 마치며

이 장에서 gbtree, dart, gblinear, 랜덤 포레스트 같은 XGBoost의 모든 기본 학습기를 회귀와 분류 데이터셋에 적용해보면서 XGBoost에 대한 지식을 크게 넓혔습니다. 성능을 높이기 위해 기본 학습기마다 고유한 매개변수를 살펴보고, 튜닝해보았습니다. 선형 데이터셋에 gblinear를 적용해보고, XGBRFRegressor와 XGBRFClassifier를 사용해 부스팅이 없는 XGBoost 랜덤 포레스트를 만들었습니다. 모든 기본 학습기를 다루어보았으므로 XGBoost를 다루는 수준이 한 층 높아졌습니다.

다음 장에서는 캐글 마스터의 팁과 기법을 분석하여 XGBoost 기술을 더욱 발전시켜보겠습니다!

## CHAPTER 9

캐글 마스터에게 배우기

이 장에서는 XGBoost를 사용해 캐글 대회에서 우승한 캐글 마스터의 팁과 기법을 배워 보겠습니다. 여기에서 캐글 대회에 참가하지는 않겠지만 일반적으로 강력한 머신러닝 모델을 만드는 데 적용할 수 있는 기술을 얻게 될 것입니다. 특히 추가적인 **홀드아웃 세트**hold-out set가 중요한 이유, **평균 인코딩**mean encoding으로 새로운 특성을 만드는 특성 공학, VotingClassifier와 VotingRegressor를 사용해 상관관계가 낮은 머신러닝 앙상블을 만드는 방법, 최종 모델을 위해 **스태킹**stacking을 사용하는 장점에 대해 배우겠습니다.

이 장에서는 다음과 같은 내용을 다룹니다.

- 캐글 대회 둘러보기
- 새로운 특성 만들기
- 상관관계가 낮은 앙상블
- 스태킹

9.1 캐글 대회 둘러보기

전 XGBoost만 사용했습니다(다른 것도 시도해 봤지만 모두 앙상블에 들어갈 만큼 충분한 성능이 나오지 않았습니다).[1]

— 퀸첸 왕 Qingchen Wang, 캐글 우승자

이 절에서 캐글 대회의 간략한 역사와 대회가 어떻게 구성되는지, 검증/테스트 세트와 다른 홀드아웃/테스트 세트의 중요성을 알아보겠습니다.

9.1.1 캐글 대회에서의 XGBoost

XGBoost는 캐글 대회에서 비교할 수 없는 성공을 거두어 최고의 머신러닝 알고리즘으로 명성을 얻었습니다. XGBoost는 신경망을 사용하는 딥러닝 모델과 함께 우승 솔루션의 앙상블에 자주 등장합니다. 캐글 대회에서 XGBoost를 사용해 우승한 사례는 DMLC[2] 깃허브에서 볼 수 있습니다.[3] 더 많은 목록을 보려면 캐글 대회 우승 솔루션 노트북[4]을 참고하세요.

5장에서 언급했듯이 캐글 대회는 머신러닝 기술자들이 최고의 점수를 내고 상금을 받기 위해 경쟁하는 머신러닝 대회입니다. XGBoost가 2014년 힉스 보손 대회에 등장했을 때 바로 리더보드에 오르며 캐글 대회에서 가장 인기있는 머신러닝 알고리즘 중 하나가 되었습니다.

2014~2018년 사이에 이미지나 텍스트 같이 비구조적인 데이터가 아니라 행과 열로 구성된 테이블 형태의 데이터를 사용한 대회에서 XGBoost는 지속적으로 다른 알고리즘을 앞섰습니다. 2017년 초고속 그레이디언트 부스팅의 마이크로소프트 버전인 LightGBM의 등장으로 XGBoost는 테이블 데이터에서 진짜 경쟁을 하게 되었습니다.

LightGBM에 대한 소개는 8명의 저자가 쓴 논문 「LightGBM: A Highly Efficient Gradient Boosting Decision Tree」[5]을 참고하세요.

---

1 https://www.cnblogs.com/yymn/p/4847130.html
2 Distributed (Deep) Machine Learning Community
3 https://github.com/dmlc/xgboost/tree/master/demo#machine-learning-challenge-winning-solutions
4 https://www.kaggle.com/sudalairajkumar/winning-solutions-of-kaggle-competitions
5 https://papers.nips.cc/paper/6907-lightgbm-a-highly-efficient-gradient-boosting-decision-tree.pdf

캐글 대회에서 XGBoost나 LightGBM 같은 훌륭한 머신러닝 알고리즘을 사용하는 것으로 충분하지 않습니다. 비슷하게 모델의 하이퍼파라미터를 튜닝하는 것도 충분하지 않은 경우가 많습니다. 개별 모델의 예측이 중요하지만 더 높은 성능을 달성하기 위해 새로운 특성을 만들고 최적의 모델을 결합하는 것도 중요합니다.

9.1.2 캐글 대회

앙상블과 스태킹 같은 기술이 널리 퍼진 이유를 이해하기 위해 캐글 대회의 구조를 알아볼 필요가 있습니다. 또한 캐글 대회의 구조를 알면 나중에 대회에 참가할 때 도움이 됩니다.

TIP 캐글은 기초에서 고급 대회로 넘어가려는 참가자들에게 〈Housing Prices: Advanced Regression Techniques〉[6] 대회를 추천합니다. 상금이 주어지지 않지만 많은 지식을 요하는 대회 중 하나입니다.

캐글 웹사이트에서 경연 대회가 열립니다. 2015년 〈Avito Context Ad Clicks〉[7] 대회는 XGBoost 사용자 오웬 장^{Owen Zhang}이 우승했습니다. 오웬 장을 비롯하여 XGBoost를 사용한 캐글 대회 우승자는 2015년부터 있었습니다. 이는 2016년 티엔치 첸^{Tianqi Chin}의 논문[8]이 나오기 전에 이미 XGBoost가 널리 사용되었다는 뜻입니다.

다음은 〈Avito Context Ad Clicks〉 대회의 Overview 페이지입니다.

---

6 https://www.kaggle.com/c/house-prices-advanced-regression-techniques
7 https://www.kaggle.com/c/avito-context-ad-clicks/overview
8 XGBoost: A Scalable Tree Boosting System, 2016, https://arxiv.org/pdf/1603.02754.pdf

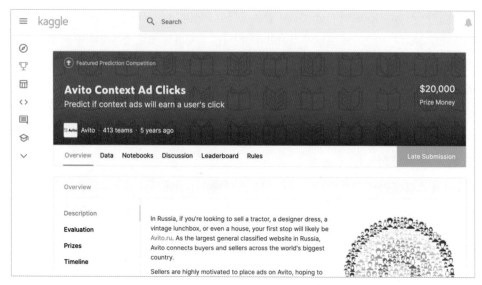

그림 9-1 Avito Context Ad Clicks 캐글 대회

캐글 대회 페이지에는 다음과 같은 탭이 제공됩니다.

- Overview 탭 옆에는 이 대회의 데이터를 담고 있는 Data 탭이 있습니다.
- Notebooks 탭에는 캐글 사용자가 올린 솔루션과 스타터 노트북이 있습니다.
- Discussion 탭에는 질문과 답변이 있습니다.
- Leaderboard 탭에는 가장 높은 점수를 받은 참가자가 출력됩니다.
- Rules 탭은 대회 운영 방식을 설명합니다.
- 추가적으로 오른쪽에 있는 Late Submission 링크는 대회가 끝난 후에도 솔루션을 제출할 수 있다는 것을 나타냅니다(일반적인 캐글 정책입니다).

데이터를 다운로드하려면 무료 계정으로 가입하고 대회에 참가해야 합니다. 데이터는 일반적으로 두 개의 데이터셋으로 나뉘어져 있습니다. 모델을 만드는 데 사용하는 훈련 세트인 **training.cvs**와 모델을 평가하는 데 사용하는 테스트 세트인 **test.csv**입니다. 모델을 제출한 후 공개 리더보드^{Public Leaderboard}에서 점수를 확인할 수 있습니다. 대회가 끝나면 최종 모델을 비공개 테스트 세트에서 평가하여 우승 솔루션을 결정합니다.

9.1.3 홀드아웃 세트

캐글 대회에서 머신러닝 모델을 만드는 것과 자신의 모델을 만드는 것 사이의 차이점이 있습니다. 지금까지 모델이 잘 일반화되는지 확인하기 위해 데이터셋을 훈련 세트와 테스트 세트로 나누었습니다. 캐글 대회에서는 경쟁 환경에서 모델이 테스트되어야 합니다. 이런 이유로 테스트 세트는 기본적으로 숨겨져 있습니다.

캐글의 훈련 세트와 테스트 세트의 차이점입니다.

- training.csv: 모델을 훈련하고 평가하는 데 사용합니다. 새로운 데이터에 잘 일반화될 수 있는 모델을 만들기 위해 train_test_split()나 cross_val_score() 함수를 사용하여 훈련 세트를 훈련 세트와 테스트 세트로 나눕니다. 훈련하는 동안 사용되는 이 테스트 세트를 모델을 검증하는 데 사용하기 때문에 종종 검증 세트라고 부릅니다.[9]
- test.csv: 별도의 홀드아웃 세트입니다. 이 테스트 데이터를 사용해 이전에 본 적 없는 데이터에서 모델의 최종 성능을 평가합니다. 이 테스트 세트의 목적은 공정한 경쟁을 위해서입니다. 이 테스트 데이터는 참가자에게 숨겨져 있고 모델을 제출한 후에만 결과를 확인할 수 있습니다.

연구나 제품을 위해 모델을 만들 때 검증 세트를 별도로 떼어 놓는 것이 언제나 좋습니다. 이미 사용한 데이터를 사용해 모델을 테스트하면 검증 세트에 과대적합될 가능성이 있습니다. 캐글 대회에서 참가자가 공개 리더보드에서 순위를 올리기 위해 수천 분의 1의 정확도에 집착할 때 이런 일이 일어납니다.

캐글 대회의 홀드아웃 세트는 실제 상황을 반영합니다. 머신러닝 모델을 만드는 목적은 본 적 없는 데이터에서 정확한 예측을 만드는 것입니다. 예를 들어 훈련 세트에서 100% 정확도를 달성했지만 본 적 없는 데이터에서 50%를 달성했다면 이 모델은 그다지 유용하지 않을 것입니다.

검증 세트로 모델을 검증하는 것과 홀드아웃 세트로 모델을 테스트하는 차이는 중요합니다.

다음은 머신러닝 모델을 검증하고 테스트하는 일반적인 방법입니다.

1 데이터를 훈련 세트와 테스트(홀드아웃) 세트로 나눕니다: 테스트 세트를 따로 보관하고 보고 싶은 유혹을 참으세요.
2 훈련 세트를 더 작은 훈련 세트와 검증 세트로 나누거나 교차 검증을 사용하세요: 훈련 세트에서 새로운 모델을 훈련하고 검증 세트로 모델을 검증하는 과정을 반복합니다.

---

9 옮긴이_ 또는 개발 세트(dev set)라고도 부릅니다.

3 최종 모델을 만든 후에 테스트 세트로 모델을 평가합니다: 이것이 진짜 모델 평가입니다. 점수가 기대보다 낮다면 단계 2로 돌아가 반복하세요. 테스트 세트를 새로운 검증 세트로 사용해 하이퍼파라미터를 수정하지 않는 것이 중요합니다. 이렇게 하면 모델이 테스트 세트에 맞춰지게 되어 테스트 세트의 목적이 무색하게됩니다.[10]

캐글 대회에서 검증 세트에 너무 가깝게 맞춰진 머신러닝 모델은 잘 동작하지 않을 것입니다. 캐글은 테스트 세트를 공개와 비공개용으로 나누는 경우가 많습니다. 공개 테스트 세트를 사용해 참가자는 모델의 점수를 확인하여 개선하고 다시 모델을 제출할 수 있습니다. 비공개 테스트 세트는 대회가 끝날 때까지 공개되지 않습니다. 공개 테스트 세트에 대한 순위를 볼 수 있지만 대회 우승자는 비공개 테스트 세트에 대한 결과를 기반으로 선정됩니다.

따라서 캐글 대회에서 우승하려면 비공개 테스트 세트에서 최상의 점수를 얻어야 합니다. 캐글 대회에서는 단 몇 십분의 1퍼센트 포인트도 중요합니다. 이런 점수에 대한 집착 때문에 때로는 조롱을 받기도하지만 성능을 높이기 위해 혁신적인 머신러닝 기법을 만들기도 합니다. 이 장에서 소개하는 기술들을 이해하면 강력한 모델을 만들고 머신러닝을 전반적으로 이해하는 데 도움이 될 것입니다.

9.2 특성 공학

> 거의 항상 제가 원하는 것을 위한 오픈 소스를 찾을 수 있습니다. 연구와 특성 공학에 시간을 투자하는 것이 훨씬 더 낫습니다.[11]
>
> – 오웬 장, 캐글 우승자

많은 캐글러Kaggler와 데이터 과학자는 연구와 특성 공학에 상당한 시간을 사용한다고 말합니다. 이 절에서 pandas를 사용해 특성 공학을 수행해보겠습니다.

---

10 옮긴이_ 테스트 세트로 하이퍼파라미터 튜닝을 하지 않더라도 테스트 세트 점수를 보고 모델링 단계를 반복하면 간접적으로 테스트 세트로 튜닝을 하는 효과를 냅니다.
11 *https://medium.com/kaggle-blog/profiling-top-kagglers-owen-zhang-currently-1-in-the-world-805b941dbb13*

9.2.1 특성 공학이란?

머신러닝 모델의 성능은 훈련하는 데이터에 영향을 받습니다. 데이터가 불충분하면 강력한 머신러닝 모델을 만들 수 없습니다.

더 흥미로운 질문은 데이터를 개선할 수 있는지 여부입니다. 기존 특성에서 새로운 특성을 만드는 작업을 **특성 공학**이라고 부릅니다.

문제는 특성 공학을 수행해야 하는지가 아니라 특성 공학을 얼마나 많이 수행해야 하는지 입니다.

9.2.2 우버와 리프트 데이터

캐글은 경연 대회 외에도 우버Uber와 리프트Lyft 택시 요금 예측 데이터[12] 같은 공개 데이터셋을 포함하여 많은 데이터셋을 호스팅하고 있습니다.

1 먼저 이 절에서 필요한 라이브러리와 모듈을 임포트하고 경고를 끕니다.

```python
import pandas as pd
import numpy as np
from sklearn.model_selection import cross_val_score
from xgboost import XGBClassifier, XGBRFClassifier
from sklearn.ensemble import RandomForestClassifier, StackingClassifier
from sklearn.linear_model import LogisticRegression
from sklearn.model_selection import train_test_split, StratifiedKFold
from sklearn.metrics import accuracy_score
from sklearn.ensemble import VotingClassifier
import warnings
warnings.filterwarnings('ignore')
```

2 그다음 'cab_rides.csv' 파일을 로드하고 처음 다섯 개 행을 출력합니다. 빠르게 처리하기 위해 nrows를 10000으로 제한합니다. 전체 행은 600,000개가 넘습니다.

```python
df = pd.read_csv('cab_rides.csv', nrows=10000)
df.head()
```

---

12 https://www.kaggle.com/ravi72munde/uber-lyft-cab-prices

출력은 다음과 같습니다.

	distance	cab_type	time_stamp	destination	source	price	surge_multiplier	id	product_id	name
0	0.44	Lyft	1544952607890	North Station	Haymarket Square	5.0	1.0	424553bb-7174-41ea-aeb4-fe06d4f4b9d7	lyft_line	Shared
1	0.44	Lyft	1543284023677	North Station	Haymarket Square	11.0	1.0	4bd23055-6827-41c6-b23b-3c491f24e74d	lyft_premier	Lux
2	0.44	Lyft	1543366822198	North Station	Haymarket Square	7.0	1.0	981a3613-77af-4620-a42a-0c0866077d1e	lyft	Lyft
3	0.44	Lyft	1543553582749	North Station	Haymarket Square	26.0	1.0	c2d88af2-d278-4bfd-a8d0-29ca77cc5512	lyft_luxsuv	Lux Black XL
4	0.44	Lyft	1543463360223	North Station	Haymarket Square	9.0	1.0	e0126e1f-8ca9-4f2e-82b3-50505a09db9a	lyft_plus	Lyft XL

그림 9-2 택시 요금 데이터셋

출력 내용을 보면 범주형 특성과 **타임스탬프**timestamp를 포함하여 열의 종류가 다양한 것을 알 수 있습니다.

누락된 값

항상 그렇듯이 어떤 계산을 수행하기 전에 먼저 누락된 값을 확인합니다.

1 df.info()는 열의 종류에 대한 정보도 제공합니다.

```
df.info()
```

출력은 다음과 같습니다.

```
<class 'pandas.core.frame.DataFrame'>
RangeIndex: 10000 entries, 0 to 9999
Data columns (total 10 columns):
 #   Column            Non-Null Coun    Dtype
--   ------            --------------   -----
 0   distance          10000 non-null   float64
 1   cab_type          10000 non-null   object
 2   time_stamp        10000 non-null   int64
 3   destination       10000 non-null   object
 4   source            10000 non-null   object
 5   price              9227 non-null   float64
 6   surge_multiplier  10000 non-null   float64
 7   id                10000 non-null   object
 8   product_id        10000 non-null   object
 9   name              10000 non-null   object
dtypes: float64(3), int64(1), object(6)
memory usage: 781.4+ KB
```

출력에서 볼 수 있듯이 price 열의 Non-Null Count가 10,000 미만이므로 누락된 값이 있습니다.

2 누락된 값이 있는 행에서 어떤 정보를 얻을 수 있는지 확인하는 것이 좋습니다.

```
df[df.isna().any(axis=1)]
```

출력은 다음과 같습니다.

	distance	cab_type	time_stamp	destination	source	price	surge_multiplier	id	product_id	name
18	1.11	Uber	1543673584211	West End	North End	NaN	1.0	fa5fb705-03a0-4eb9-82d9-7fe80872f754	8cf7e821-f0d3-49c6-8eba-e679c0ebcf6a	Taxi
31	2.48	Uber	1543794776318	South Station	Beacon Hill	NaN	1.0	eee70d94-6706-4b95-a8ce-0e34f0fa8f37	8cf7e821-f0d3-49c6-8eba-e679c0ebcf6a	Taxi
40	2.94	Uber	1543523885298	Fenway	North Station	NaN	1.0	7f47ff53-7cf2-4a6a-8049-83c90e042593	8cf7e821-f0d3-49c6-8eba-e679c0ebcf6a	Taxi
60	1.16	Uber	1544731816318	West End	North End	NaN	1.0	43abdbe4-ab9e-4f39-afdc-31cfa375dc25	8cf7e821-f0d3-49c6-8eba-e679c0ebcf6a	Taxi
69	2.67	Uber	1543583283653	Beacon Hill	North End	NaN	1.0	80db1c49-9d51-4575-a4f4-1ec23b4d3e31	8cf7e821-f0d3-49c6-8eba-e679c0ebcf6a	Taxi

그림 9-3 택시 요금 데이터셋에서 누락된 값이 있는 행

출력된 행에서 특별한 점은 없습니다. 아마도 택시 요금이 기록되지 않았을 수 있습니다.

3 price 열이 타깃이므로 dropna() 메서드와 inplace=True 매개변수를 사용해 이 행들을 데이터프레임에서 삭제합니다.

```
df.dropna(inplace=True)
```

그다음 df.isna()나 df.info()를 다시 사용하여 누락된 값이 있는지 확인할 수 있습니다.

특성 공학 – 타임스탬프 데이터

타임스탬프는 종종 1970년 1월 1일부터 시간을 밀리 초로 나타낸 **유닉스 시간**Unix time으로 표현됩니다. 타임스탬프 열에서 택시 요금을 예측하는 데 도움이 되는 특정 시간을 추출할 수 있습니다. 예를 들면, 월, 날짜, 시간, 러시아워rush hour인지 등입니다.

1 먼저 타임스탬프 열을 pd.to_datetime() 함수로 Timestamp 객체로 변환하고 처음 다섯 개 행을 출력해보죠.

```
df['date'] = pd.to_datetime(df['time_stamp'])
df.head()
```

출력은 다음과 같습니다.

	distance	cab_type	time_stamp	destination	source	price	surge_multiplier	id	product_id	name	date
0	0.44	Lyft	1544952607890	North Station	Haymarket Square	5.0	1.0	424553bb-7174-41ea-aeb4-fe06d4f4b9d7	lyft_line	Shared	1970-01-01 00:25:44.952607890
1	0.44	Lyft	1543284023677	North Station	Haymarket Square	11.0	1.0	4bd23055-6827-41c6-b23b-3c491f24e74d	lyft_premier	Lux	1970-01-01 00:25:43.284023677
2	0.44	Lyft	1543366822198	North Station	Haymarket Square	7.0	1.0	981a3613-77af-4620-a42a-0c0866077d1e	lyft	Lyft	1970-01-01 00:25:43.366822198
3	0.44	Lyft	1543553582749	North Station	Haymarket Square	26.0	1.0	c2d88af2-d278-4bfd-a8d0-29ca77cc5512	lyft_luxsuv	Lux Black XL	1970-01-01 00:25:43.553582749
4	0.44	Lyft	1543463360223	North Station	Haymarket Square	9.0	1.0	e0126e1f-8ca9-4f2e-82b3-50505a09db9a	lyft_plus	Lyft XL	1970-01-01 00:25:43.463360223

그림 9-4 time_stamp 열을 변환한 택시 요금 데이터셋

뭔가 문제가 있군요. 이 분야 전문가가 아니더라도 우버와 리프트가 1970년도에 없었다는 것은 누구나 알 수 있습니다. 소숫점 아래 자릿수가 변환에 문제가 있다는 증거입니다.[13]

2 몇 번의 곱셈으로 적절한 변환을 찾은 후 10**6을 곱해서 원하는 값을 얻었습니다.[14]

```
df['date'] = pd.to_datetime(df['time_stamp']*(10**6))
df.head()
```

출력은 다음과 같습니다.

	distance	cab_type	time_stamp	destination	source	price	surge_multiplier	id	product_id	name	date
0	0.44	Lyft	1544952607890	North Station	Haymarket Square	5.0	1.0	424553bb-7174-41ea-aeb4-fe06d4f4b9d7	lyft_line	Shared	2018-12-16 09:30:07.890
1	0.44	Lyft	1543284023677	North Station	Haymarket Square	11.0	1.0	4bd23055-6827-41c6-b23b-3c491f24e74d	lyft_premier	Lux	2018-11-27 02:00:23.677
2	0.44	Lyft	1543366822198	North Station	Haymarket Square	7.0	1.0	981a3613-77af-4620-a42a-0c0866077d1e	lyft	Lyft	2018-11-28 01:00:22.198
3	0.44	Lyft	1543553582749	North Station	Haymarket Square	26.0	1.0	c2d88af2-d278-4bfd-a8d0-29ca77cc5512	lyft_luxsuv	Lux Black XL	2018-11-30 04:53:02.749
4	0.44	Lyft	1543463360223	North Station	Haymarket Square	9.0	1.0	e0126e1f-8ca9-4f2e-82b3-50505a09db9a	lyft_plus	Lyft XL	2018-11-29 03:49:20.223

그림 9-5 올바르게 time_stamp 열을 변환한 택시 요금 데이터셋

3 datetime 패키지를 임포트한 다음 date 열에서 month, hour, dayofweek 같은 새로운 열을 만들 수 있습니다.

```
import datetime as dt
df['month'] = df['date'].dt.month
df['hour'] = df['date'].dt.hour
df['dayofweek'] = df['date'].dt.dayofweek
```

---

13 옮긴이_ 타임스탬프 단위는 밀리 초이므로 소숫점 아래 세 자리 이후는 0으로 출력되어야 합니다.

14 옮긴이_ 판다스 to_datetime() 함수는 기본적으로 나노 초를 입력으로 기대합니다. 밀리 초 단위를 변환하려면 unit 매개변수를 'ms'로 바꾸면 됩니다. 예를 들면 다음과 같이 쓸 수 있습니다.

```
pd.to_datetime(df['time_stamp'], unit='ms')
```

이 열들을 사용해 추가적인 특성 공학을 수행할 수 있습니다. 예를 들면 주말인지 또는 러시아워인지 나타내는 특성을 추가할 수 있습니다.

4 그다음 'dayofweek'가 5나 6인지 확인[15]하여 주말 여부를 결정하는 함수를 작성합니다.

```
def weekend(row):
    if row['dayofweek'] in [5,6]:
        return 1
    else:
        return 0
```

5 이 함수를 데이터프레임에 적용하고 df['weekend'] 열을 만듭니다.

```
df['weekend'] = df.apply(weekend, axis=1)
```

6 같은 방식으로 시간이 오전 6~10시와 오후 3~7시(15~19시)인지 확인하여 러시아워인지 확인하는 함수를 만듭니다.

```
def rush_hour(row):
    if (row['hour'] in [6,7,8,9,15,16,17,18]) & (row['weekend'] == 0):
        return 1
    else:
        return 0
```

7 이 함수를 데이터프레임에 적용하여 'rush_hour' 열을 만듭니다.

```
df['rush_hour'] = df.apply(rush_hour, axis=1)
```

8 df.tail() 메서드로 마지막 다섯 개 행을 출력하여 새로 만든 열의 값을 확인합니다.

```
df.tail()
```

다음은 출력 중 새로 만든 열 부분을 추출한 것입니다.

---

15 *https://pandas.pydata.org/pandas-docs/stable/reference/api/pandas.Series.dt.weekday.html*

me_stamp	destination	source	price	surge_multiplier	id	product_id	name	date	month	hour	dayofweek	weekend	rush_hour
04379037	Fenway	North Station	11.5	1.0	934d2fbe-f978-4495-9786-da7b4dd21107	997acbb5-e102-41e1-b155-9df7de0a73f2	UberPool	2018-11-29 15:12:59.037	11	15	3	0	1
00477997	Fenway	North Station	26.0	1.0	af8fd57c-fe7c-4584-bd1f-beef1a53ad42	6c84fd89-3f11-4782-9b50-97c468b19529	Black	2018-12-03 01:27:57.997	12	1	0	0	0
07083241	Fenway	North Station	19.5	1.0	b3c5db97-554b-47bf-908b-3ac880e86103	6f72dfc5-27f1-42e8-84db-ccc7a75f6969	UberXL	2018-11-28 12:11:23.241	11	12	2	0	0
96813623	Fenway	North Station	36.5	1.0	fcb35184-9047-43f7-8909-f62a7b17b6cf	6d318bcc-22a3-4af6-bddd-b409bfce1546	Black SUV	2018-12-15 18:00:13.623	12	18	5	1	0
12781166	Theatre District	Northeastern University	7.0	1.0	7f0e8caf-e057-41eb-bdef-27eb14c88122	lyft_line	Shared	2018-12-03 04:53:01.166	12	4	0	0	0

그림 9-6 특성 공학을 수행한 후 택시 요금 데이터셋의 마지막 다섯 개 행

새로운 시간 특성을 만드는 과정을 계속 수행할 수 있습니다.

NOTE_ 새로운 특성을 많이 만들 때 새로운 특성 사이에 강한 상관관계가 있는지 검토할 필요가 있습니다.
이 장의 뒷부분에서 상관관계에 대해 알아보겠습니다.

시간 데이터에 대해서 특성 공학을 수행하는 과정을 연습했으니 범주형 열로 특성 공학을 적용
해보겠습니다.

특성 공학 – 범주형 데이터

이전에 pd.get_dummies() 함수로 범주형 열을 수치형 열로 바꾸었습니다. 사이킷런의
OneHotEncoder를 사용해서도 범주형 데이터를 0과 1로 이루어진 희소 행렬로 변환할 수 있
습니다. 이 클래스는 10장에서 사용해보겠습니다. 이런 방식을 사용해 범주형 데이터를 수치
형으로 바꾸는 것이 일반적이지만 다른 방법도 있습니다.

범주형 특성에서 0은 없음을 1은 있음을 나타내기 때문에 숫자값으로 의미가 있지만 다른 방식
의 값이 더 나은 결과를 제공할 수 있습니다.

한 가지 방법은 각 범주가 나타난 빈도로 범주형 특성을 변환하는 것입니다. 따라서 범주형 특
성에 있는 각 범주가 백분율로 변환됩니다.

그럼 범주형 값을 숫자 값으로 변환해보겠습니다.

빈도 특성 만들기

'cab_type' 같은 범주형 특성을 변환하기 위해 먼저 각 범주의 빈도를 확인해보겠습니다.

1 value_counts() 메서드를 사용해 빈도를 확인합니다.

```
df['cab_type'].value_counts()
```

출력은 다음과 같습니다.

```
Uber    4654
Lyft    4573
Name: cab_type, dtype: int64
```

2 groupby() 메서드를 사용해 새로운 열에 저장할 횟수를 카운트를 계산합니다. df.groupby(column_name)으로 그룹바이하고 [column_name].transform() 메서드로 집계한 내용을 새로운 열에 저장할 수 있습니다.

```
df['cab_freq'] = df.groupby('cab_type')['cab_type'].transform('count')
```

3 새로운 열을 전체 행 개수로 나누어 빈도를 계산합니다.

```
df['cab_freq'] = df['cab_freq']/len(df)
```

4 기대한 대로 특성이 만들어졌는지 확인합니다.

```
df.tail()
```

다음은 출력 중 새로 만든 열 부분을 추출한 것입니다.

destination	source	price	surge_multiplier	id	product_id	name	date	month	hour	dayofweek	weekend	rush_hour	cab_freq
Fenway	North Station	11.5	1.0	934d2fbe-f978-4495-9786-da7b4dd21107	997acbb5-e102-41e1-b155-9df7de0a73f2	UberPool	2018-11-29 15:12:59.037	11	15	3	0	1	0.504389
Fenway	North Station	26.0	1.0	af8fd57c-fe7c-4584-bd1f-beef1a53ad42	6c84fd89-3f11-4782-9b50-97c468b19529	Black	2018-12-03 01:27:57.997	12	1	0	0	0	0.504389
Fenway	North Station	19.5	1.0	b3c5db97-554b-47bf-908b-3ac880e86103	6f72dfc5-27f1-42e8-84db-ccc7a75f6969	UberXL	2018-11-28 12:11:23.241	11	12	2	0	0	0.504389
Fenway	North Station	36.5	1.0	fcb35184-9047-43f7-8909-f62a7b17b6cf	6d318bcc-22a3-4af6-bddd-b409bfce1546	Black SUV	2018-12-15 18:00:13.623	12	18	5	1	0	0.504389
Theatre District	Northeastern University	7.0	1.0	7f0e8caf-e057-41eb-bdef-27eb14c88122	lyft_line	Shared	2018-12-03 04:53:01.166	12	4	0	0	0	0.495611

그림 9-7 택시 종류를 빈도로 변환한 택시 요금 데이터셋

택시 빈도가 기대한 대로 출력되었습니다.

캐글 팁 – 평균 인코딩

캐글 대회에서 자주 사용되는 **평균 인코딩** 또는 **타깃 인코딩**target encoding이라 부르는 특성 공학 방법으로 이 절을 마무리하겠습니다.

평균 인코딩은 범주형 특성을 타깃 값의 평균을 기반으로 수치 특성으로 변환합니다. 예를 들어, 오렌지 색 중에서 7개가 타깃 1이고 3개가 타깃 0이면 평균 인코딩 특성은 7/10=0.7이 됩니다. 타깃 값 사용으로 **데이터 누수**data leakage가 있기 때문에 추가적인 규제가 필요합니다.

데이터 누수는 훈련 세트와 테스트 세트 또는 특성과 타깃 사이에 정보가 공유될 때 일어납니다. 여기서는 타깃이 특성 데이터에 직접적으로 영향을 미치기 때문에 위험합니다. 일반적으로 머신러닝에서 이는 나쁜 방법입니다. 그럼에도 불구하고 평균 인코딩은 놀라운 성능을 낸다고 입증되었습니다. 실전에서 평균 값의 분포가 비슷할 때 잘 동작합니다. 과대적합의 가능성을 줄이기 위해 규제를 추가합니다.

편리하게도 사이킷런과 호환되는 **TargetEncoder** 클래스로 평균 인코딩을 처리할 수 있습니다.

1 먼저 category_encoders 패키지를 설치하고 category_encoders 모듈에서 TargetEncoder 클래스를 임포트합니다.

```
pip install --upgrade category_encoders
from category_encoders.target_encoder import TargetEncoder
```

2 그다음 TargetEncoder 클래스 객체를 만듭니다.

```
encoder = TargetEncoder()
```

3 마지막으로 인코더의 fit_transform() 메서드로 평균 인코딩을 만들어 새로운 열로 추가합니다. 변경될 특성과 타깃을 매개변수에 포함시킵니다.

```
df['cab_type_mean'] = encoder.fit_transform(df['cab_type'], df['price'])
```

4 이제 변경 내용이 기대한 대로인지 확인합니다.

```
df.tail()
```

다음은 출력 중 새로 만든 열 부분을 추출한 것입니다.

source	price	surge_multiplier	id	product_id	name	date	month	hour	dayofweek	weekend	rush_hour	cab_freq	cab_type_mean
North Station	11.5	1.0	934d2fbe-f978-4495-9786-da7b4dd21107	997acbb5-e102-41e1-b155-9df7de0a73f2	UberPool	2018-11-29 15:12:59.037	11	15	3	0	1	0.504389	15.743446
North Station	26.0	1.0	af8fd57c-fe7c-4584-bd1f-beef1a53ad42	6c84fd89-3f11-4782-9b50-97c468b19529	Black	2018-12-03 01:27:57.997	12	1	0	0	0	0.504389	15.743446
North Station	19.5	1.0	b3c5db97-554b-47bf-908b-3ac880e86103	6f72dfc5-27f1-42e8-84db-ccc7a75f6969	UberXL	2018-11-28 12:11:23.241	11	12	2	0	0	0.504389	15.743446
North Station	36.5	1.0	fcb35184-9047-43f7-8909-f62a7b17b6cf	6d318bcc-22a3-4af6-bddd-b409bfce1546	Black SUV	2018-12-15 18:00:13.623	12	18	5	1	0	0.504389	15.743446
theastern Jniversity	7.0	1.0	7f0e8caf-e057-41eb-bdef-27eb14c88122	lyft_line	Shared	2018-12-03 04:53:01.166	12	4	0	0	0	0.495611	16.916357

그림 9-8 평균 인코딩을 적용한 택시 요금 데이터셋

맨 오른쪽에 cab_type_mean 열이 추가되었습니다.

평균 인코딩에 대한 자세한 내용은 다음 캐글 노트북을 참고하세요. *https://www.kaggle. com/vprokopev/mean-likelihood-encodings-a-comprehensive-study*

여기서 말하려는 것은 평균 인코딩이 원-핫 인코딩보다 좋다는 것이 아닙니다. 평균 인코딩이 캐글 대회에서 잘 동작하는 입증된 기법이므로 성능을 올리기 위해 시도해볼 가치가 있다는 뜻입니다.

추가적인 특성 공학

여기서 멈춰야 할 이유는 없습니다. groupby()와 추가적인 인코더를 사용해 다른 열의 통계적 측정 값으로 특성 공학을 더 수행할 수 있습니다. 목적지destination와 출발지source 같은 범주형 특성은 위도와 경도로 바꾼 다음 맨해튼 거리taxicab distance나 위경도를 고려한 빈센티 거리Vincenty distance 같은 새로운 거리 측정 단위로 변환할 수 있습니다.

캐글 대회에서 참가자들은 소수점 이하 몇 자리의 정확도를 더 얻기 위해 수천 개의 특성을 만듭니다. 많은 특성을 만들었다면 2장에서 소개한 feature_importances_ 속성을 사용해 가장 중요한 특성을 선택할 수 있습니다. 또한 높은 상관관계가 있는 특성을 삭제할 수도 있습니다(다음 절에서 설명하겠습니다).

이 택시 요금 데이터셋에서는 날씨 정보가 포함된 추가적인 CSV 파일이 있습니다. 하지만 이 파일이 없다면 어떨까요? 해당 날짜에 대한 날씨 데이터를 찾아 직접 추가할 수 있습니다.

특성 공학은 모든 강력한 모델을 만들기 위해 데이터 과학자에게 필수적인 기술입니다. 여기서 다루는 전략은 일부에 불과합니다. 특성 공학에는 연구, 실험, 도메인 전문 지식, 특성 표준화, 새로운 특성에 대한 모델 성능 피드백, 최종 특성 선정하기가 포함됩니다.

다양한 특성 공학 전략을 이해했으므로 이제 상관관계가 낮은 앙상블을 알아보겠습니다.

9.3 상관관계가 낮은 앙상블 만들기

최종 모델로 앙상블 모델을 사용했습니다. 20개의 XGBoost 모델, 5개의 랜덤 포레스트, 6개의 랜덤 결정 트리, 3개의 규제가 적용된 그리디greedy 포레스트, 3개의 로지스틱 회귀, 5개의 인공 신경망, 3개의 일라스틱넷elastic net 모델과 1개의 SVM 모델로 구성됩니다.[16]

— 송Song, 캐글 우승자

캐글 대회 우승 모델이 개별 모델인 경우는 드뭅니다. 거의 항상 앙상블을 사용합니다. 앙상블이란 랜덤 포레스트나 XGBoost 같은 부스팅이나 배깅 모델만 의미하지 않고 XGBoost, 랜덤 포레스트, 그외 다른 모델을 포함하는 순수한 앙상블을 말합니다.

이 절에서 정확도를 높이고 과대적합을 막기 위해 상관관계가 낮은 앙상블을 만들어보겠습니다.

9.3.1 다양한 모델

유방암 환자인지 예측하는 데 사용하는 위스콘신 유방암 데이터셋Wisconsin Breast Cancer dataset은 569개 샘플과 30개 특성으로 이루어져 있습니다.[17]

다음 단계를 따라 이 데이터셋에 여러 분류 모델을 적용해보겠습니다.

....

16 https://hunch243.rssing.com/chan-68612493/all_p1.html

17 https://scikit-learn.org/stable/modules/generated/sklearn.datasets.load_breast_cancer.html

1 사이킷런에서 load_breast_cancer() 함수를 임포트합니다.

```
from sklearn.datasets import load_breast_cancer
```

2 return_X_y=True로 설정하여 데이터를 특성 X와 타깃 y에 할당합니다.

```
X, y = load_breast_cancer(return_X_y=True)
```

3 StratifiedKFold를 사용해 5-폴드 교차 검증을 준비합니다.

```
kfold = StratifiedKFold(n_splits=5)
```

5 모델을 입력으로 받고 교차 검증 평균 점수를 반환하는 간단한 함수를 만듭니다.

```
def classification_model(model):
    scores = cross_val_score(model, X, y, cv=kfold)
    return scores.mean()
```

4 여러 가지 기본 학습기를 사용하는 XGBoost, 랜덤 포레스트, 로지스틱 회귀 같은 여러 분류 모델을 적용합니다.

a) XGBoost

```
classification_model(XGBClassifier())
```

출력은 다음과 같습니다.

```
0.9771619313771154
```

b) gblinear 기본 학습기를 사용하는 XGBoost

```
classification_model(XGBClassifier(booster='gblinear'))
```

출력은 다음과 같습니다.

```
0.8929514050613259
```

c) dart 기본 학습기를 사용하는 XGBoost

```
classification_model(XGBClassifier(booster='dart', one_drop=True))
```

출력은 다음과 같습니다.

```
0.9736376339077782
```

dart 부스터의 경우 one_drop=True로 지정하여 적어도 하나의 트리가 드롭아웃되도록 합니다.

d) RandomForestClassifier

```
classification_model(RandomForestClassifier(random_state=2))
```

출력은 다음과 같습니다.

```
0.9666356155876418
```

e) LogisticRegression

```
classification_model(LogisticRegression(max_iter=10000))
```

출력은 다음과 같습니다.

```
0.9508150908244062
```

대부분의 모델이 잘 동작하지만 XGBoost 분류기가 가장 높은 점수를 얻었습니다. gblinear 기본 학습기는 성능이 좋지 않기 때문에 사용하지 않겠습니다.

실제로 각 모델을 튜닝해야 합니다. 여러 장에 걸쳐 하이퍼파라미터 튜닝에 대해 다루었으므로 여기서는 다루지 않겠습니다. 하지만 하이퍼파라미터 튜닝에 대한 경험은 일부 변경된 값으로 모델을 빠르게 만드는 데 도움이 됩니다. 예를 들어 다음 코드처럼 XGBoost에서 max_depth 를 2로 낮추고, n_estimators를 500으로 높이고, learning_rate를 0.1로 지정해볼 수 있습니다.

```
classification_model(XGBClassifier(n_estimators=500, max_depth=2,
                                   learning_rate=0.1))
```

출력은 다음과 같습니다.

```
0.9701133364384411
```

이 점수는 매우 좋습니다. 가장 높은 점수는 아니지만 앙상블에 도움이 될 수 있습니다.

다양한 모델을 준비했으므로 이들 사이의 상관관계를 알아보겠습니다.

9.3.2 상관관계

이 절의 목표는 앙상블을 위해 모든 모델을 선택하는 것이 아니라 상관관계가 적은 모델을 고르는 것입니다.

먼저 **상관관계**correlation가 무엇인지 이해해보죠.

상관관계는 두 변수 사이의 선형 관계의 강도를 나타내는 -1~1 사이의 통곗값입니다. 상관관계가 1이면 완벽한 직선이고 상관관계가 0이면 선형 관계가 전혀 없습니다.

상관관계를 산점도로 표현한 그림을 보면 쉽게 이해할 수 있습니다. 다음 그림은 위키백과의 Correlation 페이지[18]에서 가져온 것입니다.

- 산점도로 나타낸 상관관계는 다음과 같습니다.

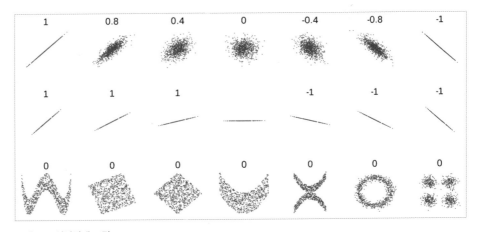

그림 9-9 상관관계 그림

---

18 https://en.wikipedia.org/wiki/Correlation

● 앤스컴 콰르텟Anscombe's quartet(상관관계가 0.816인 네 개의 산점도)은 다음과 같습니다.[19]

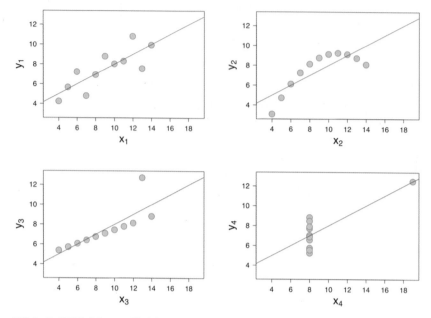

그림 9-10 상관관계가 0.816인 산점도

왼쪽 위 그래프는 높은 상관관계를 보여줍니다. 일반적으로 점들이 직선에 가깝게 모여 있습니다. 오른쪽 위 그래프는 상관관계가 동일한 그래프의 점들이지만 크게 다릅니다. 다른 말로 하면 상관관계는 가치있는 정보를 제공하지만 전체 내용을 설명하지는 못합니다.

상관관계의 의미를 이해했으므로 머신러닝 모델을 만드는 데 상관관계를 적용해보죠.

9.3.3 앙상블의 상관관계

앙상블에 포함시킬 모델을 선택해야 합니다.

상관관계가 높은 머신러닝 모델은 앙상블에 포함되는 것이 바람직하지 않습니다. 왜일까요?

각각 1,000개의 예측을 만드는 두 개의 분류기를 생각해보죠. 두 분류기가 모두 동일한 예측을 만든다면 두 번째 분류기는 새로운 정보를 제공하지 못하므로 불필요합니다.

---

19 https://ko.wikipedia.org/wiki/앤스컴_콰르텟

다수결 방식을 사용하면 다수의 분류기가 실패했을 때만 예측이 실패합니다. 따라서 좋은 성능을 내지만 다른 예측을 만드는 다양한 모델을 가지는 것이 좋습니다. 대부분의 모델이 동일한 예측을 만든다면 상관관계가 높고 앙상블에 새로운 모델을 추가해서 얻는 이득이 적습니다. 강력한 모델이 서로 다르게 실패할 수 있는 것이 앙상블 모델의 결과를 더 좋게 만듭니다. 상관관계가 적은 모델이 다른 예측을 만듭니다.

머신러닝 모델 간의 상관관계를 계산하려면 먼저 비교할 데이터가 필요합니다. 머신러닝 모델이 만드는 예측을 이 데이터로 사용합니다. 예측을 만든 후 이를 데이터프레임으로 연결하고 corr() 메서드를 호출하여 한 번에 모든 상관관계를 구합니다.

다음은 머신러닝 모델의 상관관계를 구하는 과정입니다.

1 각 머신러닝 모델의 예측을 반환하는 함수를 정의합니다.

```
def y_pred(model):
    model.fit(X_train, y_train)
    y_pred = model.predict(X_test)
    score = accuracy_score(y_pred, y_test)
    print(score)
    return y_pred
```

2 train_test_split() 함수로 훈련 세트와 테스트 세트를 준비합니다.

```
X_train, X_test, y_train, y_test = train_test_split(X, y, random_state=2)
```

3 앞서 정의한 함수를 사용해 모든 후보 모델의 예측을 구합니다.

a) XGBClassifier

```
y_pred_gbtree = y_pred(XGBClassifier())
```

출력은 다음과 같습니다.

```
0.951048951048951
```

b) dart를 사용한 XGBClassifier

```
y_pred_dart = y_pred(XGBClassifier(booster='dart', one_drop=True))
```

출력은 다음과 같습니다.

```
0.951048951048951
```

c) RandomForestClassifier

```
y_pred_forest = y_pred(RandomForestClassifier(random_state=2))
```

출력은 다음과 같습니다.

```
0.9370629370629371
```

d) LogisticRegression

```
y_pred_logistic = y_pred(LogisticRegression(max_iter=10000))
```

출력은 다음과 같습니다.

```
0.9370629370629371
```

NOTE_ 경고를 방지하고 max_iter 매개변수 값을 높입니다(아마도 정확도도 높아질 것입니다).

e) 매개변수를 조정한 XGBClassifier

```
y_pred_xgb = y_pred(XGBClassifier(max_depth=2, n_estimators=500, learning_
rate=0.1))
```

출력은 다음과 같습니다.

```
0.965034965034965
```

4 np.c_ 함수(c는 concatenation의 약자입니다)를 사용해 예측 결과를 새로운 데이터프레임으로 연결합니다.

```
df_pred = pd.DataFrame(data= np.c_[y_pred_gbtree, y_pred_dart,
                        y_pred_forest, y_pred_logistic, y_pred_xgb],
                columns=['gbtree', 'dart', 'forest', 'logistic', 'xgb'])
```

5 이 데이터프레임의 corr() 메서드를 호출합니다.

```
df_pred.corr()
```

출력은 다음과 같습니다.

	gbtree	dart	forest	logistic	xgb
gbtree	1.000000	0.971146	0.884584	0.914111	0.971146
dart	0.971146	1.000000	0.913438	0.914111	0.971146
forest	0.884584	0.913438	1.000000	0.943308	0.913438
logistic	0.914111	0.914111	0.943308	1.000000	0.914111
xgb	0.971146	0.971146	0.913438	0.914111	1.000000

그림 9-11 다양한 머신러닝 모델의 상관관계

여기서 볼 수 있듯이 모델 자기자신과의 상관관계는 완벽하게 선형이기 때문에 대각선에 있는 모든 값은 1.0입니다. 다른 값은 모두 꽤 높습니다.

낮은 상관관계에 대한 명확한 기준은 없습니다. 상관관계 값과 사용한 모델의 개수에 따라 다릅니다. 이 예에서는 최상의 모델 xgb와 가장 상관관계가 적은 두 모델인 랜덤 포레스트와 로지스틱 회귀를 선택하겠습니다.

사이킷런의 VotingClassifier 클래스를 사용해 선택한 모델을 연결하여 하나의 앙상블 모델을 만들어보겠습니다.

9.3.4 VotingClassifier

사이킷런의 VotingClassifier 클래스는 여러 개의 분류 모델을 연결하고 다수결 투표를 사용하여 출력을 만듭니다. 여러 개의 회귀 모델을 앙상블하여 각 모델의 예측을 평균하는 VotingRegressor도 있습니다.

다음은 VotingClassifier 앙상블을 만드는 과정입니다.

1 빈 리스트를 만듭니다.

```
estimators = []
```

2 첫 번째 모델을 만듭니다.

```
logistic_model = LogisticRegression(max_iter=10000)
```

3 모델을 (model_name, model) 형식의 튜플로 리스트에 추가합니다.

```
estimators.append(('logistic', logistic_model))
```

4 필요한 만큼 단계 2와 3을 반복합니다.

```
xgb_model = XGBClassifier(max_depth=2, n_estimators=500, learning_rate=0.1)
estimators.append(('xgb', xgb_model))
rf_model = RandomForestClassifier(random_state=2)
estimators.append(('rf', rf_model))
```

5 모델 리스트를 입력으로 사용해 VotingClassifier 객체를 초기화합니다.

```
ensemble = VotingClassifier(estimators)
```

6 cross_val_score() 함수로 앙상블을 평가합니다.

```
scores = cross_val_score(ensemble, X, y, cv=kfold)
print(scores.mean())
```

출력은 다음과 같습니다.

```
0.9754075454122031
```

결과에서 보듯이 정확도가 향상되었습니다.

상관관계가 낮은 머신러닝 앙상블을 만드는 목적과 기법을 이해했으니 이제 비슷하지만 장점이 많은 스태킹을 알아보겠습니다.

9.4 스태킹

> 스태킹과 부스팅을 위해 xgboost를 사용합니다. 친숙하고 입증된 결과 때문이죠.[20]
>
> – 데이비드 오스틴[David Austin], 캐글 우승자

마지막 절에서 캐글 우승자들이 사용하는 가장 강력한 기법 중 하나인 **스태킹**을 알아보겠습니다.

9.4.1 스태킹이란?

스태킹은 두 개의 수준으로 머신러닝 모델을 결합합니다. 기본 수준에서는 모델이 모든 데이터를 사용하여 예측을 만듭니다. 메타 수준에서는 베이스 모델의 예측을 입력으로 받아 최종 예측을 만듭니다.

다른 말로 하면 스태킹에서 최종 모델은 원본 데이터를 입력으로 사용하지 않고 베이스 모델의 예측을 입력으로 사용합니다.

스태킹은 캐글 대회에서 큰 성공을 거두었습니다. 대부분의 캐글 대회는 개인과 팀이 서로 합칠 수 있는 합병 데드라인이 있습니다. 이런 합병을 통해 참가자들이 모델을 합치고 더 큰 앙상블을 만들 수 있기 때문에 개인보다 팀으로서 성공할 가능성이 높습니다.

스태킹은 최종적으로 예측을 결합하는 메타 모델로 인해 기본적인 앙상블과 구별됩니다. 메타 모델은 예측을 입력으로 받기 때문에 회귀에서는 선형 회귀, 분류에서는 로지스틱 회귀 같은 간단한 모델을 사용하는 것이 권장됩니다.

스태킹에 대해 알아보았으니 사이킷런으로 스태킹을 구현해보겠습니다.

9.4.2 StackingClassifier

다행히 사이킷런은 스태킹을 쉽게 구성할 수 있는 회귀와 분류용 클래스를 제공합니다. 기본적

---

[20] *https://www.pyimagesearch.com/2018/03/26/interview-david-austin-1st-place-25000-kaggles-popular-competition/*

인 아이디어는 이전 절의 앙상블 모델과 비슷합니다. 다양한 베이스 모델을 선택하고 메타 모델로 선형 회귀나 로지스틱 회귀를 사용합니다.

다음은 사이킷런으로 스태킹을 구현하는 과정입니다.

1 베이스 모델을 위한 빈 리스트를 만듭니다.

```
base_models = []
```

2 베이스 모델을 (name, model) 형식의 튜플로 리스트에 추가합니다.

```
base_models.append(('lr', LogisticRegression()))
base_models.append(('xgb', XGBClassifier()))
base_models.append(('rf', RandomForestClassifier(random_state=2)))
```

다수결 투표를 사용하지 않고 새로운 예측 데이터에 가중치를 적용하기 쉽기 때문에 스태킹에 더 많은 모델을 추가할 수 있습니다. 최적의 방법은 상관관계가 비교적 낮은 모델을 사용하고 다양한 조합을 실험하는 것입니다.

3 메타 모델을 선택합니다. 회귀에는 선형 회귀, 분류에는 로지스틱 회귀가 선호됩니다.

```
meta_model = LogisticRegression()
```

4 StackingClassifier를 초기화합니다(회귀일 경우 StackingRegressor를 사용합니다). estimators 매개변수에 base_models를 전달하고 final_estimator 매개변수에 meta_model을 전달합니다.

```
clf = StackingClassifier(estimators=base_models, final_estimator=meta_model)
```

5 cross_val_score() 함수나 다른 평가 방법으로 스태킹 모델을 평가합니다.

```
scores = cross_val_score(clf, X, y, cv=kfold)
print(scores.mean())
```

출력은 다음과 같습니다.

```
0.9771774569166279
```

이 점수가 지금까지 가장 좋은 결과입니다.

여기서 보듯이 스태킹은 매우 강력한 방법이고 이전 절에서 만든 상관관계가 낮은 앙상블의 성능 보다 뛰어납니다.

9.5 마치며

이 장에서는 캐글 대회의 우승자들로부터 검증된 팁과 기법을 배웠습니다. 캐글 대회를 알아보고, 홀드아웃 세트의 중요성을 이해했습니다. 또한 시간, 범주형 특성에 대한 특성 공학을 연습하고 평균 인코딩, 상관관계가 낮은 앙상블 만들기, 스태킹을 배웠습니다. 이런 고급 기술은 유명한 캐글러들 사이에 널리 사용되며 연구, 대회, 비즈니스를 위해 머신러닝 모델을 구축할 때 도움이 될 것입니다.

다음 장에서 경쟁 세계에서 기술 세계로 눈길을 돌려보겠습니다. 사이킷런 변환기와 파이프라인을 사용해 엔드투엔드 XGBoost 모델을 만들고 제품 배포 준비가 된 모델을 완성하겠습니다.

## CHAPTER 10

XGBoost 모델 배포

마지막 장에서는 배운 모든 것을 연결하여 제품으로 사용할 수 있는 강력한 머신러닝 모델을 만드는 새로운 방법을 배우겠습니다. 제품을 위한 모델 배포는 연구나 경연 대회를 위해 모델을 만드는 것과 조금 다릅니다. 비즈니스 세계에서는 새로운 데이터가 자주 발생하기 때문에 자동화가 중요합니다. 머신러닝 모델을 튜닝하여 미세한 성능을 올리는 것 보다는 프로세스에 중점을 둡니다.

특히 이 장에서는 **원–핫 인코딩**과 **희소 행렬**에 대해 자세히 다루겠습니다. 또한 사이킷런의 변환기를 사용하여 머신러닝 파이프라인을 자동화하며 범주형과 수치형이 혼합된 데이터에서 예측을 만들겠습니다. 이 장의 끝에서 새로운 데이터를 처리할 수 있는 머신러닝 파이프라인을 갖추게 될 것입니다.

이 장에서는 다음과 같은 내용을 다룹니다.

- 혼합 데이터 인코딩
- 사용자 정의 변환기
- 최종 XGBoost 모델 만들기
- 머신러닝 모델 파이프라인 만들기

10.1 혼합 데이터 인코딩

여러분이 에드테크[EdTech] 기업에서 기술력 차이를 해소하기 위해 학생 성적을 예측해야 한다고 상상해보죠. 첫 번째 단계는 학생 성적 데이터를 pandas로 로드하는 것입니다.

10.1.1 데이터 로딩

회사에서 제공하는 학생 성적 데이터셋은 student-por.csv 파일로 저장되어 있습니다.[1]

pandas를 임포트하고 경고를 끕니다. 그다음 데이터셋을 로드하고 처음 다섯 개 행을 출력합니다.

```python
import pandas as pd
import warnings
warnings.filterwarnings('ignore')
df = pd.read_csv('student-por.csv')
df.head()
```

출력은 다음과 같습니다.

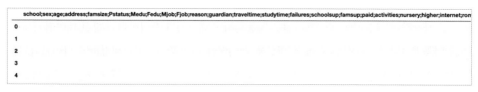

그림 10-1 학생 성적 데이터셋

실전에서는 데이터가 기대한 대로 항상 있지 않습니다.

CSV 파일을 직접 확인하는 것이 좋을 것 같습니다. 주피터 노트북에서 이 장의 폴더에 있는 student-por.csv 파일을 클릭합니다.

다음과 같은 화면을 보게 될 것입니다.

---

1 옮긴이_ 이 데이터셋에 대한 자세한 내용은 다음 주소를 참고하세요. *https://archive.ics.uci.edu/ml/datasets/student+performance*

```
school;sex;age;address;famsize;Pstatus;Medu;Fedu;Mjob;Fjob;reason;guardian;traveltime;studytime;failures;schoolsup;famsup;paid;act
ivities;nursery;higher;internet;romantic;famrel;freetime;goout;Dalc;Walc;health;absences;G1;G2;G3
"GP";NULL;18;"U";"GT3";"A";4;4;"at_home";"teacher";"course";NULL;2;2;0;"yes";"no";"no";"no";"yes";"yes";"no";"no";4;3;4;1;1;3;4;"0
";"11";11
"GP";"F";NULL;"U";"GT3";"T";1;1;"at_home";"other";"course";"father";1;2;0;"no";"yes";"no";"no";"no";"yes";"yes";"no";5;3;3;1;1;3;2
;"9";"11";11
"GP";"F";15;"U";"LE3";"T";1;1;"at_home";"other";"other";"mother";1;2;0;"yes";"no";"no";"no";"yes";"yes";"yes";"no";4;3;2;2;3;3;6;"
12";"13";12
"GP";"F";15;"U";"GT3";"T";4;2;"health";"services";"home";"mother";1;3;0;"no";"yes";"no";"yes";"yes";"yes";"yes";"yes";3;2;2;1;1;5;
0;"14";"14";14
"GP";"F";16;"U";"GT3";"T";3;3;"other";"other";"home";"father";1;2;0;"no";"yes";"no";"no";"yes";"yes";"no";"no";4;3;2;1;2;5;0;"11";
"13";13
"GP";"M";16;"U";"LE3";"T";4;3;"services";"other";"reputation";"mother";1;2;0;"no";"yes";"no";"yes";"yes";"yes";"yes";"no";5;4;2;1;
2;5;6;"12";"12";13
"GP";"M";16;"U";"LE3";"T";2;2;"other";"other";"home";"mother";1;2;0;"no";"no";"no";"no";"yes";"yes";"yes";"no";4;4;4;1;1;3;0;"13";
"12";13
"GP";"F";17;"U";"GT3";"A";4;4;"other";"teacher";"home";"mother";2;2;0;"yes";"yes";"no";"no";"yes";"yes";"no";"no";4;1;4;1;1;1;2;"1
0";"13";13
"GP";"M";15;"U";"LE3";"A";3;2;"services";"other";"home";"mother";1;2;0;"no";"yes";"no";"no";"yes";"yes";"yes";"no";4;2;2;1;1;1;0;"
15";"16";17
"GP";"M";15;"U";"GT3";"T";3;4;"other";"other";"home";"mother";1;2;0;"no";"yes";"no";"yes";"yes";"yes";"yes";"no";5;5;1;1;1;5;0;"12
";"12";13
"GP";"F";15;"U";"GT3";"T";4;4;"teacher";"health";"reputation";"mother";1;2;0;"no";"yes";"no";"no";"yes";"yes";"yes";"no";3;3;3;1;2
;2;2;"14";"14";14
"GP";"F";15;"U";"GT3";"T";2;1;"services";"other";"reputation";"father";3;3;0;"no";"yes";"no";"yes";"yes";"yes";"yes";"no";5;2;2;1;
1;4;0;"10";"12";13
"GP";"M";15;"U";"LE3";"T";4;4;"health";"services";"course";"father";1;1;0;"no";"no";"no";"yes";"yes";"yes";"yes";"no";4;3;3;1;1;3;5
;0;"12";"13";12
"GP";"M";15;"U";"GT3";"T";4;3;"teacher";"other";"course";"mother";2;2;0;"no";"yes";"no";"yes";"yes";"yes";"yes";"no";5;4;3;1;2;3;0;
"12";"12";13
"GP";"M";15;"U";"GT3";"A";2;2;"other";"other";"home";"other";1;3;0;"no";"yes";"no";"no";"yes";"yes";"yes";"yes";4;5;2;1;1;3;0;"14"
;"14";15
"GP";"F";16;"U";"GT3";"T";4;4;"health";"other";"home";"mother";1;1;0;"no";"yes";"no";"no";"yes";"yes";"yes";"no";4;4;4;1;2;2;6;"17
";"17";17
```

그림 10-2 학생 성적 CSV 파일

앞의 그림에서 보듯이 이 데이터는 세미콜론(;)으로 구분되어 있습니다. CSV 파일은 기본적
으로 콤마로 구분된다고 가정합니다. 다행히 pandas는 sep 매개변수에서 원하는 구분자를 지
정할 수 있습니다. 여기에서는 다음처럼 세미콜론(;)으로 지정합니다.

```python
df = pd.read_csv('student-por.csv', sep=';')
df.head()
```

출력은 다음과 같습니다.

	school	sex	age	address	famsize	Pstatus	Medu	Fedu	Mjob	Fjob	...	famrel	freetime	goout	Dalc	Walc	health	absences	G1	G2	G3
0	GP	NaN	18.0	U	GT3	A	4	4	at_home	teacher	...	4	3	4	1	1	3	4	0	11	11
1	GP	F	NaN	U	GT3	T	1	1	at_home	other	...	5	3	3	1	1	3	2	9	11	11
2	GP	F	15.0	U	LE3	T	1	1	at_home	other	...	4	3	2	2	3	3	6	12	13	12
3	GP	F	15.0	U	GT3	T	4	2	health	services	...	3	2	2	1	1	5	0	14	14	14
4	GP	F	16.0	U	GT3	T	3	3	other	other	...	4	3	2	1	2	5	0	11	13	13

그림 10-3 올바르게 로딩된 학생 성적 데이터셋

이 데이터프레임은 기대한 대로 범주형과 수치형 값이 섞여 있습니다. 먼저 누락된 값을 정리
해보겠습니다.

10.1.2 누락된 값 처리

df.isnull()에 sum() 메서드를 연결하여 누락된 값이 있는 열을 확인할 수 있습니다.

```
df.isnull().sum()
```

다음은 결과 중 일부입니다.

```
school      0
sex         1
age         1
address     0
...
health      0
absences    0
G1          0
G2          0
G3          0
dtype: int64
```

df.isna().any(axis=1)로 누락된 값이 있는 행을 표시하는 불리언 배열을 만든 후 df 데이터프레임에 불리언 인덱싱으로 사용하여 누락된 값이 있는 열만 선택하여 볼 수 있습니다.

```
df[df.isna().any(axis=1)]
```

출력은 다음과 같습니다.

	school	sex	age	address	famsize	Pstatus	Medu	Fedu	Mjob	Fjob	...	famrel	freetime	goout	Dalc	Walc	health	absences	G1	G2	G3
0	GP	NaN	18.0	U	GT3	A	4	4	at_home	teacher	...	4	3	4	1	1	3	4	0	11	11
1	GP	F	NaN	U	GT3	T	1	1	at_home	other	...	5	3	3	1	1	3	2	9	11	11

그림 10-4 누락된 값이 있는 학생 성적 데이터셋

판다스는 기본적으로 출력하는 열의 개수를 제한하기 때문에 중간에 있는 누락된 값은 볼 수 없습니다. 다음처럼 판다스 max_columns 옵션을 None으로 지정하면 이를 바꿀 수 있습니다.

```
pd.options.display.max_columns = None
```

이제 코드를 다시 실행하면 전체 열을 볼 수 있습니다.

```
df[df.isna().any(axis=1)]
```

출력은 다음과 같습니다.

	school	sex	age	address	famsize	Pstatus	Medu	Fedu	Mjob	Fjob	reason	guardian	traveltime	studytime	failures	schoolsup	famsup	paid
0	GP	NaN	18.0	U	GT3	A	4	4	at_home	teacher	course	NaN	2	2	0	yes	no	no
1	GP	F	NaN	U	GT3	T	1	1	at_home	other	course	father	1	2	0	no	yes	no

그림 10-5 학생 성적 데이터셋에서 누락된 값이 있는 행

여기서 볼 수 있듯이 'guardian' 열에 있는 누락된 값이 모두 출력되었습니다.

수치 특성에 누락된 값은 -999.0이나 다른 값으로 지정할 수 있습니다. 5장에서 소개한 것처럼 XGBoost는 missing 매개변수에 지정한 누락된 값에 대해 최적의 분할을 찾습니다.

다음은 'age' 열의 누락된 값을 -999.0으로 채웁니다.

```
df['age'] = df['age'].fillna(-999.0)
```

그다음 범주형 특성에서 누락된 값을 최빈값으로 채울 수 있습니다. 최빈값은 해당 특성에서 가장 많이 등장하는 값입니다. 범주형 특성을 최빈값으로 채우면 분포가 왜곡될 수 있지만 이는 누락된 값의 개수가 많을 때에만 해당됩니다. 여기서는 누락된 값이 두 개뿐이므로 분포에 영향을 미치지 않을 것입니다. 또 다른 방법은 범주형 특성의 누락된 값을 'unkown' 같은 문자열로 바꾸는 것입니다. 그다음 이 값은 원-핫 인코딩을 통해 별도의 열로 구성됩니다. XGBoost는 수치 입력을 사용해야 하므로 missing 매개변수를 직접 범주형 열에 적용할 수 없습니다.

다음 코드는 'sex'와 'guardian' 열의 누락된 값을 최빈값으로 바꿉니다.

```
df['sex'] = df['sex'].fillna(df['sex'].mode())
df['guardian'] = df['guardian'].fillna(df['guardian'].mode())
```

누락된 값이 처음 두 개의 행에 있기 때문에 df.head()로 변경된 내용을 확인할 수 있습니다.

```
df.head()
```

출력은 다음과 같습니다.

	school	sex	age	address	famsize	Pstatus	Medu	Fedu	Mjob	Fjob	reason	guardian	traveltime	studytime	failures	schoolsup	famsup	paid
0	GP	F	18.0	U	GT3	A	4	4	at_home	teacher	course	mother	2	2	0	yes	no	no
1	GP	F	-999.0	U	GT3	T	1	1	at_home	other	course	father	1	2	0	no	yes	no
2	GP	F	15.0	U	LE3	T	1	1	at_home	other	other	mother	1	2	0	yes	no	no
3	GP	F	15.0	U	GT3	T	4	2	health	services	home	mother	1	3	0	no	yes	no
4	GP	F	16.0	U	GT3	T	3	3	other	other	home	father	1	2	0	no	yes	no

그림 10-6 누락된 값을 처리한 학생 성적 데이터셋

누락된 값이 모두 수정되었습니다.

이제 다음으로 원-핫 인코딩을 사용해 모든 범주형 특성을 수치 특성으로 바꾸어보겠습니다.

10.1.3 원-핫 인코딩

이전에 pd.get_dummies() 함수를 사용해 범주형 특성을 0과 1의 수치형으로 바꾸었습니다. 0은 값이 없는 것을 의미하고 1은 값이 있음을 나타냅니다. 이런 방식을 사용할 수 있지만 몇 가지 단점이 있습니다.

첫 번째 단점은 이전 장에서 보았을 때 눈치챘을 수 있지만 pd.get_dummies()의 계산 비용이 많이 들 수 있다는 것입니다. 두 번째 단점은 pd.get_dummies()가 다음 절에서 살펴볼 사이킷런의 파이프라인에 통합되지 않는다는 것입니다.

다행히 pd.get_dummies() 대신에 사이킷런의 OneHotEncoder 클래스를 사용할 수 있습니다. pd.get_dummies()처럼 OneHotEncoder는 모든 범주형 특성을 0과 1로 인코딩합니다. 하지만 pd.get_dummies()와 달리 계산 비용이 높지 않습니다. OneHotEncoder는 공간과 시간을 절약하기 위해 밀집 배열 대신 희소 행렬을 사용하기 때문입니다.

희소 행렬은 0이 아닌 값만 저장하여 공간을 절약합니다. 즉 더 적은 용량으로 동일한 정보를 저장할 수 있습니다.

또한 OneHotEncoder는 사이킷런의 파이프라인과 함께 사용할 수 있도록 고안된 **변환**

기|transformer 클래스입니다.

사이킷런 이전 버전에서는 OneHotEncoder가 수치형 특성만 받았습니다. 범주형 특성이 있는 경우 LabelEncoder를 사용해 먼저 모든 범주형 특성을 수치형으로 바꾸어야 했습니다.[2]

범주형 특성에 OneHotEncoder를 사용하려면 다음 단계를 따릅니다.

1 df.dtypes가 object인 모든 열의 목록을 만듭니다.

```
categorical_columns = df.columns[df.dtypes==object].tolist()
```

2 OneHotEncoder를 임포트하고 초기화합니다.

```
from sklearn.preprocessing import OneHotEncoder
ohe = OneHotEncoder()
```

3 범주형 열에 fit_transform() 메서드를 적용합니다.

```
hot = ohe.fit_transform(df[categorical_columns])
```

4 추가적으로 원-핫 인코딩된 희소 행렬을 밀집 행렬로 변환하고 다시 데이터프레임으로 바꾸어 출력할 수 있습니다.

```
hot_df = pd.DataFrame(hot.toarray())
hot_df.head()
```

출력은 다음과 같습니다.

	0	1	2	3	4	5	6	7	8	9	10	11	12	13	14	15	16	17	18	19	20	21	22	23	24	25	26	27	28	29	30	31	32
0	1.0	0.0	1.0	0.0	0.0	1.0	1.0	0.0	1.0	0.0	1.0	0.0	0.0	0.0	0.0	0.0	0.0	0.0	0.0	1.0	1.0	0.0	0.0	0.0	0.0	1.0	0.0	0.0	1.0	1.0	0.0	1.0	0.0
1	1.0	0.0	1.0	0.0	0.0	1.0	1.0	0.0	0.0	1.0	1.0	0.0	0.0	0.0	0.0	0.0	1.0	0.0	0.0	1.0	0.0	0.0	0.0	1.0	0.0	0.0	1.0	0.0	0.0	1.0	0.0	1.0	0.0
2	1.0	0.0	1.0	0.0	0.0	1.0	0.0	1.0	0.0	1.0	1.0	0.0	0.0	0.0	0.0	0.0	1.0	0.0	0.0	1.0	0.0	0.0	1.0	0.0	0.0	1.0	1.0	0.0	0.0	1.0	0.0
3	1.0	0.0	1.0	0.0	0.0	1.0	1.0	0.0	0.0	1.0	0.0	1.0	0.0	0.0	0.0	0.0	1.0	0.0	0.0	1.0	0.0	0.0	0.0	1.0	0.0	0.0	1.0	0.0	0.0	1.0	1.0	0.0
4	1.0	0.0	1.0	0.0	0.0	1.0	1.0	0.0	1.0	0.0	1.0	0.0	0.0	0.0	0.0	1.0	0.0	0.0	1.0	0.0	0.0	0.0	0.0	1.0	0.0	0.0	1.0	1.0	0.0	1.0	0.0

그림 10-7 원-핫 인코딩된 데이터프레임

예상대로 모든 값이 0과 1로 이루어져 있습니다.

---

2 옮긴이_ 사이킷런 0.20 버전부터 OneHotEncoder 클래스가 직접 범주형 특성을 원-핫 인코딩으로 변환할 수 있습니다.

5 hot 희소 행렬을 실제로 어떻게 보이는지 알고 싶다면 다음과 같이 출력해볼 수 있습니다.

```
print(hot)
```

출력은 다음과 같습니다.

```
(0, 0) 1.0
(0, 2) 1.0
(0, 5) 1.0
(0, 6) 1.0
(0, 8) 1.0
...
(648, 33) 1.0
(648, 35) 1.0
(648, 38) 1.0
(648, 40) 1.0
(648, 41) 1.0
```

여기서 보듯이 0이 아닌 값만 출력됩니다. 예를 들어 0번째 행의 1번째 열인 (0, 1)에 해당하는 원소는 밀집 행렬에서 0.0이지만 희소 행렬에서는 표현되지 않습니다.

희소 행렬에 대해 더 많은 정보를 보고 싶다면 셀에 변수만 입력하고 실행하세요.

```
hot
```

출력은 다음과 같습니다.

```
<649x43 sparse matrix of type '<class 'numpy.float64'>'
with 11033 stored elements in Compressed Sparse Row format>
```

이 행렬은 649 x 43 크기이지만 11,033 개의 값만 저장되어 있어서 공간이 크게 절약됩니다. 0이 많이 등장하는 텍스트 데이터의 경우 희소 행렬을 많이 사용합니다.

10.1.4 원-핫 인코딩된 특성과 수치 특성 합치기

원-핫 인코딩된 희소 행렬을 원본 데이터프레임의 수치 열과 합쳐 보겠습니다.

먼저 수치 열만 골라 냅니다. 이렇게 하려면 df.select_dtypes() 함수에 특정 타입의 열을 제외하는 exclude=["object"]를 지정하면 됩니다.

```
cold_df = df.select_dtypes(exclude=["object"])
cold_df.head()
```

출력은 다음과 같습니다.

	age	Medu	Fedu	traveltime	studytime	failures	famrel	freetime	goout	Dalc	Walc	health	absences	G1	G2	G3
0	18.0	4	4	2	2	0	4	3	4	1	1	3	4	0	11	11
1	-999.0	1	1	1	2	0	5	3	3	1	1	3	2	9	11	11
2	15.0	1	1	1	2	0	4	3	2	2	3	3	6	12	13	12
3	15.0	4	2	1	3	0	3	2	2	1	1	5	0	14	14	14
4	16.0	3	3	1	2	0	4	3	2	1	2	5	0	11	13	13

그림 10-8 학생 성적 데이터셋의 수치형 특성

원하는 수치 데이터를 뽑아내었습니다.

이전처럼 희소 행렬을 일반 데이터프레임으로 변환하거나 이 데이터프레임을 희소 행렬로 변환해야 합니다. 두 번째 방식을 사용해보죠. 실전에서 데이터프레임의 크기가 크기 때문에 공간을 절약하는 것이 도움이 됩니다.

1 cold_df 데이터프레임을 희소 행렬로 변환하기 위해 scipy.sparse 모듈에서 csr_matrix() 함수를 임포트하고 적용합니다.

```
from scipy.sparse import csr_matrix
cold = csr_matrix(cold_df)
```

2 그다음 hstack() 함수를 사용하여 두 행렬 hot과 cold를 수평으로 연결합니다.

```
from scipy.sparse import hstack
final_sparse_matrix = hstack((hot, cold))
```

3 final_sparse_matrix를 밀집 행렬로 변환한 다음 데이터프레임으로 바꾸어 출력합니다.

```
final_df = pd.DataFrame(final_sparse_matrix.toarray())
final_df.head()
```

출력은 다음과 같습니다.

26	27	28	29	30	31	32	33	34	35	36	37	38	39	40	41	42	43	44	45	46	47	48	49	50	51	52	53	54	55	56	57	58
0.0	0.0	1.0	0.0	0.0	1.0	0.0	1.0	0.0	0.0	1.0	0.0	1.0	1.0	0.0	1.0	0.0	18.0	4.0	4.0	2.0	2.0	0.0	4.0	3.0	4.0	1.0	1.0	3.0	4.0	0.0	11.0	11.0
0.0	1.0	0.0	0.0	1.0	0.0	1.0	0.0	1.0	0.0	0.0	1.0	0.0	1.0	0.0	1.0	0.0	-999.0	1.0	1.0	1.0	2.0	0.0	5.0	3.0	3.0	1.0	1.0	3.0	2.0	9.0	11.0	11.0
0.0	0.0	1.0	1.0	0.0	1.0	0.0	0.0	0.0	1.0	1.0	0.0	1.0	0.0	1.0	0.0	15.0	1.0	1.0	2.0	0.0	4.0	3.0	2.0	2.0	3.0	3.0	6.0	12.0	13.0	12.0		
0.0	1.0	0.0	0.0	1.0	0.0	1.0	0.0	0.0	1.0	0.0	1.0	0.0	1.0	0.0	1.0	0.0	15.0	4.0	2.0	1.0	3.0	0.0	3.0	2.0	2.0	1.0	1.0	5.0	0.0	14.0	14.0	14.0
0.0	1.0	0.0	1.0	0.0	1.0	0.0	0.0	0.0	1.0	0.0	1.0	0.0	0.0	1.0	0.0	16.0	3.0	3.0	1.0	2.0	0.0	4.0	3.0	2.0	1.0	2.0	5.0	0.0	11.0	13.0	13.0	

그림 10-9 최종 데이터프레임

원-핫 인코딩된 열과 수치 열을 한꺼번에 보기 위해 출력된 데이터프레임의 오른쪽 부분입니다.

머신러닝을 위한 데이터가 준비되었으니 변환기와 파이프라인으로 이 과정을 자동화해보겠습니다.

10.2 사용자 정의 사이킷런 변환기

데이터프레임을 머신러닝에 사용할 수 있는 희소 행렬로 변환하는 과정을 거쳤습니다. 이 과정을 사이킷런 변환기로 일반화하면 새로운 데이터에 쉽게 적용할 수 있습니다.

사이킷런 변환기는 `fit()` 메서드로 변환에 필요한 통곗값을 추출하고 `transform()` 메서드로 이 통곗값을 적용하여 데이터를 변환합니다. `fit_transform()` 메서드로 두 메서드의 동작을 한 줄의 코드로 수행할 수도 있습니다.

다양한 변환기와 머신러닝 알고리즘을 함께 사용할 때 하나의 파이프라인으로 구성하면 사용이 편리합니다. 파이프라인에 주입되는 데이터는 적절한 형태로 변환되어 모델에 전달됩니다.

사이킷런은 데이터를 표준화하는 `StandardScaler`와 정규화하는 `Normalizer` 클래스를 제공하고 누락된 값을 대체하는 `SimpleImputer` 클래스를 제공합니다. 하지만 여기에서처럼 범주형과 수치형 데이터가 혼재되어 있을 때는 주의를 기울여야 합니다. 경우에 따라서 사이킷런에서 제공해주는 변환기가 자동화에 최선이 아닐 수 있습니다. 이런 경우에는 필요한 변환기를 직접 만들어야 합니다.

10.2.1 사용자 정의 변환기

자신만의 변환기를 만드는 핵심은 사이킷런의 **TransformerMixin** 클래스를 상속하는 것입니다.[3]

다음은 사이킷런에서 사용자 정의 변환기를 만드는 개략적인 코드입니다.

```python
class YourClass(TransformerMixin):
    def __init__(self):
        None
    def fit(self, X, y=None):
        return self
    def transform(self, X, y=None):
        return X
```

코드에서 볼 수 있듯이 어떤 것도 초기화할 필요가 없습니다. `fit()` 메서드는 항상 **self**를 반환합니다. 간단하게 말하면 `transform()` 메서드에 모든 데이터 변환 코드를 넣으면 됩니다.

사용자 정의 변환기의 일반적인 구조를 보았으므로 여러 종류의 누락된 값을 처리하는 변환기를 만들어보겠습니다.

여러 종류의 누락된 값을 대체하는 변환기 만들기

여러 종류의 누락된 값을 대체하는 변환기를 만드는 방법을 알아보죠. 여기서 사용자 정의 변환기를 만드는 이유는 특성 마다 누락된 값을 처리하는 방식이 다르기 때문입니다.

만드는 과정은 다음과 같습니다.

1 TransformerMixin 클래스를 임포트하고 TransformerMixin를 상속하는 새로운 클래스를 만듭니다.

```python
from sklearn.base import TransformerMixin
class NullValueImputer(TransformerMixin):
```

2 생성자 메서드는 아무일도 하지 않습니다.

```python
def __init__(self):
    None
```

---

3 옮긴이_ TransformerMixin 클래스는 자식 클래스를 위해 `fit()`과 `transform()`을 연속으로 호출하는 `fit_transform()` 메서드를 제공합니다.

3 X와 y를 입력으로 받고 self를 반환하는 fit() 메서드를 만듭니다. y의 기본값은 None입니다.

```
def fit(self, X, y=None):
    return self
```

4 X와 y를 입력으로 받고 새로운 X로 변환하여 반환하는 transform() 메서드를 만듭니다. y의 기본값은 None입니다.

```
def transform(self, X, y=None):
```

열에 따라 누락된 값을 다르게 처리해야 합니다.

다음 과정을 따라 열 타입에 따라 누락된 값을 최빈값 또는 -999.0으로 바꿉니다.

a) X의 열을 순회합니다.

```
for column in X.columns.tolist():
```

b) 루프안에서 dtypes가 object인 열을 확인하여 범주형 열을 찾습니다.

```
if column in X.columns[X.dtypes==object].tolist():
```

c) 범주형 열의 누락된 값을 최빈값으로 바꿉니다.

```
X[column] = X[column].fillna(X[column].mode())
```

d) 범주형 열이 아닌 경우 누락된 값을 -999.0으로 바꿉니다.

```
else:
    X[column]=X[column].fillna(-999.0)
return X
```

앞의 코드에서 y=None을 사용한 이유가 궁금할 수 있습니다. 파이프라인에 머신러닝 알고리즘이 포함되어 있을 때 입력으로 y가 필요하기 때문입니다. y를 None으로 설정하면 변경 작업에 특성만 사용할 수 있습니다.[4]

사용자 정의 대체 클래스를 만들었으므로 데이터에서 fit_transform() 메서드를 호출할 수 있습니다.

---

4 옮긴이_ 사실 변환기의 transform() 메서드에는 y=None 매개변수가 필요하지 않습니다.

CSV 파일에서 새로운 데이터프레임을 만들고 NullValueImputer 클래스를 사용해 한 줄의 코드로 누락된 값을 바꾸어보겠습니다.

```
df = pd.read_csv('student-por.csv', sep=';')
nvi = NullValueImputer().fit_transform(df)
nvi.head()
```

출력은 다음과 같습니다.

	school	sex	age	address	famsize	Pstatus	Medu	Fedu	Mjob	Fjob	reason	guardian	traveltime	studytime	failures	schoolsup	famsup	paid
0	GP	F	18.0	U	GT3	A	4	4	at_home	teacher	course	mother	2	2	0	yes	no	no
1	GP	F	-999.0	U	GT3	T	1	1	at_home	other	course	father	1	2	0	no	yes	no
2	GP	F	15.0	U	LE3	T	1	1	at_home	other	other	mother	1	2	0	yes	no	no
3	GP	F	15.0	U	GT3	T	4	2	health	services	home	mother	1	3	0	no	yes	no
4	GP	F	16.0	U	GT3	T	3	3	other	other	home	father	1	2	0	no	yes	no

그림 10-10 NullValueImputer 클래스를 사용해 누락된 값을 채운 학생 성적 데이터셋

출력에서 볼 수 있듯이 누락된 값이 모두 채워졌습니다.

다음으로 데이터를 원-핫 인코딩된 희소 행렬로 변환해보죠.

역자 노트   **ColumnTransformer로 누락된 값 채우기**

사이킷런 0.20 버전에서 추가된 ColumnTransformer 클래스를 사용하면 입력 데이터의 열마다 다른 변환기를 적용할 수 있습니다. ColumnTransformer와 누락된 값을 대체해주는 SimpleImputer 클래스를 사용해 본문과 동일한 작업을 수행해보겠습니다.

먼저 두 클래스를 임포트하고 학생 성적 데이터셋을 다시 로드합니다.

```
from sklearn.compose import ColumnTransformer
from sklearn.impute import SimpleImputer

df = pd.read_csv('student-por.csv', sep=';')
```

SimpleImputer 클래스의 strategy 매개변수에 누락된 값을 처리하는 방식을 지정할 수 있습니다. 기본값은 'mean'으로 특성의 평균 값으로 대체합니다. 그외에 중간값으로 바꾸는

'median', 최빈값으로 바꾸는 'most_frequent', 임의의 값을 지정하여 대체하는 'constant'가 있습니다. 'constant'로 지정할 때는 대체할 값을 fill_value 매개변수에 전달합니다.

범주형 특성에서는 strategy='most_frequent'를 사용하고 수치형 특성에서는 strategy='constant'와 fill_value=-999.0을 사용하여 본문과 동일하게 변환해보겠습니다. 두 방식을 적용한 SimpleImputer 객체를 초기화합니다.

```
mode_imputer = SimpleImputer(strategy='most_frequent')
const_imputer = SimpleImputer(strategy='constant', fill_value=-999.0)
```

ColumnsTransformer 클래스로 df 데이터프레임에 mode_imputer와 const_imputer를 적용할 때 각각 어떤 열에 대해서 수행할지 알려주어야 합니다. mode_imputer의 경우 본문에서 만든 categorical_columns를 사용합니다. const_imputer에 필요한 수치형 열의 목록은 본문과 비슷한 방식으로 만듭니다.

```
numeric_columns = df.columns[df.dtypes!=object].tolist()
```

이제 ColumnsTransformer 객체를 초기화합니다. 데이터에 적용할 변환기는 (이름, 변환기 객체, 열 인덱스 또는 이름)과 같은 튜플의 리스트로 지정합니다.

```
ct = ColumnTransformer([('str', mode_imputer, categorical_columns),
                        ('num', const_imputer, numeric_columns)])
```

두 변환기 이름을 각각 'str', 'num'으로 지정하고 mode_imputer는 categorical_columns에 적용하고 const_imputer는 numeric_columns에 적용하도록 설정했습니다.

이제 df 데이터프레임에서 fit_transform() 메서드를 호출하여 누락된 값을 처리한 넘파이 배열을 반환받아 데이터프레임으로 바꿉니다. 이때 categorical_columns와 numeric_columns 리스트를 사용해 새로 만든 데이터프레임의 열 이름을 지정합니다. 그다음 원본 df 데이터프레임과 열 순서를 동일하게 만들어 출력합니다.

```
new_df = pd.DataFrame(ct.fit_transform(df),
                      columns=categorical_columns+numeric_columns)
```

```
new_df = new_df[df.columns]
new_df.head()
```

출력은 다음과 같습니다.

	school	sex	age	address	famsize	Pstatus	Medu	Fedu	Mjob	Fjob	reason	guardian	traveltime	studytime	failures	schoolsup	famsup	paid
0	GP	F	18.0	U	GT3	A	4.0	4.0	at_home	teacher	course	mother	2.0	2.0	0.0	yes	no	no
1	GP	F	-999.0	U	GT3	T	1.0	1.0	at_home	other	course	father	1.0	2.0	0.0	no	yes	no
2	GP	F	15.0	U	LE3	T	1.0	1.0	at_home	other	other	mother	1.0	2.0	0.0	yes	no	no
3	GP	F	15.0	U	GT3	T	4.0	2.0	health	services	home	mother	1.0	3.0	0.0	no	yes	no
4	GP	F	16.0	U	GT3	T	3.0	3.0	other	other	home	father	1.0	2.0	0.0	no	yes	no

여러 종류의 특성으로 구성된 데이터를 원-핫 인코딩하기

이전 절에서 했던 것과 비슷한 과정을 적용하여 범주형 특성을 원-핫 인코딩하는 사용자 정의 변환기를 만들고 수치 특성과 연결하여 희소 행렬을 만들어보겠습니다(이 정도 크기의 데이터 셋이라면 밀집 행렬도 괜찮습니다).

1 TransformerMixin을 상속하는 새로운 클래스를 정의합니다.

```
class SparseMatrix(TransformerMixin):
```

2 생성자 메서드에서 OneHotEncoder 클래스 객체를 만듭니다.

```
def __init__(self):
    self.ohe = OneHotEncoder()
```

3 X와 y를 입력으로 받아 ohe 객체를 훈련한 다음 self를 반환하는 fit() 메서드를 만듭니다. y의 기본값은 None입니다.

```
def fit(self, X, y=None):
```

a) 범주형 열을 리스트로 만듭니다.

```
self.categorical_columns= X.columns[X.dtypes==object].tolist()
```

b) 입력 데이터로 ohe 객체를 훈련합니다.

```
self.ohe.fit(X[self.categorical_columns])
return self
```

4 X와 y를 입력으로 받고 새로운 X로 변환하여 반환하는 transform() 메서드를 만듭니다. y의 기본값은 None입니다.

```
def transform(self, X, y=None):
```

다음은 변환을 처리하는 코드입니다.

a) OneHotEncoder로 범주형 특성을 변환합니다.

```
hot = self.ohe.transform(X[self.categorical_columns])
```

b) 범주형을 제외하고 수치형만 포함한 데이터프레임을 만듭니다.

```
cold_df = X.select_dtypes(exclude=["object"])
```

c) cold_df 데이터프레임을 희소 행렬로 변환합니다.

```
cold = csr_matrix(cold_df)
```

a) (두 희소 행렬을 하나로 합칩니다.

```
final_sparse_matrix = hstack((hot, cold))
```

e) 최종 행렬을 반환합니다.

```
return final_sparse_matrix
```

5 이제 누락된 값이 없는 nvi 데이터를 SparseMatirx의 fit_transform() 메서드로 변환해보겠습니다.

```
sm = SparseMatrix().fit_transform(nvi)
print(sm)
```

출력은 다음과 같습니다. 책에는 공간을 절약하기 위해 일부만 실었습니다.

```
  (0, 0) 1.0
  (0, 2) 1.0
  (0, 5) 1.0
```

```
(0, 6) 1.0
(0, 8) 1.0
(0, 10) 1.0
 : :
(648, 53) 4.0
(648, 54) 5.0
(648, 55) 4.0
(648, 56) 10.0
(648, 57) 11.0
(648, 58) 11.0
```

6 희소 행렬을 다시 밀집 배열로 바꾼 다음 데이터프레임으로 만들어 결과를 확인할 수 있습니다.

```
sm_df = pd.DataFrame(sm.toarray())
sm_df.head()
```

출력은 다음과 같습니다.

26	27	28	29	30	31	32	33	34	35	36	37	38	39	40	41	42	43	44	45	46	47	48	49	50	51	52	53	54	55	56	57	58
0.0	0.0	1.0	1.0	0.0	1.0	0.0	1.0	0.0	0.0	1.0	0.0	1.0	1.0	0.0	1.0	0.0	18.0	4.0	4.0	2.0	2.0	0.0	4.0	3.0	4.0	1.0	1.0	3.0	4.0	0.0	11.0	11.0
0.0	1.0	0.0	0.0	1.0	1.0	0.0	1.0	0.0	1.0	0.0	0.0	1.0	0.0	1.0	1.0	0.0	-999.0	1.0	1.0	1.0	2.0	0.0	5.0	3.0	3.0	1.0	1.0	3.0	2.0	9.0	11.0	11.0
0.0	0.0	1.0	1.0	0.0	1.0	0.0	1.0	0.0	0.0	1.0	0.0	1.0	0.0	1.0	1.0	0.0	15.0	1.0	1.0	1.0	2.0	0.0	4.0	3.0	2.0	2.0	3.0	3.0	6.0	12.0	13.0	12.0
0.0	1.0	0.0	0.0	1.0	1.0	0.0	1.0	0.0	1.0	0.0	0.0	1.0	0.0	0.0	1.0	1.0	15.0	4.0	2.0	1.0	3.0	0.0	3.0	2.0	2.0	1.0	1.0	5.0	0.0	14.0	14.0	14.0
0.0	0.0	1.0	1.0	0.0	1.0	0.0	1.0	0.0	0.0	1.0	0.0	1.0	0.0	1.0	1.0	0.0	16.0	3.0	3.0	1.0	2.0	0.0	4.0	3.0	2.0	1.0	2.0	5.0	0.0	11.0	13.0	13.0

그림 10-11 원–핫 인코딩된 학생 데이터셋

올바르게 변형된 것 같군요. 첫 번째 행의 27번째 열이 0.0이고 28번째 열이 1.0입니다. 앞서 원–핫 인코딩으로 변환한 희소 행렬의 (0, 27) 값이 없고 (0, 28) 값이 1.0인 것과 일치합니다.

이제 데이터를 변환했으니 하나의 파이프라인으로 전처리 단계를 연결해보겠습니다.

원-핫 인코딩도 ColumnTransformer를 사용하여 처리할 수 있습니다. 범주형 특성만 원-핫 인코딩을 적용하고 나머지 특성을 그대로 두어야 합니다. ColumnTransformer의 remainder 매개변수의 기본값은 'drop'으로 사용하지 않는 특성은 삭제합니다. 이를 'passthrough'로 지정하면 결과 배열에 그대로 포함시킬 수 있습니다.

```
ct2 = ColumnTransformer([('ohe', OneHotEncoder(), categorical_columns)],
                        remainder='passthrough')
```

데이터프레임으로 원-핫 인코딩을 수행하면 기존의 특성 이름과 범주 이름을 합쳐서 새로운 특성 이름을 만들어줍니다. 예를 들어 school 특성에는 'GP'와 'MS'가 있습니다. 이를 원-핫 인코딩하면 school_GP와 school_MS 특성이 만들어지고 'GP'일 경우에는 school_GP가 1, school_MS가 0이 되는 식입니다. 원-핫 인코딩된 특성의 이름은 훈련된 OneHotEncoder 객체의 get_feature_names_out() 메서드에서 구할 수 있습니다. ct2 객체에서 OneHotEncoder 객체를 참조하려면 다음처럼 named_transformers_ 속성을 사용합니다.

```
ct2.fit(new_df)
oh_columns = ct2.named_transformers_['ohe'].get_feature_names_out()
```

그 다음은 이전과 동일하게 데이터프레임으로 만들어 결과를 출력합니다. 앞에서 구한 oh_columns 배열과 numeric_columns 리스트를 먼저 하나의 배열로 합쳐서 열 이름으로 사용합니다.

```
import numpy as np
new_df2 = pd.DataFrame(ct2.transform(new_df),
                       columns=np.append(oh_columns, numeric_columns))
new_df2.head()
```

	school_GP	school_MS	sex_F	sex_M	address_R	address_U	famsize_GT3	famsize_LE3	Pstatus_A	Pstatus_T	Mjob_at_home	Mjob_health	Mjob_other	Mj
0	1.0	0.0	1.0	0.0	0.0	1.0	1.0	0.0	1.0	0.0	1.0	0.0	0.0	
1	1.0	0.0	1.0	0.0	0.0	1.0	1.0	0.0	0.0	1.0	1.0	0.0	0.0	
2	1.0	0.0	1.0	0.0	0.0	1.0	0.0	1.0	0.0	1.0	1.0	0.0	0.0	
3	1.0	0.0	1.0	0.0	0.0	1.0	1.0	0.0	0.0	1.0	0.0	1.0	0.0	
4	1.0	0.0	1.0	0.0	0.0	1.0	1.0	0.0	0.0	1.0	0.0	0.0	1.0	

출력을 보면 열 이름에서 각 열이 어떤 특성의 범주가 인코딩된 것인지 쉽게 알 수 있습니다.

전처리 파이프라인 만들기

머신러닝 모델을 만들 때 먼저 데이터를 X와 y로 나누면서 시작합니다. 파이프라인은 타깃 y가 아니라 특성인 X를 변환합니다. 또한 나중을 위해 테스트 세트를 따로 떼어 놓는 것이 중요합니다.

데이터를 머신러닝 파이프라인에 주입하기 전에 훈련 세트와 테스트 세트로 나누고 테스트 세트를 따로 보관하겠습니다.

1 먼저 CSV 파일을 데이터프레임으로 읽습니다.

```
df = pd.read_csv('student-por.csv', sep=';')
```

학생 성적 데이터셋에서 X와 y를 선택할 때 마지막 세 개의 열은 학생 점수를 담고 있다는 것에 유의해야 합니다. 두 가지 방법을 생각해볼 수 있습니다.

a) 이전 점수를 특성으로 포함합니다.

b) 이전 점수를 특성으로 포함하지 않습니다.

회사는 중간 성적first period grade과 기말 성적second period grade이 아니라 사회 경제적 정보를 기반으로 학생의 최종 점수를 예측하고 싶어하므로 처음 두 개(인덱스 -2와 -3)의 점수를 무시하겠습니다.

2 마지막 열을 y로 사용하고 마지막 세 개의 열을 제외한 모든 열을 X로 사용합니다.

```
y = df.iloc[:, -1]
X = df.iloc[:, :-3]
```

3 train_test_split() 함수를 임포트하고 X와 y를 훈련 세트와 테스트 세트로 나눕니다.

```
X_train, X_test, y_train, y_test = train_test_split(X, y, random_state=2)
```

이제 다음 단계를 따라 파이프라인을 만듭니다.

1 sklearn.pipeline에서 Pipeline 클래스를 임포트합니다.

```
from sklearn.pipeline import Pipeline
```

2 그다음 (이름, 변환기) 같은 형식으로 튜플의 리스트를 만들어 Pipeline 클래스에 전달합니다.

```
data_pipeline = Pipeline([('null_imputer', NullValueImputer()),
                          ('sparse', SparseMatrix())])
```

3 마지막으로 특성 X_train을 data_pipeline 객체의 fit_transform() 메서드에 전달하여 변환합니다.[5]

```
X_train_transformed = data_pipeline.fit_transform(X_train).toarray()
```

이제 누락된 값이 없는 수치로만 구성된 희소 행렬을 얻었으므로 머신러닝 모델의 특성으로 사용할 수 있습니다.

또한 이후에 발생하는 데이터를 한 줄의 코드로 변환할 수 있는 파이프라인을 얻었습니다! 이제 XGBoost 모델을 사용해 예측을 만들어보겠습니다.

10.3 XGBoost 모델 만들기

이제 XGBoost 모델을 만들어 파이프라인에 추가해보겠습니다. 먼저 XGBRegressor, numpy, GridSearchCV, cross_val_score(), KFold, mean_squared_error()을 임포트합니다.

```
import numpy as np
from sklearn.model_selection import GridSearchCV
from sklearn.model_selection import cross_val_score, KFold
from sklearn.metrics import mean_squared_error as MSE
from xgboost import XGBRegressor
```

이제 모델을 구축해보죠.

10.3.1 첫 번째 XGBoost 모델

학생 성적 데이터셋의 타깃인 y_train 값의 범위는 다음과 같습니다.

```
y_train.value_counts()
```

출력은 다음과 같습니다.

5　옮긴이_ XGBoost의 트리 부스터는 희소 행렬에서 비어있는 원소를 누락된 값으로 인식합니다. 따라서 원-핫 인코딩으로 만들어진 0도 누락된 값으로 처리되기 때문에 밀집 배열로 바꾸어 사용합니다.

11	82
10	75
13	58
12	53
14	42
15	36
9	29
16	27
8	26
17	24
18	14
0	10
7	7
19	1
6	1
5	1

여기에서 보듯이 0을 포함하여 5~19까지 범위를 가집니다.

타깃 값이 순서가 있는 숫자이기 때문에 분류보다는 회귀가 맞을 것 같습니다. 회귀 모델을 훈련한 후에 최종 결과를 반올림하여 최종 예측을 만들겠습니다.

다음은 이 데이터셋에서 **XGBRegressor** 모델을 만드는 과정입니다.

1 KFold를 사용해 교차 검증에 사용할 폴드를 준비합니다.

```python
kfold = KFold(n_splits=5, shuffle=True, random_state=2)
```

2 cross_val_score() 함수와 평균 제곱근 오차를 사용해 교차 검증 점수를 계산하는 함수를 정의합니다.

```python
def cross_val(model):
    scores = cross_val_score(model, X_train_transformed, y_train,
                             scoring='neg_root_mean_squared_error', cv=kfold)
    rmse = (-scores.mean())
    return rmse
```

3 XGBRegressor를 cross_val() 함수에 전달하여 기준 점수를 얻습니다. XGBRegressor에 missing= -999.0으로 지정하여 XGBoost가 누락된 값에 대해 자동으로 최적의 분할을 찾도록 합니다.

```python
cross_val(XGBRegressor(missing=-999.0))
```

출력은 다음과 같습니다.

```
2.9004041754792746
```

시작치고 괜찮은 점수입니다. 19개의 점수 중에 평균 제곱근 오차가 2.9이면 몇 개의 점수 이내로 맞춘다는 의미입니다. 약 15% 정도에 해당하며 A-B-C-D-F 등급 시스템에서는 한 등급 이내에 해당하는 오차입니다. 통계학의 **신뢰 구간**^{confidence interval}을 사용해 **예측 구간**^{prediction interval}을 계산할 수 있지만 이 책에서 다루는 범위는 아닙니다.

기준 점수를 얻었으니 모델의 성능을 높이기 위해 튜닝해보죠.

역자 노트	회귀 모델의 예측 구간 계산하기

예측 구간은 회귀 분석에서 새로운 샘플에 대한 예측이 속할 범위를 추정한 것입니다. XGBoost는 예측 구간을 위한 도구를 제공하지 않지만 사이킷런의 `GradientBoostingRegressor`는 `loss` 매개변수를 'quantile'로 지정하고 `alpha` 매개변수에 백분율로 구간을 지정하여 계산할 수 있습니다. 90% 예측 구간을 얻기 위해 `alpha`를 각각 0.05와 0.95로 지정하고 훈련 세트에 대한 예측 값을 만듭니다.

```python
from sklearn.ensemble import GradientBoostingRegressor

gbr_lower = GradientBoostingRegressor(loss="quantile", alpha=0.05,
                                      random_state=2)
y_lower = gbr_lower.fit(X_train_transformed, y_train).predict(X_train_transformed)

gbr_upper = GradientBoostingRegressor(loss="quantile", alpha=0.95,
                                      random_state=2)
y_upper = gbr_upper.fit(X_train_transformed, y_train).predict(X_train_transformed)
```

그다음 훈련 데이터의 타깃 y_train이 y_lower와 y_upper 범위 안에 있는 비율를 계산해보죠.

```python
np.logical_and(y_lower <= y_train,
               y_train <= y_upper).mean()
```

출력은 다음과 같습니다.

```
0.8888888888888888
```

약 89%의 샘플이 예측 구간 안에 놓여 있으므로 잘 보정되었다고 말할 수 있습니다. 일반적으로 테스트 세트의 경우 예측 구간이 조금 좁아지는 경향이 있습니다. data_pipeline 객체로 X_test를 변환한 훈련 세트에서 훈련시킨 gbr_lower와 gbr_upper로 예측 값을 만들어 테스트 세트에 대해 계산해보죠.

```
X_test_clean = data_pipeline.transform(X_test).toarray()

y_lower = gbr_lower.predict(X_test_clean)
y_upper = gbr_upper.predict(X_test_clean)

np.logical_and(y_lower <= y_test,
               y_test <= y_upper).mean()
```

출력은 다음과 같습니다.

```
0.8650306748466258
```

사이킷런 API와 호환되는 MAPIE 패키지는 jacknife+ 기법[6]을 기반으로 예측 구간을 계산합니다. 먼저 MAPIE 패키지가 없다면 설치해주세요.

```
pip install mapie
```

MAPIE 패키지의 MapieRegressor 클래스로 XGBRegressor 모델의 예측 구간을 계산 해보겠습니다.[7] MapieRegressor 클래스는 예측 구간을 계산하기 위해 기본적으로 교차 검증을 사용합니다. cv 매개변수 기본값은 5로 5-폴드 교차 검증을 사용합니다. cv 매개변수에 KFold 같은 사이킷런의 스플리터splitter 클래스 객체를 전달할 수도 있습니다.

---

6 Rina Foygel Barber, Emmanuel J. Candès, Aaditya Ramdas, and Ryan J. Tibshirani. "Predictive inference with the jacknife+." Ann. Statist., 49(1):486–507, February 2021. *https://arxiv.org/abs/1905.02928*
7 분류를 위한 클래스는 mapie.classification 모듈 아래 MapieClassifier입니다.

여기서는 10으로 지정하여 10-폴드 교차 검증을 사용해보죠. XGBRegressor 클래스 객체를 첫 번째 매개변수로 전달하고 n_jobs 매개변수를 -1로 지정하여 시스템의 모든 코어를 사용하겠습니다.

```
from mapie.regression import MapieRegressor

xgbr = XGBRegressor(missing=-999.0)
mapie = MapieRegressor(xgbr, cv=10, n_jobs=-1)
```

MapieRegressor는 사이킷런과 비슷하게 fit(), predict() 메서드를 제공합니다.

```
mapie.fit(X_train_transformed, y_train)
```

mapie 객체를 훈련한 다음 predict() 메서드로 테스트 세트에 대한 예측 구간을 계산할 수 있습니다. alpha 매개변수에 0~1 사이 값으로 불확실성의 수준을 지정할 수 있습니다. 여기서는 90% 신뢰 구간을 위해 0.1로 지정하겠습니다.

```
y_pred, y_pis = mapie.predict(X_test_clean, alpha=0.1)
```

predict() 메서드가 반환하는 y_pred는 XGBRegressor의 예측 결과입니다. y_pis는 각 샘플에 대한 예측 구간의 하한값과 상한값이 담겨 있습니다. 앞에서 그레이디언트 부스팅의 경우 예측 구간에 대한 커버리지를 직접 계산했지만 MAPIE 패키지는 편리하게도 이를 계산해주는 regression_coverage_score() 함수를 제공합니다. 이 함수에 테스트 타깃 y_test와 하한값 y_pis[:, 0], 상한값 y_pis[:, 1]을 전달하여 점수를 계산해보죠.

```
from mapie.metrics import regression_coverage_score

regression_coverage_score(y_test, y_pis[:, 0], y_pis[:, 1])
```

출력은 다음과 같습니다.

```
0.9202453987730062
```

MapieRegressor는 중복을 허용한 부트스트랩 샘플링을 사용하는 방법도 제공합니다.[8] 이를 사용하려면 `mapie.subsample` 모듈 아래에 있는 Subsample 클래스를 임포트하고 `n_resamplings` 매개변수에 부트스트래핑 횟수를 지정해야 합니다. 여기서는 30번 부트스트래핑을 수행하겠습니다. 부트스트랩 샘플링의 크기는 `n_samples` 매개변수로 지정할 수 있습니다. 기본값은 훈련 세트의 크기입니다. 결과를 일정하게 유지하기 위해 random_state도 지정합니다.

```
from mapie.subsample import Subsample

subs = Subsample(n_resamplings=30, random_state=0)
```

그다음 cv 매개변수에 앞에서 만든 subs 객체를 전달하여 MapieRegressor 객체를 초기화하고 훈련 세트에서 훈련합니다.

```
mapie = MapieRegressor(xgbr, cv=subs, n_jobs=-1)
mapie.fit(X_train_transformed, y_train)
```

테스트 세트에 대한 예측을 만들고 예측 구간의 커버리지를 계산해보겠습니다.

```
y_pred, y_pis = mapie.predict(X_test_clean, alpha=0.1)
regression_coverage_score(y_test, y_pis[:, 0], y_pis[:, 1])
```

출력은 다음과 같습니다.

```
0.9079754601226994
```

테스트 세트에 대해 설정한 예측 구간이 실질적인 예측 구간과 거의 같습니다. 따라서 새로운 샘플이 주어졌을 때 이 샘플의 타깃이 mapie 객체로 만든 예측 구간에 포함될 확률이 90%라고 말할 수 있습니다. MAPIE 패키지에 더 자세한 내용은 온라인 문서를 참고하세요.[9]

---

8 Byol Kim, Chen Xu, and Rina Foygel Barber. "Predictive Inference Is Free with the Jackknife+-after-Bootstrap." 34th Conference on Neural Information Processing Systems (NeurIPS 2020). *https://arxiv.org/abs/2002.09025*

9 *https://mapie.readthedocs.io/en/latest/index.html*

10.3.2 XGBoost 하이퍼파라미터 튜닝

조기 종료를 사용해 n_estimators 부터 튜닝해보죠. 조기 종료를 사용할 때 검증 세트를 제공해야 합니다. 이를 위해 X_train과 y_train을 한 번 더 분할합니다.

1 검증 세트를 만들기 위해 두 번째 train_test_split() 함수를 호출합니다. 진짜 테스트 세트는 나중을 위해 사용하지 않습니다.

```
X_train_2, X_test_2, y_train_2, y_test_2 = train_test_split(X_train_transformed,
                                                    y_train, random_state=2)
```

2 이제 조기 종료를 사용해 최적의 트리 개수를 결정하는 함수를 만들겠습니다(6장 참조).

```
def n_estimators(model):
    eval_set = [(X_test_2, y_test_2)]
    eval_metric="rmse"
    model.fit(X_train_2, y_train_2, eval_metric=eval_metric,
              eval_set=eval_set, early_stopping_rounds=100)
    y_pred = model.predict(X_test_2)
    rmse = MSE(y_test_2, y_pred)**0.5
    return rmse
```

3 이제 최대 n_estimators=5000으로 지정한 XGBRegressor를 n_estimators() 함수에 전달하여 실행합니다.

```
n_estimators(XGBRegressor(n_estimators=5000, missing=-999.0))
```

출력의 마지막 다섯 라인은 다음과 같습니다.

```
[129]           validation_0-rmse:3.13422
[130]           validation_0-rmse:3.13422
[131]           validation_0-rmse:3.13422
[132]           validation_0-rmse:3.13422
[133]           validation_0-rmse:3.13422
3.125373597402936
```

기본 모델을 사용하면 34개의 트리가 최상의 결과를 제공합니다. 이를 시작점으로 삼겠습니다.

그다음 하이퍼파라미터 그리드를 탐색하여 최상의 매개변수와 점수를 출력하는 grid_search() 함수를 작성합니다.

```
def grid_search(params, reg=XGBRegressor(missing=-999.0)):
    grid_reg = GridSearchCV(reg, params,
                            scoring='neg_mean_squared_error', cv=kfold)
    grid_reg.fit(X_train_transformed, y_train)
    best_params = grid_reg.best_params_
    print("최상의 매개변수:", best_params)
    best_score = np.sqrt(-grid_reg.best_score_)
    print("최상의 점수:", best_score)
```

다음 단계를 따라 모델을 튜닝합니다.

1 n_estimators는 34로 설정하고 max_depth의 범위를 1~8로 지정합니다.

```
grid_search(params={'max_depth':[1, 2, 3, 4, 6, 7, 8],
                    'n_estimators':[34]})
```

출력은 다음과 같습니다.

```
최상의 매개변수: {'max_depth': 1, 'n_estimators': 34}
최상의 점수: 2.662773659268993
```

2 n_estimators는 34로 유지하고 max_depth를 1~2로 범위를 좁힙니다. 그리고 min_child_weight를
1~5사이로 지정합니다.

```
grid_search(params={'max_depth':[1, 2],
                    'min_child_weight':[1, 2, 3, 4, 5],
                    'n_estimators':[34]})
```

출력은 다음과 같습니다.

```
최상의 매개변수: {'max_depth': 1, 'min_child_weight': 5, 'n_estimators': 34}
최상의 점수: 2.6619193269068284
```

성능이 약간 향상되었습니다.

3 min_child_weight를 더 높은 값으로 설정하고 subsample을 0.5~0.9까지 탐색해보겠습니다. 또한 n_
estimators를 높여서 훈련할 수 있는 기회를 늘려보겠습니다.

```
grid_search(params={'max_depth':[1],
                    'min_child_weight':[6, 7, 8, 9, 10],
```

```
                     'subsample':[0.5, 0.6, 0.7, 0.8, 0.9],
                     'n_estimators':[34, 50]})
```

출력은 다음과 같습니다.

```
최상의 매개변수: {'max_depth': 1, 'min_child_weight': 8, 'n_estimators': 50,
'subsample': 0.8}
최상의 점수: 2.655334578520487
```

점수가 조금 더 향상되었습니다.

4 min_child_weight와 subsample 매개변수의 범위를 줄이고 colsample_bytree를 0.5~1.0까지 탐색
해보겠습니다.

```
grid_search(params={'max_depth':[1],
                    'min_child_weight':[7, 8, 9, 10],
                    'subsample':[0.8, 0.9, 1],
                    'colsample_bytree':[0.5, 0.6, 0.7, 0.8, 0.9, 1],
                    'n_estimators':[40, 50, 60]})
```

출력은 다음과 같습니다.

```
최상의 매개변수: {'colsample_bytree': 1, 'max_depth': 1, 'min_child_weight': 9,
'n_estimators': 40, 'subsample': 0.8}
최상의 점수: 2.650728722526981
```

다시 한 번 점수가 조금 더 향상되었습니다.

5 현재 매개변수를 대부분 유지하고 colsample_bynode와 colsample_bylevel를 0.6~1.0 사이로 지정
하여 탐색해보겠습니다.

```
grid_search(params={'max_depth':[1],
                    'min_child_weight':[8, 9, 10],
                    'subsample':[0.8],
                    'colsample_bytree':[1.0],
                    'colsample_bylevel':[0.6, 0.7, 0.8, 0.9, 1],
                    'colsample_bynode':[0.6, 0.7, 0.8, 0.9, 1],
                    'n_estimators':[40]})
```

출력은 다음과 같습니다.

```
최상의 매개변수: {'colsample_bylevel': 0.7, 'colsample_bynode': 0.6, 'colsample_
bytree': 1.0, 'max_depth': 1, 'min_child_weight': 10, 'n_estimators': 40,
'subsample': 0.8}
최상의 점수: 2.627934932234306
```

점수가 크게 향상되었습니다.

기본 학습기를 바꾸어서 추가적인 실험을 했지만 성능이 높아지지 않았습니다.

프로젝트에 주어진 시간과 범위에 따라 하이퍼파라미터를 더 진행하거나 RandomizedSearch CV로 모두 탐색해볼 수도 있습니다. 더 나은 결과를 얻기 위해 클라우드 컴퓨팅에서 제공하는 저렴한 가상 머신Virtual Machine으로 하이퍼파라미터 탐색을 진행할 수 있습니다. 사이킷런은 코드가 완료되기 전에 최상의 매개변수를 저장하기 위해 시간이 많이 소모되는 탐색을 중지할 수 있는 방법을 제공하지 않습니다.[10]

이제 좋은 성능의 모델을 얻었으므로 모델을 테스트해보겠습니다.

10.3.3 모델 테스트

최종 모델이 준비되었다면 테스트 세트에 대한 성능을 확인하는 것이 중요합니다.

테스트 세트는 전처리 파이프라인으로 변환하지 않았지만 한 줄의 코드로 손쉽게 처리할 수 있습니다.

```
X_test_transformed = data_pipeline.fit_transform(X_test).toarray()
```

이전 절에서 찾은 최상의 하이퍼파라미터로 모델을 초기화하고 훈련 데이터로 훈련합니다.[11] 그다음 따로 떼어 놓은 테스트 세트에서 성능을 확인해보겠습니다.

----

10 옮긴이_ 사이킷런 0.24 버전에서는 제한된 자원으로 그리드 서치를 실행한 후 가장 좋은 일부 후보를 골라 더 많은 자원을 투여하여 다음번 탐색을 반복하는 식으로 시스템을 효율적으로 활용하는 SH(successive halving) 방식의 HalvingGridSearchCV가 추가되었습니다. 이 클래스에 대한 자세한 내용은 『파이썬 라이브러리를 활용한 머신러닝(번역개정2판)』(한빛미디어, 2022)을 참고하세요.
11 옮긴이_ GridSearchCV 클래스는 최상의 결과를 낸 모델을 best_estimator_ 속성에 저장하고 있으므로 모델을 다시 훈련할 필요 없이 grid_search() 함수에서 grid_reg.best_estimator_를 반환하여 사용하는 것이 효율적입니다.

```
model = XGBRegressor(max_depth=1,
                     min_child_weight=10,
                     subsample=0.8,
                     colsample_bytree=1.0,
                     colsample_bylevel=0.7,
                     colsample_bynode=0.6,
                     n_estimators=40,
                     missing=-999.0)
model.fit(X_train_transformed, y_train)
y_pred = model.predict(X_test_transformed)
rmse = MSE(y_pred, y_test)**0.5
rmse
```

출력은 다음과 같습니다.

2.816873379911829

일반적으로 테스트 세트에서는 오차가 조금 더 높아집니다.

검증 세트에 대한 성능을 높이기 위해 하이퍼파라미터 튜닝을 많이 하면 모델이 검증 세트에 과대적합될 수 있습니다. 이런 경우 테스트 세트에 대한 성능과 차이가 더 커질 수 있습니다.

다음 단계로 성능이 더 향상될 수 있는지 판단할 때 다음 사항을 고려할 수 있습니다.

- 하이퍼파라미터 튜닝 다시하기
- 현재 모델 유지하기
- 현재 하이퍼파라미터 값을 기반으로 간단히 조정하기

모델이 과대적합될 수 있기 때문에 하이퍼파라미터를 간단히 조정해보겠습니다. 예를 들어 min_child_weight를 높이고 subsample을 낮추면 일반화 성능을 높이는 데 도움이 됩니다.

최종 모델을 위해 마지막으로 매개변수를 조정해보죠.

```
model = XGBRegressor(max_depth=1,
                     min_child_weight=13,
                     subsample=0.6,
                     colsample_bytree=1.0,
                     colsample_bylevel=0.7,
                     colsample_bynode=0.6,
```

```
                    n_estimators=40,
                    missing=-999.0)
model.fit(X_train_transformed, y_train)
y_pred = model.predict(X_test_transformed)
rmse = MSE(y_pred, y_test)**0.5
rmse
```

출력은 다음과 같습니다.

```
2.809052153147433
```

점수가 조금 향상되었습니다.

테스트 점수를 높이기 위해 하이퍼파라미터 튜닝 과정을 반복해서는 안됩니다. 하지만 테스트 점수를 확인한 후 약간의 조정은 가능합니다. 그렇지 않으면 최종 결과를 향상시킬 수 없습니다.

이제 마지막으로 전체 파이프라인을 구성해보죠.

10.4 머신러닝 파이프라인 구성하기

머신러닝 파이프라인을 완성하려면 전처리 파이프라인에 머신러닝 모델을 추가해야 합니다. 다음처럼 NullValueImputer와 SparseMatrix 다음에 머신러닝 모델을 추가합니다.

```
full_pipeline = Pipeline([('null_imputer', NullValueImputer()),
                          ('sparse', SparseMatrix()),
                          ('xgb', XGBRegressor(max_depth=1,
                                         min_child_weight=13,
                                         subsample=0.6,
                                         colsample_bytree=1.0,
                                         colsample_bylevel=0.7,
                                         colsample_bynode=0.6,
                                         n_estimators=40,
                                         missing=-999.0))])
```

머신러닝 모델을 추가한 파이프라인이 완성되었으므로 다음처럼 전체 데이터 X, y로 훈련할 수 있습니다.

```
full_pipeline.fit(X, y)
```

이제 타깃을 모르는 새로운 데이터에서 예측을 만들 수 있습니다.

```
new_data = X_test
full_pipeline.predict(new_data)
```

처음 몇 개의 출력은 다음과 같습니다.

```
array([13.836931 ,  9.194841 , 12.259088 , 13.151183 , 12.428122 ,
       11.845788 , 13.566992 , 11.87918  , 11.215885 , 13.227253 ,
       13.044383 ,  9.630646 , 13.516224 , 12.785767 , 14.058861 ,
```

이 예측을 실제로 활용하기 위해서 다음처럼 반올림을 합니다.

```
np.round(full_pipeline.predict(new_data))
```

출력은 다음과 같습니다.

```
array([14.,  9., 12., 13., 12., 12., 14., 12., 11., 13., 13., 10., 14.,
       13., 14.,  9., 11., 11., 14., 11., 12., 13.,  8., 12.,  8.,  8.,
       ...
       13.,
       10., 14.,  8., 10., 13., 13., 10., 12., 14., 13., 10., 11., 12.,
       13., 13., 11., 13., 13., 14., 13., 10., 11., 11.,  7.,  8., 12.,
       13., 13., 14., 10., 12., 13., 10.], dtype=float32)
```

마지막으로 새로운 훈련 데이터가 준비되면 이전 데이터와 연결하여 동일한 파이프라인에 주입하여 더 많은 데이터에서 학습한 새로운 모델을 만들 수 있습니다.[12]

....

12 옮긴이_ 이 책에서는 간단히 훈련과 추론(inference)에 같은 파이프라인을 사용하지만 실제로 두 파이프라인은 다르게 구성되어야 합니다. 모델 훈련과 파이프라인 구성, 배포에 대한 모범 사례를 자세히 알고 싶다면 『머신러닝 파워드 애플리케이션』(한빛미디어, 2021)을 참고하세요.

```
new_df = pd.read_csv('student-por.csv')
new_X = df.iloc[:, :-3]
new_y = df.iloc[:, -1]
new_model = full_pipeline.fit(new_X, new_y)
```

다음처럼 이 모델을 사용해 새로운 데이터에 대해 예측을 만들 수 있습니다.

```
more_new_data = X_test[:25]
np.round(new_model.predict(more_new_data))
```

출력은 다음과 같습니다.

```
array([14.,  9., 12., 13., 12., 12., 14., 12., 11., 13., 13., 10., 14.,
       13., 14.,  9., 11., 11., 14., 11., 12., 13.,  8., 12.,  8.],
      dtype=float32)
```

이제 머신러닝 모델을 파이프라인에 추가하여 새로운 데이터를 변환하고 예측을 만드는 방법을 알게 되었습니다.

역자 노트   **모델 직렬화**

모델을 서비스 장치로 배포하려면 훈련된 모델 객체를 **직렬화**serialization해야 합니다. XGBoost 모델은 save_model() 메서드를 사용해 JSON 포맷으로 저장할 수 있습니다. 다음처럼 저장하려는 파일 이름을 함께 이 메서드를 호출합니다.

```
model.save_model('final_xgboost_model.json')
```

저장된 파일을 불러 오려면 먼저 **XGBRegressor** 객체를 만든 후 load_model() 메서드에 파일 이름을 지정하여 호출합니다.

```
load_xgbr = XGBRegressor()
load_xgbr.load_model('final_xgboost_model.json')
load_xgbr
```

출력 결과를 보면 앞서 훈련한 모델의 매개변수가 그대로 복원된 것을 알 수 있습니다.

```
XGBRegressor(base_score=0.5, booster='gbtree', colsample_bylevel=0.7,
             colsample_bynode=0.6, colsample_bytree=1.0,
             enable_categorical=False, gamma=0, gpu_id=-1, importance_type=None,
             interaction_constraints='', learning_rate=0.300000012,
             max_delta_step=0, max_depth=1, min_child_weight=13, missing=-999.0,
             monotone_constraints='()', n_estimators=40, n_jobs=6,
             num_parallel_tree=1, predictor='auto', random_state=0, reg_alpha=0,
             reg_lambda=1, scale_pos_weight=1, subsample=0.6,
             tree_method='auto', validate_parameters=1, verbosity=None)
```

load_xgbr 모델을 사용해 변환된 테스트 데이터 몇 개를 사용해 예측을 만들어보겠습니다.

```
load_xgbr.predict(X_test_transformed[:5])
```

출력은 다음과 같습니다.

```
array([12.912217, 10.045265, 12.032098, 12.508304, 12.961613],
      dtype=float32)
```

잘 동작하는 것 같네요. 하지만 사이킷런에서 만든 파이프라인 객체를 통째로 저장하려면 다른 방법을 사용해야 합니다. 일반적인 파이썬 객체를 직렬화하는 기본적인 방법은 pickle 모듈을 사용하는 것입니다. 다음처럼 pickle.dump() 함수에 저장하려는 파이썬 객체와 파일 객체를 지정합니다.

```
import pickle

with open('full_pipeline.pickle', 'wb') as f:
    pickle.dump(full_pipeline, f)
```

저장된 파일에서 객체를 복원시키려면 다음처럼 pickle.load() 함수를 사용합니다.

```
with open('full_pipeline.pickle', 'rb') as f:
    load_pipeline = pickle.load(f)
```

이제 load_pipeline 객체로 본문에서와 동일하게 새로운 데이터에 대한 예측을 만들수 있습니다.

```
np.round(load_pipeline.predict(more_new_data))
```

출력은 다음과 같습니다.

```
array([14.,  9., 12., 13., 12., 12., 14., 12., 11., 13., 13., 10., 14.,
       13., 14.,  9., 11., 11., 14., 11., 12., 13.,  8., 12.,  8.],
      dtype=float32)
```

pickle 모듈 외에도 사이킷런은 joblib 패키지를 사용한 직렬화를 추천합니다. joblib 패키지는 넘파이 배열이 포함된 경우 종종 더 좋은 효율로 압축합니다. joblib 패키지를 사용할 때는 dump() 함수와 load() 함수에 파일 이름을 직접 전달합니다.

```
import joblib

joblib.dump(full_pipeline, 'full_pipeline.joblib')

load_pipeline = joblib.load('full_pipeline.joblib')
np.round(load_pipeline.predict(more_new_data))
```

출력은 다음과 같습니다.

```
array([14.,  9., 12., 13., 12., 12., 14., 12., 11., 13., 13., 10., 14.,
       13., 14.,  9., 11., 11., 14., 11., 12., 13.,  8., 12.,  8.],
      dtype=float32)
```

10.5 마치며

이 책을 모두 읽으셨군요. 축하드립니다! 이 여행은 특별했습니다. 기본적인 머신러닝과 판다스로 시작해서 사용자 정의 변환기, 파이프라인 그리고 희소 행렬을 사용하고 새로운 데이터에 대해 예측을 만들 수 있는 강력한 XGBoost 모델 튜닝까지 다루었습니다.

결정 트리에서 시작해서 랜덤 포레스트, 그레이디언트 부스팅까지 XGBoost의 탄생 배경을 배웠습니다. 그다음 XGBoost를 특별하게 만드는 수학적 이론과 기술을 알아보았습니다. 여러 차례 XGBoost가 다른 알고리즘보다 뛰어난 것을 보았고 `n_estimators`, `max_depth`, `gamma`, `colsample_bylevel`, `missing`, `scale_pos_weight` 등과 같은 XGBoost의 하이퍼파라미터를 튜닝하는 핵심 방법을 연습했습니다.

사례 연구를 통해 물리학자와 천문학자가 우주에 대해 연구하는 방법을 보았고 불균형한 데이터셋과 여러 가지 기본 학습기를 통해 XGBoost의 다양한 기능을 배웠습니다. 고급 특성 공학, 상관관계가 낮은 앙상블, 스태킹 같은 캐글 대회에서 얻은 기술을 익혔습니다. 마지막으로 제품을 위한 자동화를 알아보았습니다.

이제 여러분은 XGBoost에 대해 많이 알게 되었습니다. XGBoost를 사용해 당면한 머신러닝 문제를 효율적이고 간편하고 강력하게 다룰 수 있습니다. 물론 XGBoost가 완벽하지는 않습니다. 이미지나 텍스트 같이 구조적이지 않은 데이터를 다룬다면 신경망이 더 알맞을 것입니다. 하지만 테이블 형태의 데이터를 사용하는 대부분의 머신러닝 작업에서는 XGBoost가 더 도움이 될 것입니다.

XBoost에 대해 더 알고 싶다면 캐글 대회에 참여하는 것을 추천합니다. 캐글 대회에는 숙련된 머신러닝 기술자들이 참여하고 있기 때문에 이들과 경쟁이 실력을 향상시켜 줄 것입니다. 또한 캐글 대회는 동일한 문제에서 많은 기술자들이 작업할 수 있는 체계적인 머신러닝 환경을 제공합니다. 공유 노트북과 포럼에서의 토론이 머신러닝을 배우는 과정을 도울 수 있습니다. 책에서 언급했듯이 힉스 보손 대회로 XGBoost가 처음 명성을 얻었던 곳이기도 합니다.

이제 XGBoost로 빅 데이터 세계로 나아가 연구를 하고, 대회에 참가하고, 제품을 위한 머신러닝 모델을 만들어보세요.

(한국어판 부록)
다른 그레이디언트 부스팅 라이브러리

XGBoost 외에도 인기 있는 그레이디언트 부스팅 라이브러리가 여러 개 있습니다. 부록에서는 가장 널리 사용되는 라이브러리인 **LightGBM**과 **CatBoost**를 살펴보겠습니다. 이들 라이브러리는 범주형 특성을 다루는 방식이 조금 다릅니다. 이런 점을 비교하기 위해 10장에서 다루었던 학생 점수 데이터셋을 다시 사용해보겠습니다. 또 LightGBM에서 영향을 받은 사이킷런의 HistGradientBoostingRegressor 클래스도 살펴보겠습니다.

부록의 코드는 번역서 깃허브[1]의 Appendix 폴더 아래 other_gradient_boosting.ipynb 노트북에 담겨 있습니다. 이 노트북을 실행하려면 LightGBM과 CatBoost를 설치해야 합니다.

```
pip install lightgbm catboost
```

코랩에는 CatBoost가 설치되어 있지 않으며 LightGBM이 이미 설치되어 있지만 최신 버전이 아닙니다. 따라서 코랩을 사용하는 경우 다음 명령으로 최신 버전으로 업데이트하는 것이 좋습니다.

```
!pip install —upgrade lightgbm catboost
```

---

1 https://github.com/rickiepark/handson-gb

A.1 LightGBM

LightGBM[2]은 마이크로소프트에서 만든 그레이디언트 부스팅 라이브러리입니다. 이름에서도 알 수 있듯이 비교적 다른 라이브러리보다 속도가 빠르다고 알려져 있습니다. XGBoost는 기본적으로 깊이별(depth-wise 또는 level-wise) 트리 성장 방식을 사용합니다. LightGBM은 **리프별**leaf-wise 트리 성장 방식을 사용합니다.

두 방식은 최종적으로 동일한 트리를 만들지만 깊이별 성장 방식은 동일한 깊이에 있는 노드를 차례대로 분할하고 리프별 성장 방식은 분할을 통해 가장 높은 이익을 얻는 순서대로 노드를 분할합니다. 다음 그림에서 두 방식의 차이를 쉽게 구별할 수 있습니다.[3]

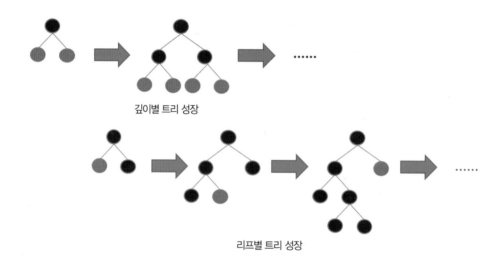

깊이별 트리 성장

리프별 트리 성장

LightGBM은 히스토그램 기반 그레이디언트 부스팅을 사용합니다. 특성 값을 구간bin으로 나누어 노드 분할을 하기 때문에 속도가 빠릅니다. 기본적으로 256개의 구간을 사용하며 max_bin 매개변수에서 바꿀 수 있습니다. 구간 중 하나를 누락된 값을 위해 사용하기 때문에 훈련 데이터에 있는 누락된 값을 따로 전처리할 필요가 없습니다.[4] 또한 특성 값이 256개의 구간으로 바뀌기 때문에 메모리 사용량도 적습니다.

---

2   *https://lightgbm.readthedocs.io/en/latest/*
3   이 그림은 *https://lightgbm.readthedocs.io/en/latest/Features.html*에서 가져왔습니다.
4   *https://github.com/microsoft/LightGBM/issues/4682*

LightGBM은 C, 파이썬, R API를 제공합니다. 여기에서는 파이썬 API 중 사이킷런 API를 사용합니다. 다른 API에 대해서는 온라인 문서를 참고해주세요.

LightGBM의 사이킷런 API는 분류일 경우 `LGBMClassifier`, 회귀일 경우 `LGBMRegressor` 클래스를 제공합니다. 10장에서 보았던 학생 성적 데이터셋에 회귀 모델을 적용해보겠습니다. 먼저 데이터셋을 판다스로 읽습니다.

```
import pandas as pd

df = pd.read_csv('student-por.csv', sep=';')
df.head()
```

	school	sex	age	address	famsize	Pstatus	Medu	Fedu	Mjob	Fjob	...	famrel	freetime	goout	Dalc	Walc	health	absences	G1	G2	G3
0	GP	NaN	18.0	U	GT3	A	4	4	at_home	teacher	...	4	3	4	1	1	3	4	0	11	11
1	GP	F	NaN	U	GT3	T	1	1	at_home	other	...	5	3	3	1	1	3	2	9	11	11
2	GP	F	15.0	U	LE3	T	1	1	at_home	other	...	4	3	2	2	3	3	6	12	13	12
3	GP	F	15.0	U	GT3	T	4	2	health	services	...	3	2	2	1	1	5	0	14	14	14
4	GP	F	16.0	U	GT3	T	3	3	other	other	...	4	3	2	1	2	5	0	11	13	13

5 rows × 33 columns

출력에서 볼 수 있듯이 이 데이터에는 누락된 값이 있습니다. LightGBM은 `NaN`을 누락된 값으로 인식하여 자동으로 처리하기 때문에 수동으로 이를 전처리하지 않고 그대로 사용할 수 있습니다. `zero_as_missing` 매개변수를 기본값 `False`에서 `True`로 바꾸면 0이나 희소 행렬에 기록되지 않은 값을 누락된 값으로 인식합니다.

10장에서와 동일하게 마지막 열을 타깃으로 사용하고 마지막 세 개의 열을 제외한 모든 열을 특성으로 사용합니다.

```
y = df.iloc[:, -1]
X = df.iloc[:, :-3]
```

그다음 `train_test_split()` 함수로 훈련 세트와 테스트 세트로 나누겠습니다.

```
from sklearn.model_selection import train_test_split

X_train, X_test, y_train, y_test = train_test_split(X, y, random_state=42)
```

이제 `lightgbm` 패키지를 `lgb` 이름으로 임포트하고 **LGBMRegressor** 클래스 객체를 만듭니다.

```
import lightgbm as lgb

lgbr = lgb.LGBMRegressor(random_state=42)
```

학생 성적 데이터셋에는 범주형 데이터가 포함되어 있습니다. LightGBM에 범주형 특성을 알려주려면 **LGBMRegressor** 클래스 객체의 `fit()` 메서드를 호출할 때 `categorical_features` 매개변수에 해당 특성의 열 인덱스나 이름을 전달해야 합니다. 편리하게도 판다스데이터프레임의 경우 dtype이 'category'인 열을 자동으로 범주형 특성으로 인식합니다. 10장에서 보았듯이 CSV 파일에서 읽은 데이터프레임의 경우 범주형 특성의 dtype이 'object'이므로 이를 'category'로 바꿉니다.

```
cat_columns = X_train.columns[X_train.dtypes==object].tolist()
for c in cat_columns:
    X_train[c] = X_train[c].astype('category')
    X_test[c] = X_test[c].astype('category')
```

`info()` 메서드로 각 열의 dtype이 잘 바뀌었는지 확인해보죠.

```
X_train.info()
```

출력은 다음과 같습니다.

```
<class 'pandas.core.frame.DataFrame'>
Int64Index: 486 entries, 213 to 102
Data columns (total 30 columns):
 #   Column        Non-Null Count    Dtype
---  ------        --------------    -----
 0   school        486 non-null      category
 1   sex           485 non-null      category
 2   age           485 non-null      float64
 3   address       486 non-null      category
 4   famsize       486 non-null      category
 5   Pstatus       486 non-null      category
 6   Medu          486 non-null      int64
```

```
 7   Fedu         486 non-null      int64
 8   Mjob         486 non-null      category
 9   Fjob         486 non-null      category
10   reason       486 non-null      category
11   guardian     485 non-null      category
12   traveltime   486 non-null      int64
13   studytime    486 non-null      int64
14   failures     486 non-null      int64
15   schoolsup    486 non-null      category
16   famsup       486 non-null      category
17   paid         486 non-null      category
18   activities   486 non-null      category
19   nursery      486 non-null      category
20   higher       486 non-null      category
21   internet     486 non-null      category
22   romantic     486 non-null      category
23   famrel       486 non-null      int64
24   freetime     486 non-null      int64
25   goout        486 non-null      int64
26   Dalc         486 non-null      int64
27   Walc         486 non-null      int64
28   health       486 non-null      int64
29   absences     486 non-null      int64
dtypes: category(17), float64(1), int64(12)
memory usage: 63.5 KB
```

범주형 특성의 dtype이 'category'로 바뀌었습니다. 이제 사이킷런의 cross_validate() 함수로 lgbr 모델의 교차 검증 점수를 확인해보겠습니다.

```
from sklearn.model_selection import cross_validate

scores = cross_validate(lgbr, X_train, y_train, scoring='neg_root_mean_squared_error')
-scores['test_score'].mean()
```

10장의 결과와 비교하기 좋도록 scoring 매개변수를 'neg_root_mean_squared_error'로 지정하여 평균 제곱근 오차를 계산합니다. 반환받은 scores 딕셔너리의 'test_score' 키에 검증 폴드의 점수가 담겨 있습니다. 이 점수의 평균한 값은 다음과 같습니다.

```
2.78376593734659
```

A.1.1 XGBoost에서 히스토그램 기반 그레이디언트 부스팅 사용하기

XGBoost도 0.7 버전부터 히스토그램 기반 그레이디언트 부스팅 기능을 제공하고 있습니다. 이를 사용하려면 tree_method 매개변수를 'hist'로 지정합니다. 이 때 grow_policy 매개변수를 'Lossguide'로 바꾸면 리프별 트리 성장 방식을 사용할 수 있습니다.

XGBoost는 최근 1.5버전에서 LightGBM과 같이 범주형 특성을 자동으로 처리하는 기능을 추가했습니다. 하지만 이 기능은 아직 실험적이며 tree_method를 'gpu_hist'로 지정할 때만 사용할 수 있습니다. gpu_hist는 히스토그램 기반 그레이디언트 부스팅의 GPU 구현입니다. tree_method='gpu_hist'와 enable_categorical=True로 지정하면 LightGBM처럼 dtype이 category인 특성을 범주형으로 처리합니다.

여기에서는 원-핫 인코딩과 tree_method='hist'를 사용해보겠습니다. 10장에서는 사이킷런의 OneHotEncoder 클래스를 사용했지만 이번에는 판다스의 get_dummies() 함수를 사용해보죠. 이 함수는 dtype이 object이거나 category인 모든 열을 원-핫 인코딩으로 변환합니다. 특성 데이터 X를 get_dummies() 함수로 변환한 다음 info() 메서드를 호출해보겠습니다.

```
X_oe = pd.get_dummies(X)
X_oe.info()
```

```
<class 'pandas.core.frame.DataFrame'>
RangeIndex: 649 entries, 0 to 648
Data columns (total 56 columns):
 #   Column        Non-Null Count    Dtype
--   ------        --------------    -----
 0   age           648 non-null      float64
 1   Medu          649 non-null      int64
 2   Fedu          649 non-null      int64
 3   traveltime    649 non-null      int64
 4   studytime     649 non-null      int64
 5   failures      649 non-null      int64
 6   famrel        649 non-null      int64
 7   freetime      649 non-null      int64
 8   goout         649 non-null      int64
 9   Dalc          649 non-null      int64
 10  Walc          649 non-null      int64
```

```
11   health        649 non-null    int64
12   absences      649 non-null    int64
13   school_GP     649 non-null    uint8
14   school_MS     649 non-null    uint8
15   sex_F         649 non-null    uint8
16   sex_M         649 non-null    uint8
...
50   higher_no     649 non-null    uint8
51   higher_yes    649 non-null    uint8
52   internet_no   649 non-null    uint8
53   internet_yes  649 non-null    uint8
54   romantic_no   649 non-null    uint8
55   romantic_yes  649 non-null    uint8
dtypes: float64(1), int64(12), uint8(43)
memory usage: 93.3 KB
```

출력 결과를 보면 category 열에 있는 범주가 개별적인 열로 분리된 것을 볼 수 있습니다. 예를 들면 school 열은 school_GP와 school_MS로 나뉘었습니다. get_dummies() 함수는 판다스 데이터프레임을 간편하게 원-핫 인코딩으로 바꾸어 주지만 사이킷런의 파이프라인과 통합되지 않으며 모델을 실전에 배치했을 때 새로운 데이터에 적용하기 어렵습니다. 여기에서는 편의상 간단한 이 방법을 사용합니다.

이제 모든 열이 수치형이므로 X_oe를 훈련 세트와 테스트 세트로 나누고 XGBoost 모델을 적용해보겠습니다.

```python
import xgboost as xgb

X_train_oe, X_test_oe = train_test_split(X_oe, random_state=42)

xgbr = xgb.XGBRegressor(tree_method='hist', grow_policy='Lossguide')

scores = cross_validate(xgbr, X_train_oe, y_train,
                        scoring='neg_root_mean_squared_error')
-scores['test_score'].mean()
```

결과는 다음과 같습니다.

```
2.8554759086042276
```

A.1.2 LightGBM 하이퍼파라미터 튜닝

LightGBM에서 튜닝할 대표적인 매개변수로는 `num_leaves`, `min_child_samples`, `max_depth`입니다. 리프 노드의 최대 개수를 지정하는 `num_leaves`로 모델의 복잡도를 결정합니다. `num_leaves`의 기본값은 31입니다. `min_child_samples`는 리프 노드의 최소 샘플 개수를 지정하며 과대적합을 방지할 수 있는 역할을 합니다. 이 매개변수의 기본값은 20입니다. `max_depth`는 트리의 최대 깊이를 결정하며 기본값은 -1로 트리 깊이에 제한이 없습니다.

이 외에도 부스팅 횟수를 지정하는 `n_estimators`(기본값 100), 학습률인 `learning_rate`(기본값 0.1), 트리를 생성할 때 (중복을 허용하지 않고) 랜덤하게 추출할 샘플의 비율을 지정하는 `subsample`(기본값 1.0) 등을 튜닝할 수 있습니다. `subsample_freq`는 부스팅 횟수 몇 번마다 `subsample` 비율만큼 샘플링을 수행할지 지정합니다. RandomizedSearchCV를 사용해 이런 매개변수의 최적값을 찾아보겠습니다.

RandomizedSearchCV에서 사용할 `randint`, `loguniform`을 사이파이와 사이킷런에서 임포트합니다.

```
from scipy.stats import randint
from sklearn.utils.fixes import loguniform
from sklearn.model_selection import RandomizedSearchCV
```

그다음 파라미터 그리드를 설정하고 RandomizedSearchCV 객체를 만듭니다. LightGBM은 속도가 빠르기 때문에 비교적 `n_iter` 매개변수를 높여서 탐색 횟수를 늘려도 부담이 크지 않습니다.

```
param_grid = {
    'num_leaves': randint(10, 100),
    'max_depth': randint(1, 10),
    'min_child_samples': randint(10, 40),
    'n_estimators': randint(50, 300),
    'learning_rate': loguniform(1e-3, 0.1),
    'subsample': loguniform(0.6, 1.0),
    'subsample_freq': randint(1, 5),
}
```

```
rs = RandomizedSearchCV(lgbr, param_grid, n_iter=300,
                        scoring='neg_root_mean_squared_error',
                        n_jobs=-1, random_state=42)
rs.fit(X_train, y_train)

print('최상의 매개변수:', rs.best_params_)
print('최상의 교차 검증 점수:', -rs.best_score_)
```

출력된 결과는 다음과 같습니다.

```
최상의 매개변수: {'learning_rate': 0.021887293880411753, 'max_depth': 3,
'min_child_samples': 17, 'n_estimators': 193, 'num_leaves': 45, 'subsample':
0.8656809331397646, 'subsample_freq': 2}
최상의 교차 검증 점수: 2.63508853549706
```

매개변수를 튜닝하여 이전보다 좋은 결과를 얻었습니다. LightGBM의 전체 파라미터 목록은
온라인 문서[5]를 참고해주세요.

A.1.3 모델 저장과 복원

joblib를 사용하여 LGBMRegressor, LGBMClassifier 모델을 저장할 수 있습니다. 앞에서
찾은 최상의 모델을 rs.best_estimator_에서 추출하여 저장한 다음 로드해보겠습니다.

```
import joblib

lgbr = rs.best_estimator_

joblib.dump(lgbr, 'lightgbm_model.joblib')
lgbr = joblib.load('lightgbm_model.joblib')
```

로드된 모델을 사용해 테스트 세트에서 평균 제곱근 오차를 측정해보죠.

---

5 https://lightgbm.readthedocs.io/en/latest/Parameters.html

```
from sklearn.metrics import mean_squared_error

y_pred = lgbr.predict(X_test)

mean_squared_error(y_pred, y_test, squared=False)
```

출력은 다음과 같습니다.

```
2.742443918665029
```

A.1.4 특성 중요도

LightGBM은 특성 중요도를 그래프로 출력할 수 있는 plot_importance() 함수[6]를 제공합니다. 랜덤 서치로 찾은 lgbr 모델의 특성 중요도를 출력해보죠. figsize 매개변수에 그래프 크기를 지정할 수 있습니다.

```
import matplotlib.pyplot as plt

lgb.plot_importance(lgbr, figsize=(10,10))
plt.show()
```

---

6 https://lightgbm.readthedocs.io/en/latest/pythonapi/lightgbm.plot_importance.html

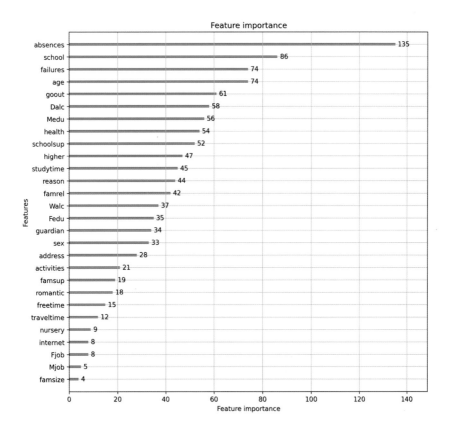

Feature importance

출력 결과를 보면 LightGBM 모델은 absences 특성을 가장 중요하게 생각하고 있습니다. 그 다음 school, failures, age 등이 중요한 특성입니다.

XGBoost도 비슷하게 특성 중요도 그래프를 출력할 수 있는 `plot_importance()` 함수를 제공합니다. 특성 중요도를 얻으려면 먼저 `xgbr` 모델을 훈련합니다. 출력되는 그래프 크기를 지정하기 위해서는 다음처럼 matplotlib의 `subplots()` 함수에서 지정한 후 `ax` 객체를 전달해주어야 합니다.

```
xgbr.fit(X_train_oe, y_train)

fig, ax = plt.subplots(figsize=(10, 10))
xgb.plot_importance(xgbr, ax=ax)
plt.show()
```

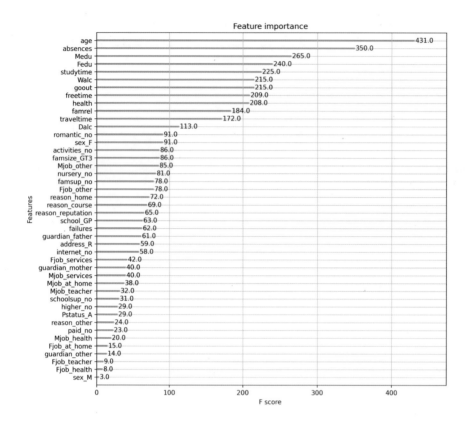

XGBoost 모델의 경우 school, failures 보다 age와 absences에 크게 의존하고 있음을 알 수 있습니다. XGBoost의 `plot_importance()` 함수에 대한 자세한 옵션은 온라인 문서를 참고하세요.[7]

A.1.5 트리 그래프

LightGBM은 부스팅 각 단계에서 추가된 트리를 시각화할 수 있는 `plot_tree()` 함수[8]를 제공합니다. 이 함수에 모델 객체와 `tree_index` 매개변수에 시각화할 트리 인덱스를 지정하면 2장에서 본 결정 트리 그래프와 비슷한 그래프를 그려줍니다. 트리 인덱스를 지정하지 않으면 기본값 0이 사용됩니다. 즉 앙상블의 첫 번째 트리가 그려집니다.

---

7 https://xgboost.readthedocs.io/en/latest/python/python_api.html#xgboost.plot_importance
8 https://lightgbm.readthedocs.io/en/latest/pythonapi/lightgbm.plot_tree.html

plot_tree() 그래프는 기본적으로 왼쪽에서 오른쪽으로 가지가 뻗어가는 트리를 그립니다. orientation 매개변수를 'vertical'로 지정하면 루트 노트가 맨 위에서 시작하는 그래프를 그려줍니다. show_info 매개변수에는 노드 안에 포함될 정보를 지정할 수 있습니다. 여기에서는 'internal_count'와 'leaf_count'를 추가하여 노드 안에 포함된 샘플의 개수를 나타냈습니다.

```
lgb.plot_tree(lgbr, tree_index=0, figsize=(20,10),
              orientation='vertical',
              show_info=['internal_count', 'leaf_count'])
plt.show()
```

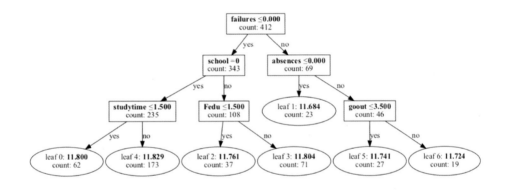

리프별 트리 성장 과정을 확인하기 위해 num_leaves 매개변수 값을 3에서 8까지 늘려가며 앙상블의 첫 번째 트리를 그래프로 그려보겠습니다. 노드의 분할로 얻는 이득을 표시하기 위해 show_info 매개변수에 'split_gain'을 지정합니다.

```
fig, axs = plt.subplots(3, 2, figsize=(20,20))
for i in range(0, 3):
    for j in range(0, 2):
        lgbr2 = lgb.LGBMRegressor(num_leaves=i*2+j+3)
        lgbr2.fit(X_train, y_train)
        lgb.plot_tree(lgbr2, tree_index=0, show_info=['split_gain'],
                      orientation='vertical', ax=axs[i, j])
        axs[i, j].set_title('num_leaves={}'.format(i*2+j+3))
```

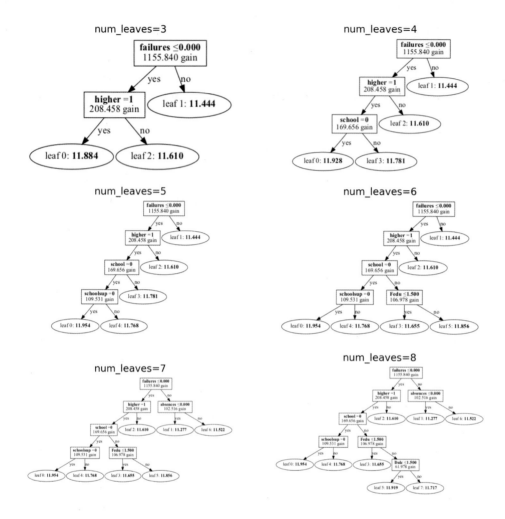

출력 그래프를 보면 왼쪽 맨 위부터 num_leaves를 증가되면서 트리가 왼쪽 가지 쪽으로 성장하는 과정을 잘 볼 수 있습니다. num_leaves=7에서는 왼쪽 가지를 따라 성장하는 과정을 멈추고 루트 노드의 오른쪽 가지가 분할되었습니다. 노드에 표시된 gain 점수로도 유추할 수 있듯이 리프별 노드 성장은 분할로 인해 가장 큰 이득을 얻는 리프 순서대로 분할합니다.

XGBoost에도 트리를 그리는 plot_tree() 함수를 제공합니다. num_trees 매개변수로 출력할 트리의 인덱스를 지정합니다. 기본값은 0입니다. ax 매개변수에 matplotlib의 Axes 객체를 전달합니다.

```
fig, ax = plt.subplots(figsize=(20, 20))
xgb.plot_tree(xgbr, num_trees=0, ax=ax)
plt.show()
```

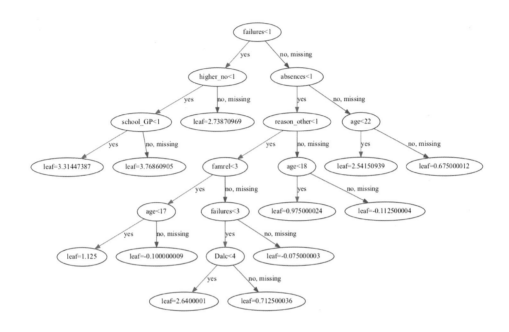

A.2 사이킷런의 히스토그램 기반 그레이디언트 부스팅

사이킷런 0.21 버전에서 **히스토그램 기반 그레이디언트 부스팅** 구현인 HistGradient
BoostingClassifier와 HistGradientBoostingRegressor 클래스[9]가 실험적으로 추가되
었습니다. 사이킷런 1.0 버전에서는 두 클래스가 정식 클래스로 승격되었습니다. 이 두 클래스
는 LightGBM에서 영향을 많이 받았습니다.

max_iter 매개변수는 부스팅 반복 횟수를 지정하며 기본값은 100입니다. max_depth는 트리

9   *https://scikit-learn.org/stable/modules/generated/sklearn.ensemble.GradientBoostingClassifier.html*와
    *https://scikit-learn.org/stable/modules/generated/sklearn.ensemble.GradientBoostingRegressor.html*를 참고
    하세요.

깊이를 지정하며 기본값은 None으로 제한이 없습니다. max_leaf_nodes는 트리의 최대 리프 노드 개수를 지정하며 기본값은 31입니다. min_samples_leaf는 리프 노드의 최소 샘플 개수를 지정하며 기본값은 20입니다. learning_rate는 학습률을 지정하며 기본값은 0.1입니다. 사이킷런의 히스토그램 기반 그레이디언트 부스팅은 아직 특성과 샘플의 랜덤 샘플링 기능을 제공하지 않습니다.

사이킷런 0.24 버전에서는 범주형 특성을 지원하는 categorical_features 매개변수가 추가되었습니다. 이 매개변수에는 범주형 특성의 인덱스나 범주형 특성 위치를 표현한 불리언 배열을 전달할 수 있습니다. 하지만 범주형 특성의 값을 문자가 아니라 정수로 바꾸어야 하기 때문에 OrdinalEncoder를 사용하겠습니다.

먼저 OrdinalEncoder와 ColumnTransformer 클래스를 임포트합니다. OrdinalEncoder가 변환할 범주형 열을 알려주기 위하여 dtype이 category인 열을 표시하는 불리언 배열 cat_columns_bool을 만듭니다. ColumnTransformer가 나머지 열을 그대로 통과시키도록 하기 위해 remainder='passthrough'로 지정합니다.

```
from sklearn.preprocessing import OrdinalEncoder
from sklearn.compose import ColumnTransformer

cat_columns_bool = X_train.dtypes=='category'
ct = ColumnTransformer([('ord', OrdinalEncoder(), cat_columns_bool)],
                        remainder='passthrough')
X_train_ord = ct.fit_transform(X_train)
```

변환된 데이터 X_train_ord는 범주형 열이 먼저 등장하고 수치형 열이 뒤에 나옵니다. 이에 맞게 열 이름을 다시 지정하여 데이터프레임을 만들어보겠습니다. ColumnTransformer 객체의 feature_names_in_ 속성에는 입력된 특성 이름이 저장되어 있습니다. 이 중에서 cat_columns_bool에 해당하는 이름을 먼저 쓰고 그 외 나머지 이름을 뒤에 붙여 새로운 이름 배열 cat_num_names을 만듭니다. 이 이름의 순서가 X_train_ord와 일치합니다. cat_num_names을 열 이름으로 사용해 데이터프레임을 만든 다음 전체 열의 순서를 원본 X_train에 맞추어 바꿉니다.

```
import numpy as np
cat_num_names = np.append(ct.feature_names_in_[cat_columns_bool],
```

```
                    ct.feature_names_in_[~cat_columns_bool])

X_train_ord = pd.DataFrame(X_train_ord, columns=cat_num_names)[X_train.columns]
X_train_ord.head()
```

출력은 다음과 같습니다.

	school	sex	age	address	famsize	Pstatus	Medu	Fedu	Mjob	Fjob	...	higher	internet	romantic	famrel	freetime	goout	Dalc	Walc	health	absence
0	0.0	0.0	16.0	1.0	1.0	1.0	4.0	4.0	4.0	4.0	...	1.0	1.0	0.0	4.0	5.0	2.0	1.0	2.0	3.0	0.0
1	0.0	1.0	15.0	1.0	0.0	1.0	2.0	2.0	3.0	3.0	...	1.0	1.0	0.0	5.0	4.0	1.0	1.0	1.0	1.0	0.0
2	0.0	1.0	15.0	1.0	0.0	1.0	4.0	4.0	3.0	4.0	...	1.0	1.0	0.0	4.0	3.0	3.0	1.0	1.0	5.0	0.0
3	0.0	1.0	16.0	1.0	0.0	1.0	3.0	1.0	2.0	2.0	...	1.0	0.0	0.0	5.0	3.0	2.0	2.0	2.0	5.0	0.0
4	1.0	0.0	16.0	0.0	1.0	1.0	1.0	2.0	0.0	2.0	...	0.0	1.0	0.0	4.0	4.0	5.0	1.0	3.0	3.0	0.0

5 rows × 30 columns

X_train에서 NaN으로 표시된 누락된 값은 OrdinalEncoder를 통해서 바뀌지 않습니다. 히스토그램 기반 그레이디언트 부스팅은 누락된 값을 자동으로 처리하므로 이에 대해 따로 전처리하지 않겠습니다. 이제 HistGradientBoostingRegressor 클래스에 cat_columns_bool을 categorical_features 매개변수에 전달하여 학생 성적 데이터셋에 대한 교차 검증 점수를 계산해보겠습니다.

```
from sklearn.ensemble import HistGradientBoostingRegressor

hgbr = HistGradientBoostingRegressor(categorical_features=cat_columns_bool,
                                     random_state=42)

scores = cross_validate(hgbr, X_train_ord, y_train,
                        scoring='neg_root_mean_squared_error')
-scores['test_score'].mean()
```

출력은 다음과 같습니다.

```
2.8096716836564264
```

기본 매개변수 값으로도 좋은 결과를 제공하지만 필요하다면 그리드 서치나 랜덤 서치를 사용해 매개변수를 튜닝할 수 있습니다.

A.2.1 특성 중요도

사이킷런의 히스토그램 기반 그레디언트 부스팅 구현은 자체적으로 특성 중요도를 제공하지 않습니다. 대신 permutation_importance() 함수를 사용하여 훈련된 모델의 특성 중요도를 계산할 수 있습니다. 이 함수는 특성을 하나씩 랜덤하게 섞어서 모델의 성능이 변환하는지 관찰하여 특성의 중요도를 계산합니다. 이 함수는 그레이디언트 부스팅 모델뿐만 아니라 사이킷런에서 제공하는 모든 모델에 사용할 수 있습니다.

먼저 이 함수를 sklearn.inspection 모듈에서 임포트합니다. 그다음 hgbr 모델을 훈련한 다음 훈련 세트를 전달하여 실행합니다. 이 함수는 기본적으로 각 특성마다 랜덤하게 섞는 과정을 다섯 번을 수행하여 평균을 냅니다. n_repeats 매개변수에서 이 횟수를 바꿀 수 있습니다. 여기서는 기본값을 사용해보겠습니다.

```python
from sklearn.inspection import permutation_importance

hgbr.fit(X_train_ord, y_train)
result = permutation_importance(hgbr, X_train_ord, y_train, random_state=42)
```

반환된 results 딕셔너리에는 'importances' 키에 각 특성마다 n_repeats 횟수만큼의 점수가 담겨 있습니다. 'importances_mean'에는 이 점수의 평균이 저장되어 있고 'importances_std'에는 표준편차 값이 계산되어 있습니다. 'importances_mean'에 저장된 값을 크기 순서대로 나열한 다음 특성 이름과 함께 그래프로 그려보겠습니다.

```python
sorted_idx = result.importances_mean.argsort()
plt.figure(figsize=(10,10))
plt.barh(X_train.columns[sorted_idx], result.importances_mean[sorted_idx])
plt.show()
```

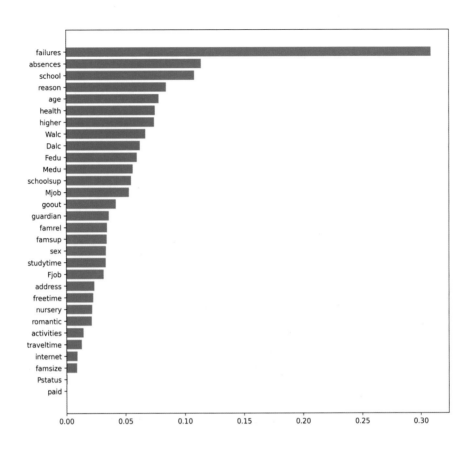

출력된 그래프를 보면 이 모델은 failures에 크게 의존하고 있으며 그다음 absences, school 특성을 중요하게 생각하고 있습니다.

A.3 CatBoost

마지막으로 알아볼 그레이디언트 부스팅 라이브러리는 **CatBoost**[10]입니다. Category를 의미하는 Cat에서 알 수 있듯이 CatBoost는 범주형 특성을 잘 처리합니다. LightGBM 처럼 범주형 특성을 원–핫 인코딩이나 정수 인코딩으로 바꿀 필요가 없습니다. 다만 모델을 훈련할 때 어떤 특성이 범주형인지를 알려주어야합니다. CatBoost는 C/C++, 파이썬, Java, R 등 다양

---

10 *https://catboost.ai/*

한 언어를 지원합니다. 여기에서는 사이킷런과 호환되는 파이썬 API에 대해 알아보겠습니다.

CatBoost는 XGBoost처럼 깊이별 트리 성장 방식을 사용하지만 대칭적인 구조를 가집니다. 트리에서 깊이가 같은 노드는 모두 동일한 특성을 사용하여 분할합니다. 이를 통해 속도를 높이고 과대적합을 방지합니다. 하지만 grow_policy 매개변수에서 깊이별 성장 방식인 'Depthwise'나 리프별 성장 방식인 'Lossguide'로 지정할 수도 있습니다. 기본값은 대칭 트리를 만드는 'SymmetricTree'입니다.

CatBoost는 수치형 특성일 경우 기본적으로 누락된 값을 특성의 최솟값으로 대체합니다. nan_mode 매개변수에서 기본 동작 방식을 바꿀 수 있습니다. 에러를 발생시키는 'Forbidden' 이나 특성의 최댓값으로 대체하는 'Max'가 있습니다.

하지만 범주형 특성의 경우 누락된 값을 처리하지 못합니다. 또 수치형일 경우에도 평균값으로 바꾸는 방법이 없습니다. 여기에서는 10장에서 사용했던 것과 비슷하게 ColumnTransformer 을 사용해 범주형 특성의 경우 가장 많이 등장하는 값으로 바꾸고 수치형일 경우 평균값으로 바꾸겠습니다.

```python
from sklearn.compose import ColumnTransformer
from sklearn.impute import SimpleImputer

mode_imputer = SimpleImputer(strategy='most_frequent')
mean_imputer = SimpleImputer(strategy='mean')

ct2 = ColumnTransformer([('str', mode_imputer, cat_columns_bool),
                         ('num', mean_imputer, ~cat_columns_bool)])

X_train_ct = pd.DataFrame(ct2.fit_transform(X_train),
                          columns=cat_num_names)
X_train_ct = X_train_ct[X_train.columns]
X_train_ct.head()
```

	school	sex	age	address	famsize	Pstatus	Medu	Fedu	Mjob	Fjob	...	higher	internet	romantic	famrel	freetime	goout	Dalc	Walc	health	ab
0	GP	F	16.0	U	LE3	T	4.0	4.0	teacher	teacher	...	yes	yes	no	4.0	5.0	2.0	1.0	2.0	3.0	
1	GP	M	15.0	U	GT3	T	2.0	2.0	services	services	...	yes	yes	no	5.0	4.0	1.0	1.0	1.0	1.0	
2	GP	M	15.0	U	GT3	T	4.0	4.0	services	teacher	...	yes	yes	no	4.0	3.0	3.0	1.0	1.0	5.0	
3	GP	M	16.0	U	GT3	T	3.0	1.0	other	other	...	yes	no	no	5.0	3.0	2.0	2.0	2.0	5.0	
4	MS	F	16.0	R	LE3	T	1.0	2.0	at_home	other	...	no	yes	no	4.0	4.0	5.0	1.0	3.0	3.0	

5 rows × 30 columns

훈련 데이터가 준비되었으므로 CatBoostRegressor 클래스로 하이퍼파라미터 튜닝을 수행해 보겠습니다.

먼저 파라미터 그리드를 설정하겠습니다. 부스팅 횟수를 결정하는 n_estimators 기본값은 1,000입니다. 트리의 최대 깊이를 지정하는 max_depth 기본값은 6입니다. 학습률 learning_rate는 부스팅 횟수와 데이터셋에 따라 자동으로 결정됩니다. 리프 노드의 샘플 개수를 지정하는 min_child_samples 기본값은 1입니다. 이 매개변수와 앞서 설명한 grow_policy를 대상으로 다음과 같이 파라미터 그리드를 만듭니다.

```python
param_grid = {
    'n_estimators': randint(100, 300),
    'depth': randint(4, 10),
    'learning_rate': loguniform(1e-3, 0.1),
    'min_child_samples': randint(10, 40),
    'grow_policy': ['SymmetricTree', 'Lossguide', 'Depthwise']
}
```

CatBoost는 훈련 세트에 있는 범주형 특성의 인덱스를 전달해주어야 합니다. 이를 위해 앞에서 만든 cat_columns_bool 불리언 배열을 np.where() 함수에 전달하여 True 값의 인덱스를 만듭니다.

```python
cat_columns_idx = np.where(cat_columns_bool)[0]
```

이제 CatBoostRegressor 클래스 객체를 만듭니다. 훈련 과정을 출력하지 않도록 verbose=False로 설정하고 결과를 동일하게 재현하기 위해 random_seed 매개변수를 지정합니다.

```python
import catboost as cb

cbr = cb.CatBoostRegressor(cat_features=cat_columns_idx,
                           verbose=False, random_seed=42)
```

이제 RandomizedSearchCV 클래스로 최상의 매개변수 조합을 찾아보겠습니다.

```
rs = RandomizedSearchCV(cbr, param_grid, n_iter=100,
                        scoring='neg_root_mean_squared_error',
                        n_jobs=-1, random_state=42)
rs.fit(X_train_ct, y_train)

print('최상의 매개변수:', rs.best_params_)
print('최상의 교차 검증 점수:', -rs.best_score_)
```

출력은 다음과 같습니다.

```
최상의 매개변수: {'depth': 6, 'grow_policy': 'Depthwise', 'learning_rate':
0.025924756604751586, 'min_child_samples': 12, 'n_estimators': 262}
최상의 교차 검증 점수: 2.605378509872569
```

CatBoost 모델은 자체적으로 그리드 서치 메서드 grid_search()와 랜덤 서치 메서드 randomized_search()를 제공합니다. CatBoostRegressor 객체를 새로 만든 후 앞에서 정의한 param_grid를 사용해 randomized_search() 메서드를 호출해보겠습니다. 교차 검증 횟수를 지정하는 cv 매개변수 기본값은 3이고 탐색 횟수인 n_iter 매개변수 기본값은 10입니다. 두 매개변수를 각각 5와 100으로 늘립니다.

```
cbr = cb.CatBoostRegressor(cat_features=cat_columns_idx, verbose=False, random_
seed=42)
result = cbr.randomized_search(param_grid, X_train_ct, y_train,
                              cv=5, n_iter=100, verbose=False)
```

최상의 매개변수는 result['params']에 저장되어 있습니다. 교차 검증 점수는 result['cv_results'] 아래 딕셔너리로 저장되어 있습니다. CatBoostRegressor는 기본적으로 평균 제곱근 오차를 최소화합니다. 각 부스팅 횟수마다 측정한 교차 검증의 평균 점수가 'test-RMSE-mean' 키에 저장되어 있습니다. 마지막 부스팅 횟수의 점수가 최상의 점수입니다.

```
print('최상의 매개변수:', result['params'])
print('최상의 교차 검증 점수:', result['cv_results']['test-RMSE-mean'][-1])
```

출력은 다음과 같습니다.[11]

```
최상의 매개변수: {'min_data_in_leaf': 16.0, 'depth': 8.0, 'learning_rate':
0.07652788737140465, 'iterations': 256.0, 'grow_policy': 'Lossguide'}
최상의 교차 검증 점수: 2.761074975673515
```

result['cv_results']에는 훈련 폴드에 대한 교차 검증 점수도 포함되어 있습니다. 따라서
부스팅 횟수에 따라 훈련 폴드와 검증 폴드에 대한 점수를 그래프로 그려볼 수 있습니다.

```
plt.plot(result['cv_results']['train-RMSE-mean'], label='train-RMSE-mean')
plt.plot(result['cv_results']['test-RMSE-mean'], label='test-RMSE-mean')
plt.xlabel('Boosting Round')
plt.ylabel('RMSE')
plt.legend()
plt.show()
```

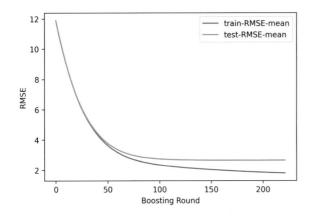

---

11 ranomized_search() 함수의 결과는 실행할 때마다 조금씩 달라질 수 있습니다.

A.3.1 모델 저장과 복원

CatBoost는 모델을 저장하는 save_model() 메서드와 파일에서 모델을 로딩하는 load_model() 메서드도 제공합니다.

save_model() 메서드의 첫 번째 매개변수를 저장할 파일 이름입니다. format에 저장 포맷을 지정할 수 있으며 기본값은 CatBoost 바이너리 포맷인 'cbm'입니다. 모델을 로드할 때는 훈련하지 않은 빈 모델 객체를 만든 후 load_model() 메서드를 호출합니다.

```
cbr.save_model('catboost_model.cbm')
cbr = cb.CatBoostRegressor().load_model('catboost_model.cbm')
```

save_model() 메서드와 load_model() 메서드의 format 매개변수를 'json'으로 지정하여 JSON 포맷으로 저장하고 읽을 수 있습니다.

```
cbr.save_model('catboost_model.json', format='json')
cbr = cb.CatBoostRegressor().load_model('catboost_model.json', format='json')
```

테스트 세트를 앞서 만든 ColumnTransformer 객체로 전처리한 후 파일에서 로드한 cbr 객체로 예측을 만들고 평균 제곱근 오차를 계산해보겠습니다.

```
X_test_ct = pd.DataFrame(ct2.transform(X_test),
                         columns=cat_num_names)
X_test_ct = X_test_ct[X_test.columns]

y_pred = cbr.predict(X_test_ct)
mean_squared_error(y_pred, y_test, squared=False)
```

출력은 다음과 같습니다.

```
2.8007523416457665
```

반복 횟수가 충분하다면 CatBoost는 다른 라이브러리에 비해 비교적 더 나은 성능을 만드는 경우가 종종 있지만 모델의 훈련 속도는 다소 느린 편입니다.

A.3.2 특성 중요도

CatBoost 모델의 **get_feature_importance()** 메서드를 호출하면 특성 중요도를 넘파이 배열로 얻을 수 있습니다. HistGradientBoostingRegressor 클래스에서 했던 것처럼 이 배열을 크기 순으로 정렬한 후 특성 이름과 함께 막대 그래프로 그려보겠습니다.

```
feature_importances = cbr.get_feature_importance()
sorted_idx = feature_importances.argsort()
plt.figure(figsize=(10,10))
plt.barh(X_train.columns[sorted_idx], feature_importances[sorted_idx])
plt.show()
```

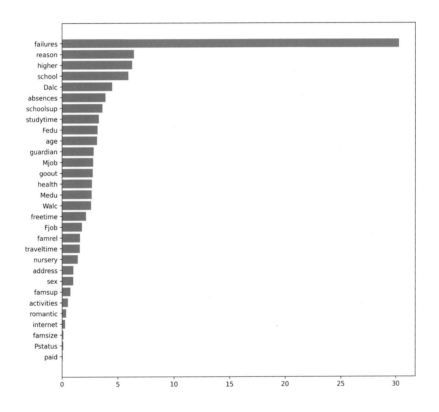

사이킷런의 HistGradientBoostingRegressor 클래스와 비슷하게 failure를 가장 중요한 특성으로 사용하고 있습니다.

지금까지 LightGBM, 사이킷런의 히스토그램 기반 그레이디언트 부스팅, CatBoost 패키지를 알아보았습니다. 여기서 다룬 내용은 라이브러리가 제공하는 기능의 일부에 불과합니다. 전체 기능은 온라인 문서를 참고하세요. 각 라이브러리의 사용법이나 작동 방식이 궁금하다면 깃허브나 스택오버플로 [12] 같은 온라인 포럼에 문의하면 도움을 얻을 수 있습니다.

---

12 _https://stackoverflow.com/_

INDEX

INDEX

INDEX

INDEX

INDEX

INDEX

INDEX

INDEX